Manager à l'école de Confucius

Le management comme vous ne l'avez jamais imaginé !

Éditions d'Organisation
1, rue Thénard
75240 Paris Cedex 05
Consultez notre site
www.editions-organisation.com

© Éditions d'Organisation, 2003
ISBN : 2-7081-2841-8

Sophie FAURE

Manager à l'école
de Confucius

Le management comme vous
ne l'avez jamais imaginé !

Préface d'André BOYER
Professeur en Sciences de Gestion
Université de Nice Sophia-Antipolis

Éditions
d'Organisation

送给马明心

Au Cœur éclairé du Cheval

Sommaire

Troisième Partie
Dynamisme et perversions du pouvoir confucéen

Quatrième Partie
Interculturel, enseignement et convergences

Table des illustrations

Remerciements

A ma famille, qui a supporté patiemment les silences de mes trop longues périodes d'absence et les humeurs de mes trop courtes périodes de présence.

A mes familles chinoises, qui m'ont accueillie comme une fille, une sœur.

A mes amis, qui sont restés fidèles au lien qui nous avait rapprochés.

A Ham San Chap et à sa famille, ils m'ont offert en 1985 le premier pas de ce formidable voyage de mille lis. Ils ont su m'accompagner de leur présence discrète et amicalement vigilante.

Je sais gré également à tous ceux qui ont accepté de se soumettre à l'échange approfondi de vues, de leur bonne grâce et de leur disponibilité souriante. Un merci particulier à Renée Monfert, dont l'esprit aiguisé et la connaissance de la Chine se sont avérés précieux, mais aussi à Kathleen Lau et Christine Cornet, pour la complémentarité de leurs avis.

A Cao Dan, pour la patience et le soin avec lesquels elle a illustré cet ouvrage.

A Elie, Sophie, Michel et Dominique, Renlai, Feng.

A ceux, nombreux qui m'ont soutenue dans cette démarche, notamment au sein de mon entreprise.

A Fu Jiesheng, professeur de l'Université de Zhongshan à Canton, qui m'a indiqué des chemins philosophiques dont je n'aurais pu ou su deviner seule l'existence.

Au Professeur Feray, pour avoir pris le relais.

Au Professeur Boyer qui m'a fait confiance.

Si le mot « nouveauté » a un sens en management, ce livre apporte du nouveau en management, aussi bien des points de vue pratique et théorique.

Considérons le management en pratique. La manière de gouverner les hommes dans leurs organisations est connue depuis deux à trois millénaires. Les philosophes grecs et chinois, mais aussi latins, arabes, perses et indiens nous ont expliqué comment nous conduire nous-mêmes dans ce monde, nous gouverner face à nos semblables et comment nous essayer à diriger les autres. Puis en fonction des organisations secrétées par les diverses civilisations, hordes, communautés villageoises, villes plus ou moins indépendantes, royaumes, empires, féodalités, républiques, églises, écoles, commerces, usines, entreprises, associations humanitaires ou non, la pratique de la gestion des organisations s'est adaptée, diversifiée et spécialisée.

Aujourd'hui nous en sommes au management d'organisations plus ou moins mondialisées. Les problèmes perçus par leurs membres sont ceux de la motivation des acteurs, de la bonne utilisation de leurs compétences et de la mise en place d'une culture, voire d'une éthique d'entreprise qui encadre les initiatives ou le manque d'initiative de participants provisoires et individualistes. Les règles nous en sont fournies par le modèle américain de management, fort de la domination économique, politique et culturelle qu'il exerce. Le débat un peu affecté que nous poursuivons est de savoir s'il est efficace. Car implicitement nous reconnaissons qu'il l'est, lorsque nous nous contentons de chercher à l'améliorer. Nous ne nous risquons guère en effet à le contester frontalement, faute d'alternative.

Il en résulte que le management théorique n'est qu'un mot vide de sens, tant il est non contestable au sens de Karl Popper. Où se situe le débat en management ? Quel est le concept de management qui puisse être discuté ? Existe t-il deux manières de motiver les hommes, la carotte et le bâton ? Non, une seule, la carotte évidemment. Peut-on diriger les hommes en leur disant la vérité sur les objectifs de profit de l'entreprise et le risque de licenciement qui en résulte ? Non bien sûr, il faut les tromper en leur parlant des valeurs partagées de l'entreprise sans indiquer la priorité financière de ses patrons. Que leur dit-on sur le pouvoir lorsque l'on parle de démocratie d'entreprise ou d'entreprise citoyenne ? Aussi le management théorique est-il un ensemble de règles de bon sens issues du fond des âges qui n'ont de nouveau que les mots qui les habillent et de scientifique que le constat qu'il n'existe pas d'autre choix. La science du management n'est forte que du monopole qu'elle exerce sur les esprits des décideurs.

Osons regarder le futur en face. Notre taux de croissance en Europe peine à s'élever significativement au-dessus de zéro. Trois pour cent nous semble un objectif extrêmement ambitieux et précaire. Nous rêvons d'une économie américaine qui accrocherait notre wagon à sa locomotive sur la laborieuse pente de la croissance, englués que nous sommes dans nos chères rigidités. Pendant ce temps-là, doté de l'héritage bureaucratique le plus pesant et le plus ancien du monde, émergeant de l'inimaginable romantisme tragique du maoïsme, l'économie chinoise traîne derrière elle une organisation qui doit prendre en charge le cinquième de l'humanité. Malgré ces handicaps, elle réalise dix pour cent de croissance en moyenne à partir d'un ensemble de forces productives qui comprend encore soixante-dix pour cent d'actifs réduits aux produits agricoles. Comment les chinois y parviennent n'est pas l'objet de cet ouvrage, mais c'est une question que nous devons garder ouverte, si nous voulons comprendre quelque chose à ce monde. Il est probable, mais non certain que leurs méthodes d'organisation y soient pour quelque chose, à moins qu'une magie, un sortilège ou un miracle les impulse sur une voie qui nous serait désormais fermée.

Faisons cependant l'hypothèse qu'ils n'ont rien à nous apprendre, mais imaginons que leur croissance se poursuive un certain temps, dix ou peut-être vingt années pendant lesquelles nous resterons englués dans notre marasme. Vers 2015, la RPC, la République Populaire de Chine comme vous apprendrez bientôt à l'appeler respectueusement, sera la première ou la seconde puissance mondiale et en tout cas la puissance montante. Les Japonais, comme les Coréens se seront depuis longtemps rangés sous sa protection tutélaire et millénaire. Vous croyez toujours qu'à ce moment-là le management américain sera l'alpha et l'oméga de la gestion des entreprises ? La puissance appelle le respect. Le tirage de ce livre sera sans doute déjà largement épuisé que l'on fera mine de découvrir les recettes du management chinois, comme s'il existait des formules miracles susceptibles de nous donner la même force. Puis nous les appliquerons, comme nous avons appliqué les concepts de qualité totale et de juste à temps que nous ont enseigné les Japonais en nous confisquant une partie de nos marchés industriels. Nous les appliquerons parce que les Chinois posséderont de nombreuses entreprises, chinoises ou européennes et qu'il nous faudra bien écouter les nouveaux maîtres. Et dès lors, nous ferons état d'un renouveau du management et de ses règles, grâce aux découvertes de nos partenaires, sinon amis, chinois.

Mais toute ceci ne sera alors que chimère faussement théorique, écrite par des valets qui se prétendent scientifiques alors qu'ils ne sont qu'obéissants. Je l'écris aujourd'hui et je donne rendez-vous à mes contradicteurs au plus tard vers 2015 pour comptabiliser le nombre de livres sur le management chinois. Pour aujourd'hui la polémique n'est pas à l'ordre du jour, car l'ouvrage que j'ai l'honneur de préfacer apporte des informations destinées à ceux qui ne veulent ni fermer les yeux, ni obéir aux injonctions des puissants, mais aux esprits libres. Dès le début de cette préface, je soutenais que ce livre apportait du nouveau en management, aussi bien du point vue pratique que théorique. Au plan pratique, il explique le fonctionnement du management chinois. Il montre donc à tous ceux qui ne jurent que par le management américain qu'un autre management est déjà largement pratiqué, par un nombre croissant d'entreprises de plus en plus puissantes. Cette révélation devrait inciter les curieux à s'intéresser à la partie théorique de l'ouvrage de Sophie Faure, qui explicite l'ensemble des règles qui le gouverne dont certaines sont très proches de celles que le management américain professe. Une nouvelle question, parmi bien d'autres, émerge de cette observation : la partie commune du management chinois et américain est-elle du coup universelle ?

Concentrons nous sur la structure et la genèse de l'ouvrage de Sophie Faure et tout d'abord sur son objectif. Sophie Faure souhaite nous faire comprendre les particularités du management confucéen et désire nous faire réfléchir quant aux possibilités d'appliquer ses principes ailleurs, chez nous dans notre péninsule extrême occidentale et de culture chrétienne. Elle n'a pas choisi la voie facile qui consisterait à décrire une série de recettes pratiquées par les managers chinois. Elle le pourrait pourtant, elle qui a travaillé depuis vingt ans avec la Chine, qui a littéralement créé de nouveaux marchés chinois pour quelques entreprises françaises. Elle qui parle mandarin et cantonais et qui a écrit une remarquable thèse sur le sujet de cet ouvrage et au-delà de ce sujet sur le sens de la civilisation chinoise. Elle qui vient de consacrer son année sabbatique à parcourir un peu plus la Chine.

Mais elle ne le veut pas, car elle sait qu'il n'y a pas de recettes à appliquer, et qu'il faut s'astreindre à comprendre les principes de la civilisation chinoise, qui sont largement fondés sur la pensée de Confucius, pour assimiler celles de son management, à moins de renoncer d'avance à comprendre l'avancée du monde et des entreprises chinoises et à en tirer les conséquences. Elle craint beaucoup les livres qui chercheront à vous vendre ces illusoires recettes miracles, que seront tentés d'écrire les découvreurs superficiels du monde des affaires chinois. En quelques semaines, ils se targuent de tout comprendre de la Chine et de ses secrets et de vous l'expliquer, eux, les esprits supérieurs à vous les gogos à la recherche des secrets du succès, du pouvoir et de la gloire. Le livre de Sophie Faure vous épargnera définitivement les déconvenues que ces Marco Polo éphémères vous préparent, mais il exige en contrepartie que vous acceptiez de vous glisser dans la pensée confucéenne.

Cette dernière n'hésite pas à commencer, dans une première partie, par comparer l'humanisme occidental et le confucianisme, posant que le management des entreprises trouve ses racines dans les principes des civilisations. Ce sera l'occasion pour ceux qui croient que le management est formé de principes universels ou scientifiques de réviser leurs opinions. Elle développe ensuite, dans une deuxième partie, les relations entre les valeurs de la société chinoise et les règles du management. Les qualités du leader à la chinoise sont notamment mises en avant, qui donnent à réfléchir sur ce que nous attendons de nos propres leaders, mais surtout sur ce que nous devons en attendre et comment nous devons les sélectionner.

Sans doute pour éviter de créer une nouvelle idolâtrie autour des entreprises chinoises, l'auteur est suffisamment lucide pour analyser dans sa troisième partie les qualités dynamiques mais aussi les défauts du système confucéen appliqué au management des entreprises. Car, à ce stade de l'ouvrage nous avons compris que la conception « chinoise » de l'entreprise n'est pas issue d'une pratique culturelle indistincte, fruit de l'histoire, du hasard et des habitudes acquises, mais du système philosophique central sinon unique qui a gouverné la société chinoise depuis deux millénaires et demi, au même titre que le christianisme en Occident. Il reste à apprécier la validité du confucianisme en tant que vision du monde appliquée au management dans le cadre de la mondialisation. C'est l'objet de la quatrième partie. On sent bien ici que l'auteur est partagé entre sa foi dans les enseignements du confucianisme et les difficultés qu'il perçoit de son application à une économie de marché qui a été construite sur la base individualiste occidentale ou considérant les défauts même d'une culture controversée. Mais un tel ouvrage qui ouvre de telles pistes vers le caractère inévitable d'une autre conception du management ne saurait se contenter de certitudes. Au reste l'auteur n'hésite pas à parier sur la participation active des lecteurs à leur proposant de pratiquer des exercices sur leurs conceptions du management, et en leur fournissant en annexe des glossaires et des explications détaillées sur le confucianisme.

Sur les questions essentielles et donc passionnantes que soulève Sophie Faure dans son ouvrage, je ne dirai presque rien ici, sauf à vous inviter à regarder avec insistance du côté de la confiance. Je vous ferais enfin remarquer que Sophie sait tirer les leçons du confucianisme pour son propre travail : elle ne conclut pas, elle laisse le lecteur tirer les leçons qui s'imposent à lui.

Je me contenterai d'un commentaire personnel pour finir. J'ai vivement souhaité que Sophie Faure tire un ouvrage de la remarquable thèse qu'elle a soutenue sous la direction du Professeur Richard Feray, un de nos meilleurs spécialistes des échanges entre la France et l'Extrême-Orient. Je suis heureux qu'elle y soit parvenue au terme d'un travail de maturation remarquable. Je sais à quel point elle possède son sujet à l'intersection du management et de la culture chinoise, alors que la plupart des spécialistes du management ignorent tout des fondements de la culture chinoise et inversement. Je sais enfin qu'elle apporte une pierre essentielle à une reconstruction intellectuelle dont le cœur est obstinément spirituel. Notre propre force a toujours résidé dans la recherche de la vérité appuyée sur la liberté de l'esprit. Nous la perdrions si nous renoncions à voir le monde chinois en marche et son management des hommes en action selon les principes confucéens. Sophie Faure nous offre une ouverture sur cette vérité dont je pressens qu'elle risque à tout moment de nous échapper, pour nous revenir en boomerang, à nos dépens…

André BOYER

Professeur en Sciences de Gestion
Université de Nice Sophia-Antipolis

EXCERCICE INDIVIDUEL PREPARATOIRE
A LA LECTURE DU LIVRE (1/2)

Pour illustrer le parallèle entre le management et le confucianisme, ce premier exercice rapide illustre en quelques traits votre conception personnelle du métier de manager. Il vous permettra par la suite de vous auto-évaluer par rapport aux critères de sélection du parfait manager confucéen. Nous reviendrons ultérieurement sur cet exercice et verrons progressivement quelle interprétation il est possible d'en faire.

Avant de commencer la lecture de ce livre et pour vous y préparer, je vous recommande donc de remplir le questionnaire ci-dessous, de façon spontanée et rapide.

Donnez cinq qualités qui font l'excellence du manager.

....

....

....

....

....

Quel serait pour vous le défaut rédhibitoire ?

....

Donnez cinq adjectifs qui vous qualifient le mieux personnellement.

....

....

....

....

A suivre p. 174

Introduction

Il existe une « pensée chinoise antique de gestion » ou *zhongguo guodai jingji guanli sixiang* 中国古代经济管理思想 qui a pour objectif de retrouver dans le fonds culturel philosophique chinois les prémices du management, discipline dont on dit plutôt qu'elle a émergée en Occident. Cette pensée n'est pas née du seul intérêt de quelques intellectuels chinois, mais aussi de celui de personnes d'entreprise qui utilisent ainsi leur regard sur le monde pour le traduire en préceptes pratiques de gestion.

Le confucianisme y occupe une place de choix. En effet, ciment culturel des pays asiatiques, il a, en Chine, résisté à tous les outrages et retrouvé sa vigueur, tandis que la discipline gagnait ses lettres de noblesse avec la montée en puissance des Dragons Asiatiques sous influence confucéenne (Singapour, Taïwan, Hong-kong, Corée) et le lancement en 1978 de la politique d'ouverture dans une Chine qui tentait de retrouver progressivement ses racines.

Raison d'être et objet de l'ouvrage

Dans la droite ligne des travaux chinois, le lien que nous désirons tisser entre le confucianisme et le management relève d'une double actualité à la fois chinoise et occidentale.

D'une part, l'Occident, confronté à la dynamique particulière des pays asiatiques, s'interroge sur ses présupposés d'efficacité. Selon les périodes, les conclusions sont plus ou moins favorables au confucianisme, la crise asiatique ou les difficultés de l'économie japonaise ayant tempéré l'enthousiasme que les périodes fastes avaient pu susciter.

D'autre part, la Chine s'interroge en miroir sur le degré d'occidentalisation ou de sinisation du chemin qu'elle doit suivre dans la poursuite de ses ambitions économiques. C'est alors qu'elle hésite entre une crispation sur elle-même et un rejet d'une culture accusée d'être la cause de tous les maux présents ou passés, avec une fascination pour les méthodes occidentales, essentiellement américaines, qui la pousse à adopter jusqu'aux travers de ces méthodes.

Dans ce contexte, en dehors de tout triomphalisme ou de tentative d'auto-flagellation, une clarification du fonds confucéen et de sa logique ainsi que de son impact sur la société et le management, permet à l'Occident (et corollairement à la Chine) de mieux comprendre ses forces et ses faiblesses ainsi que certaines des difficultés rencontrées dans la cohabitation qu'impose la mondialisation.

Cet ouvrage poursuit donc un double objectif :

– comprendre la signification du confucianisme et son implication sur le management dans la Chine d'aujourd'hui, à la fois dans ses compétences distinctives et ses points de rupture ;

– dépasser le cadre même de son application chinoise pour **déboucher sur une réflexion plus globale et intemporelle sur le management.**

Ce rapprochement entre philosophie et management est doublement intéressant en raison de la nature même du confucianisme, **philosophie du gouvernement, fondée sur l'homme et la poursuite de l'excellence humaine** :

– Les philosophes confucéens, comme d'autres philosophes de la Chine antique, s'adressent en effet essentiellement au souverain, dont ils soulignent la responsablité.

– Ils définissent les principes essentiels à respecter, dont la quête de l'excellence humaine, ainsi que les conditions d'efficacité de son gouvernement, que nous verrons être un gouvernement par et pour l'homme, l'homme étant ainsi à la fois l'objet et le support du gouvernement.

La correspondance est alors aisée entre gouvernance d'Etat et gouvernance d'entreprise.

Elle place le confucianisme dans la mouvance de certains courants occidentaux, qui mettent la dynamique humaine au cœur du management.

Mintzberg propose comme définition du management la conciliation de l'intuition et de la planification, sur la base d'études qui montrent la complémentarité entre les cerveaux droit et gauche, le premier plus créatif et irrationnel étant le siège de la pensée symbolique et de l'imaginaire, le second plus analytique, siège du rationnel.

Goleman propose une réflexion sur la mise en situation et les conditions de validité de l'intelligence émotionnelle.

Pfeffer préconise de rechercher l'avantage compétitif auprès des ressources humaines, les femmes et les hommes de son entreprise.

D'autres font la comparaison avec Mars et Vénus ou mettent en évidence les complémentarités des approches masculines ou féminines.

> En France, ces courants culminent aujourd'hui dans ce que l'on pourrait regrouper sous le vocable de « développement durable » qui préconise la réconciliation des exigences économiques et humaines.

L'actualité récente dans le monde occidental particulièrement, avec des plans sociaux de plus en plus nombreux, une pression de plus en plus forte sur les femmes et les hommes de l'entreprise, conduit à un regain d'intérêt pour ces courants déjà anciens.

Ce regain d'intérêt pour le facteur humain s'accompagne d'un intérêt nouveau pour des concepts qui lui sont étroitement reliés tels que la loyauté, dont on regrette qu'elle soit fragile, la confiance, l'émotionnel, dont on assiste au retour en force, dans une culture qui souvent associe professionnalisme et désaffectivation de la relation.

Ce regain d'intérêt enfin est alimenté par le caractère de plus en plus complexe et virtuel de l'environnement (importance de la confiance avec l'éloignement du management dans des équipes internationales ; confiance et nouvelles technologies de l'information ; confiance dans un environnement dont la complexité rend impossible la maîtrise de tous les domaines).

Dans un tel contexte, le débat sur l'élément humain et le sens du management que permet le détour par le confucianisme prend toute son importance. C'est en effet, une philosophie qui vit au rythme de l'homme dans sa relation à l'autre, avec ses forces et ses faiblesses, sa puissance et ses points de rupture, miroir des forces et faiblesses du management.

La Chine peut-elle nous parler d'humanité ?

C'est en fait une invitation inattendue que celle d'aller vers une Chine que nous associons rarement (sauf peut-être quand nous sommes en quête d'exotisme) à une ambition d'humanisme. Il est, en effet, plus souvent question de dictature, droits de l'homme, Tian An Men et Tibet que d'humanité du fonds culturel. Difficile pour nous qui aimons les césures nettes de voir cette dualité intrinsèque du personnage : ce Chinois dont on dit qu'il est collectif, mais qui sait se montrer plus individualiste que le plus individualiste des individualistes ; dont on dit qu'il respecte des règles très strictes de vie en société, mais qui s'accommode d'une indiscipline notoire dès qu'il est libéré de l'œil social ; dont le communautarisme glisse parfois dangereusement vers un sens très restrictif du terme (il appartient à son clan avant d'être Chinois, et ce n'est finalement que sur le dos de l'étranger que la grande Chine finit toujours par se réconcilier).

La Chine est le pays de l'ambivalence

La Chine, c'est aussi un vécu complexe de relations humaines faites de grands élans, mais également de petites mesquineries et de conflits d'arrière-scène sans fin, alors que l'on évoque l'impératif de consensus…

C'est le pays d'une histoire violente alors que la rumeur entretient l'idée d'une société d'harmonie.

*« La fureur de ces cœurs passionnés se déchaîne à la manière des lions ; ils cherchent à se surpasser l'un l'autre en sauvagerie et exaltation ; tout est permis à leur description ; tout est autorisé : inceste, meurtre, forfait, crime ; le tumulte effréné de tous les instincts humains célèbre sa brûlante orgie. Ainsi qu'autrefois, les bêtes affamées hors de leur prison, ce sont maintenant les passions ivres qui se précipitent rugissantes et menaçantes dans l'arène close de pieux. **C'est une explosion violente, comme celle d'un pétard, une explosion unique qui dure cinquante ans, un bain de sang, une éjaculation, une sauvagerie sans pareille qui étreint et déchire toute la terre : à peine si l'on distingue l'individualité des voix et des figures dans cette orgie de forces humaines. » [Zweig, 1990 : 17-34]***

Nous avons eu l'impression de retrouver la Chine, lisant, un jour de pluie, cette confession du professeur « R. de D[1]. » repensant au Londres des années 30 de sa jeunesse dans *La Confusion des Sentiments*. « Orgie de forces humaines » ? Oui, c'est bien cela. Mais derrière une face supposée uniforme et indéchiffrable.

Ce paradoxe entre harmonie de façade et ruissellement d'énergie défie réellement, semble-t-il, la rigueur de notre esprit, nous qui nous sentons rassurés quand nous pouvons classifier. Comment tout et son contraire sont-ils possibles en même temps ?

Or, la lucidité finit toujours par être payante.

De même qu'il ne s'agit pas de condamner nos limites, il ne s'agit pas de pêcher par angélisme ; encore moins aujourd'hui après que l'engouement pour les modes de management à la japonaise a été réduit par la crise profonde qui affecte ce pays. C'est pourquoi en nous intéressant aux limites de chacune des valeurs, nous aurons une occasion de préciser les **conditions de validité et les risques associés à ces valeurs humaines.**

Il ne s'agit pas non plus de trouver dans le confucianisme les causes du succès économique des pays asiatiques (Mao lui imputait le fléau du féodalisme, et il a été souvent mis au banc des accusés pour cause de forces centripètes qui seraient à l'origine de l'immobilisme d'un quand même très grand Empire).

L'intérêt de ce livre n'est pas uniquement de se ressourcer au travers d'un voyage en pays Confucius.

Il réside également dans la recherche de complémentarités entre deux approches que l'on a souvent cherché à opposer. La Chine ne s'y trompe pas : au-delà des seuls apports en capitaux, elle attend de l'Occident qu'il la fasse bénéficier de son approche méthodologique. Tout en revendiquant son fonds de sinité, elle nous reconnaît cette compétence, et ce, dès le premier article de la loi sur les entreprises à capitaux mixtes pour un débat ancien entre le *ti* et le *yong,* avec la Chine comme élément principal (*ti*) et l'Occident comme moyen (*yong*).

---

1 C'est ainsi que Zweig appelle son personnage.

Au-delà du confucianisme, une réflexion sur le management

Il est important de rappeler que ce livre dépasse le cadre pur de l'intérêt pour la Chine. Il propose en effet une réflexion plus globale sur le management.

Ce livre n'est pas un ouvrage de philosophie, même si nous ne pouvions faire l'économie d'une clarification du fonds philosophique. La lecture proposée du confucianisme est plutôt celle d'une Occidentale gestionnaire, familière du monde chinois qui, encadrée par des philosophes chinois également gestionnaires, a retenu ce qui trouve un écho dans sa conception de l'entreprise et ses présupposés d'efficacité.

Le style particulier du livre s'explique donc par son thème même, car il se situe à la croisée de plusieurs sujets - philosophie et management ; confucianisme, Chine et entreprise ; Occident, Extrême-Orient.

Il découle aussi de la particularité de la rhétorique chinoise, notamment confucéenne : celle-ci n'associe pas de contenu définitif à une notion, ce qui rend toute traduction imparfaite, et oblige à de nombreux détours pour tenter d'en restituer le sens profond.

Enfin, la dichotomie implicite faite dans cet ouvrage entre deux mondes – les mondes chinois et occidental – pour faciliter la compréhension de la problématique ne doit pas cacher *une réalité plus complexe*. Les différences culturelles en Chine ne sont pas un leurre dans un pays à la dimension d'un continent. Quant aux différences en Occident, c'est tout le travail initié par Hofstede, qu'il a… prolongé par la définition d'une cinquième dimension, la dimension confucéenne.

Articulation de l'ouvrage

« Confucianisme et management », ces deux termes ont en effet de nombreux points communs. Les deux impliquent une relation, les deux concernent au premier chef les détenteurs du pouvoir et les mettent en face de leurs responsabilités, les deux sous-entendent une adhésion. Le premier propose un système complet de gouvernance d'Etat d'orientation humaine ; le deuxième, par transposition des éléments de la gouvernance d'Etat à la gouvernance d'entreprise, peut trouver dans le confucianisme une source d'inspiration complémentaire.

La Chine a été pour nous l'occasion d'une rencontre avec le facteur humain. Celui-ci représente aujourd'hui l'occasion d'un retour vers la Chine, berceau d'un confucianisme que nous appellerons « l'autre humanisme ».

Première partie – Les bases du confucianisme

Le titre de cette partie clarifie son intention : donner les connaissances minimales nécessaires à la compréhension de la conception confucéenne de l'art de gouverner, avant de la transposer au management.

Après quelques *repères sur le confucianisme*, sélectionnant les éléments indispensables à la compréhension de l'esprit confucéen de l'exercice de la souveraineté, nous précisons *le contexte et les conditions de validité de l'ouvrage (Ch.1 « Son nom a traversé les âges »)*. C'est dans ce chapitre que l'on trouvera des réponses quant à la survivance ou à la pertinence du confucianisme dans la Chine d'aujourd'hui.

Le confucianisme, l'autre humanisme ? Le terme d'« humanisme » est souvent mal employé et mal compris. Avant de l'appliquer au confucianisme, il était donc nécessaire d'en préciser l'acception occidentale, pour mettre en évidence les convergences et les divergences entre les deux mondes. La Chine n'a en effet pas connu cette inflexion de la pensée qui a permis de penser l'homme comme sujet. Aujourd'hui encore, l'homme chinois n'existe pas grâce à son individualité, mais au travers de sa relation à l'autre. Ce particularisme est fondamental pour le management qui ne se vit lui-même que dans la relation entre le manager et le managé (*Ch.2 « L'humanisme occidental »*).

L'objectif de ce livre est un renouvellement du sens du management par un apport extérieur, en l'occurrence le confucianisme, qui clarifie les devoirs du gouvernant (le peuple, toujours le peuple) et lui donne les principes d'un gouvernement efficace.

Le chapitre suivant est l'occasion, à partir des textes fondateurs, de définir les notions clefs (*sheng* 圣 – souverain sage, duquel tout part ; *ren* 仁 –

sens de l'humain, qualité centrale ; *wu lun* 五伦 – les cinq relations qui hiérarchisent la société ; *xiu shen* 修身 – auto-perfectionnement, impératif de comportement ; *min* 民 – le peuple, essentiel des préoccupations du gouvernant ; *qing* 情 – le sentiment, qui qualifie la nature du lien entre gouvernant et gouvernés...). Il clarifiera ainsi l'articulation d'une logique qui pense le gouvernement comme une relation en miroir : à gouvernant bienveillant, soutien du peuple ; à gouvernant dévoyé, peuple en perdition et tyrannicide autorisé. Le sens de l'humain ou *ren* est cette qualité essentielle, synthèse d'un ensemble d'autres qualités humaines que le souverain doit s'efforcer de toujours développer et grâce à laquelle il ne pourra pas ne pas emporter l'adhésion de ceux qu'il gouverne (*Ch.3 « Confucianisme, l'autre humanisme »*).

Deuxième partie – Confucianisme et management

Il est aisé de deviner déjà en filigrane de l'analyse, les correspondances possibles avec le monde de l'entreprise, objet de la seconde partie « Confucianisme et management », et la convergence entre certains courants occidentaux et l'esprit confucéen « d'excellence humaine ».

« L'homme au cœur (de tout), pour un homme, profondément humain qui a un cœur » sera ainsi le leitmotiv de la deuxième partie.

Si l'on accepte le postulat de transposition de la gouvernance d'Etat - telle que proposée par le confucianisme, à la gouvernance d'entreprise, le dirigeant, ainsi que toute personne ayant une responsabilité managériale sera le point de départ de tout ; dirigeant et manager qui chercheront à développer ces qualités qui font l'efficacité du gouvernant. (*Ch. 4 « Valeurs chinoises et qualités du leader » et Ch. 6 « Souverain éclairé et système organisé »*).

Ils seront ainsi **ren** 仁 **(1)**, **yi** 义 **(2)**, **li** 礼 **(3)**, **de** 德 **(4)**, **xin** 信 **(5)**, **zhi** 知/智 **(6)**, c'est-à-dire qu'ils démontreront sens de l'humain (1), équité rituelle (2), rites (3), morale (4), confiance (5) et connaissance (6) ; six qualités sans exhaustivité qui révèlent l'ensemble des qualités visées par le système confucéen.

Ils seront également **yong** 勇 **(7)** et **yan** 严 **(8),** courageux et sachant être sévère.

Ming 明 *(9)* et *du* 度 *(10)* enfin, ils apporteront vision et organisation.

Dix caractères pour un manager qui sait aimer, se faire aimer et se faire craindre (*Ch 5. « Connaissance par le cœur et management par les sentiments »*).

Dix caractères, qui contribuent à étoffer les profils des dirigeants et managers confucéens. Quant aux particularités déjà évoquées de la rhétorique chinoise, elles aideront à mieux comprendre les comportements que cachent des idéogrammes facilement abscons pour un non-initié et à étoffer les profils précédents.

L'implication de la position confucéenne ? Si l'on accepte la logique « bienveillance du gouvernement » ➔ « adhésion assurée » (ce qui est un postulat assez séduisant pour toute entreprise, même s'il est difficile à mettre en œuvre), ces dix caractères pourront servir de base de réflexion aux entreprises qui auront fait le choix d'un management par et pour l'homme (*Ch. 7 « Implication de la position confucéenne sur la sélection des dirigeants et managers et l'évolution des entreprises »*).

Troisième partie – Dynamique et perversions du pouvoir confucéen

Cette partie nous emmènera au cœur de la vie d'entreprises chinoises. Observant le confucianisme à l'œuvre et s'appuyant sur une présentation factuelle du fonctionnement de la société (*Ch.8 « L'impact du confucianisme sur le fonctionnement de la société »*), cette approche va nous permettre d'explorer un management sous influence, entre enfer et idéal.

Enfer, car il est souvent retenu du confucianisme certains points particulièrement durs (*Ch.9 « Perversions de l'exercice du pouvoir confucéen »*). C'est ainsi que nous verrons insidieusement le dirigeant se corrompre, le managé se soumettre, l'homme se figer sous le poids de l'œil et des rituels sociaux. Nous verrons également l'entreprise en difficulté de ne pas avoir su s'ouvrir sur l'extérieur ou d'avoir érigé en dogme la préférence donnée au cercle.

Idéal, car, à l'inverse de ce que nous venons d'évoquer, Confucius s'est toujours rêvé conseiller de ces souverains « éclairés », dont nous retrouverons ambitions et qualités dans des figures d'aujourd'hui, pour mieux comprendre la source de leur efficacité (*Ch.10 « Confucianisme et dynamique managériale. L'exemple d'entreprises chinoises »*).

Quatrième partie - Interculturel, enseignements et convergences

Si nous prolongeons le parallèle entre confucianisme et management, la quatrième et dernière partie nous propose enfin de synthétiser les points d'inflexion et de rupture entre l'idéal et l'enfer du management par et pour l'homme, l'une des préoccupations essentielles du monde actuel.

Nous attirons l'attention sur les temps de réflexion qu'offrent les exercices. Ils doivent faciliter la transposition de la problématique entre le confucianisme et le management, tout en clarifiant les stéréotypes. Les objectifs poursuivis par chacun des objectifs sont précisés avant chaque exercice.

Annexes

Les annexes enfin éclairent le sens de l'ouvrage ou approfondissent le confucianisme et le fonds culturel chinois :

– L'alphabet des valeurs : au-delà de la facilité de recherche de la signification d'un idéogramme, il contribue à donner un sens au « sens de l'humain » et à étoffer notre compréhension de l'esprit confucéen du management. La lecture de chacun des mots cités suffit à s'en convaincre.

– Le glossaire des principales valeurs du système confucéen : pour chaque valeur, il donne un éventail des traductions, une définition de la valeur et quelques citations extraites principalement des *Entretiens* de Confucius qui montrent la diversité des comportements potentiellement couverts, comportements aisément transposables dans l'entreprise.

Postface

– « Transplantées, les oranges se transforment en une autre variété » montrant comment notre expérience personnelle a donné naissance à ce livre et lui a donné son ton, dans un esprit confucéen.

Guide de lecture

Exercice préparatoire à la lecture du livre (1/2)	Préparation à l'auto-évaluation par rapport à la dynamique managériale confucéenne
1ère partie **Les bases du confucianisme**	**Définir le contexte et clarifier les ambitions et principes du confucianisme, qui intéressent le management.** Repères sur le confucianisme. Divergences, convergences avec l'Occident. Fondements du confucianisme et architecture de la logique, qualités et valeurs.
2ème partie **Confucianisme et Management**	**Mettre en évidence les apports du confucianisme au management, notamment dans sa dimension intangible.** 10 qualités pour un manager qui sait aimer, se faire aimer et se faire craindre. Connaissance par le cœur et leadership par les sentiments. Impact sur l'entreprise (carte des leaderships, recrutement et formation) et son devenir.
Exercice (2/2)	*Continuation de l'auto-évaluation*
3ème partie **Dynamique et perversions du pouvoir confucéen**	**Eviter les stéréotypes : le confucianisme, idéal ou enfer ? A partir du fonctionnement de la société et d'entreprises chinoises, mettre en évidence les points de rupture qui transforment l'idéal en enfer.**
- L'impact sur le fonctionnement de la société chinoise	Présentation factuelle du fonctionnement de la société chinoise.
- Perversions du pouvoir confucéen	L'enclenchement du cercle vicieux – dénaturation et corrosion du pouvoir : respect et soumission, sclérose, petits chefs et tyrans, népotisme et favoritisme, logique de fief, conflit inter-clans, méfiance hors du cercle.
Exercices 2/1 et 2/2	*A partir d'un exemple, Hyundai, retrouver les aspects négatifs du management confucéen, mais également mettre en évidence les stéréotypes et les biais des analyses pour les déconstruire.*
- Dynamique du pouvoir confucéen	Du cercle vicieux au cercle vertueux, le confucianisme toujours d'actualité dans le management : cœur, homme au centre, sens du bien public, auto-perfectionnement et qualités humaines. Mise en évidence des compétences distinctives du management confucéen.

4ème partie **Interculturel, enseigne-** **ments et convergences**	**Faire la synthèse des apports du confucianisme au management confucéen.** La « main invisible ». Les points de vigilance. Les points clefs.
Audit final confucéen	***Baromètre interne et capacité invisible.*** ***Votre entreprise part-elle gagnante ?***
Annexes	
Alphabet des valeurs et Esprit du magagement	Index alphabétique. Esprit du confucianisme et sens de l'humain.
Glossaire des principales valeurs	Traductions multiples pour un même idéogramme. Définition. Citations à partir des textes pour illustration du comportement. Carte récapitulative des valeurs.
Postface	Histoire du livre.

Première Partie

Les bases du confucianisme

Qui écoute les deux parties,
celui-là aura l'esprit éclairé.
Qui n'en écoute qu'une restera
dans les ténèbres.

Zi Zhi Tong Jian

Premiers repères sur le confucianisme

En guise d'introduction à cette première partie, nous souhaitons donner des premiers repères sur le confucianisme. Dans la philosophie chinoise, le confucianisme occupe une place essentielle.

Les auteurs les plus importants sont :
Confucius (551-479 avant JC),
Mencius (371-289 avant JC)
Xunzi (305-235 avant JC)

Les Chinois découpent leur histoire en grandes périodes.

La période des Printemps Automnes qui a vu naître Confucius, puis celle des Royaumes Combattants pour ses successeurs, sont des époques particulièrement troublées de l'histoire de la Chine antique...

... avec un peuple sous domination, un roi sans grand pouvoir et des princes feudataires* difficilement contrôlables, qui n'ont de cesse de s'émanciper toujours plus de leur tutelle ; un territoire morcelé en principautés rivales dirigées par des seigneurs de la guerre à la puissance variable suivant les époques mais toujours en quête de conquête ; une société connaissant une dégradation de ses structures et une dépravation de ses mœurs.

Le confucianisme est une réponse à cette situation dégradée.

Confucius en conseiller des Princes rêvait de restaurer l'ordre « moral » des temps heureux des Souverains mythiques de l'âge d'or, dans un pays où, sous leur bienveillante gouvernance, il ferait alors si bon vivre que tout le monde se presserait.

____

(*) feudataire : vassal qui devait foi et hommage à son suzerain [PL, 1976]

- L'homme est au cœur de tout, mais l'homme dans sa relation à l'autre.
- Dans cette relation, la réciprocité absolue est la règle, mais avec un sens prononcé de la hiérarchie des rapports humains.

- Le souverain qui joue un rôle essentiel a la lourde mission de :
    - gouverner dans l'intérêt du peuple,
    - lui procurer bien-être et prospérité,
    - et d'assurer ainsi la paix en son sein.

- Le fondement de la politique est la morale.
- Le contrôle est exercé par les Rites qui jouent un rôle de normalisation de la vie en société et de régulation des rapports humains.
- La trame de la vie en société est le sentiment, les valeurs humaines sont mises en avant.
- L'important est la rectitude du comportement par rapport à ces principes de base, conformité indispensable au respect de l'ordre social.

- La méthode : gouverner par l'homme lui-même, dans un rapport de condition (se gouverner soi) à conséquence (gouverner les autres) :
    - Soi : ce n'est qu'au travers d'un processus d'auto-perfectionnement que l'on peut devenir un sage dans son cœur et un prince dans son comportement.
        - Les autres : c'est par l'exemple qu'il donne que le souverain contribue à la transformation de celui qu'il gouverne.

    « Ainsi le bon Souverain s'investit intérieurement dans l'observance [de ce qu'il faut faire], et le monde entier est en paix [...]. Aussi, un tel souverain, dès qu'il entre en mouvement, le monde en fait sa voie ; dès qu'il agit le monde en fait sa norme. » [ZY, 129 et 138]

CHAPITRE 1

Confucius : son nom a traversé les âges

芳名百世

- Pourquoi le confucianisme aujourd'hui ?
- Le confucianisme, rien que le confucianisme ?

En complément des approches occidentales, la culture chinoise et la lecture approfondie du confucianisme nous permettent d'étoffer notre compréhension de la dimension humaine et de penser autrement le management : si, dans les deux mondes, l'homme est au cœur, avec un possible universalisme des valeurs, il l'est de façon totalement différente. Ce sont deux cultures humanistes aux réalités fondamentalement divergentes.

En effet, la culture chinoise n'a jamais pensé l'homme en tant que sujet, mais plutôt comme élément intrinsèque d'une relation (l'un n'existe pas sans l'autre) et le confucianisme peut être considéré comme une philosophie d'une excellence humaine particulière.

Les auteurs confucéens, dévoués au Prince, défendant un idéal humain de gouvernement, en ont exploré toutes les possibilités, développé les potentialités et repoussé les limites tout en posant son exercice en art, mais un art accessible à tous, sous certaines conditions.

Cette forme d'excellence humaine se retrouve totalement intériorisée jusque dans le comportement managérial : *Mettre en ligne le cœur et l'esprit* est le titre d'un best-seller de Katzenbach [2000][1], qui place l'homme au cœur de la réussite.

L'apport chinois à une réflexion existante depuis longtemps en Occident est dans le titre même de ce livre : le cœur et l'esprit chinois n'ont pas besoin d'être alignés, puisqu'ils le sont déjà par nature, car xin 心 , le cœur chinois est le siège de la pensée[2].

Il n'est pas question ici d'affirmer que la Chine a le monopole du cœur. Néanmoins une autre divergence fondamentale réside dans la hiérarchisation des priorités, avec un ordre « viscéralement » opposé.

---

1 Le titre original est *Peak Performance : Aligning the Hearts and Minds of Your Employees.*
2 L'idéogramme *si* 思 qui signifie *pensée* est formé à partir de l'idéogramme du coeur, indiquant par là la nature inséparable du coeur et de la pensée réfléchie. Dans le Mencius, il est dit que « c'est avec l'organe du cœur que l'on pense ». Napoléon au contraire affirmait que « le cœur d'un homme d'Etat devait être dans sa tête ». A noter que l'idéogramme du cœur se retrouve comme clef dans de nombreux autres idéogrammes qui impliquent une activité cérébrale ou cérébralo-affective : outre penser (*xiang*) 想 et réfléchir (*si*) 思 , il y a les idéogrammes lire (*nian*) 念 , aimer/être attaché à (*han*) 恋 , éprouver du ressentiment (*yuan*) 怨 , être inquiet (*chou*) 愁 , avoir peur (*kong*) 恐 , indignation (*fen*) 忿 .

Soient *Qing* 情 – le sentiment, *Li* 理 – la raison, *Fa* 法 – la loi, nous sommes face aux positions suivantes :

Ordre confucéen	Ordre cartésien	Influence anglo-saxonne
Qing, Li, Fa	*Li, Fa, Qing*	*Fa, Li, Qing*
情 , 理 , 法	理 , 法 , 情	法 , 理 , 情
Sentiment (1)	Raison	Loi
Raison	Loi	Raison
Loi	**Sentiment (3)**	**Sentiment (3)**

L'opposition est dans la place privilégiée donnée au sentiment.

Au premier ou au dernier rang suivant le contexte culturel, quelle que soit la place donnée aux deux autres éléments, sachant que le terme de raison en chinois se dit *qingli* 情理 , regroupant deux notions qui ne peuvent être dissociées, *qing* (le sentiment) et *li* (l'idéogramme de la raison).

Enfin la nature et la construction même de la langue chinoise particulièrement propice à étoffer le sens d'une notion, à l'enrichir par le pouvoir créateur de l'image et de l'imagination, facilitent l'adhésion aux valeurs par leur adaptation constante au réel[3].

Nous sommes en réalité face à deux formes d'intelligence complémentaires.

L'une, occidentale, « fixante », qui se reconnaît dans la précision d'une définition. L'autre, chinoise, qui ne peut se résoudre à enfermer la réalité dans un mot définitif. L'une qui modélise le monde dans des formules mathématiques et a permis à la science de décomposer le génome humain, l'autre qui renouvelle son sens à chaque situation et ne se laissera jamais surprendre par l'inventivité du réel.

---

3 Cf. l'annexe 3 « Confucianisme : Glossaire ».

Pourquoi le confucianisme aujourd'hui ?

On peut en effet se demander quelle pertinence peut bien encore avoir ce fonds idéalisable d'un autre âge dans la Chine d'aujourd'hui ? Alors que sur « la grosse impératrice d'Asie », cette orange segalenienne[4] « à peau grouillante de vers européens », sont venus se greffer l'oignon totalitaire d'Hanna Arendt et… plus de vingt ans de politique d'ouverture rondement menée.

Que peuvent bien valoir en effet…

… 2500 ans de confucianisme (551 avant JC – si tant est que Maître Kong ait jamais existé, car des doutes subsistent sur la réalité de son existence)…

… Par rapport à

500 ans de contacts difficiles avec l'étranger entre haine et attirance (1582 : Matteo Ricci est l'un des premiers Jésuites à atteindre les côtes chinoises),

100 ans de reconstruction violente d'un ordre nouveau (1911 : fondation de la République), dont :

50 ans d'histoire contemporaine « socialiste » (1949 : fondation de la République Populaire de Chine ; 1921 : création du Parti Communiste Chinois (PCC)) et

20 ans de politique d'ouverture (lancement en novembre 1978 au 3ème plénum du XIème Congrès du PCC), dont :

1 an d'OMC (septembre 2001, signature du traité ; 2002, adhésion effective)?

Or, l'important ne se trouve pas tant dans les dates elles-mêmes que dans le poids relatif des périodes incriminées et de leur influence sur le comportement des Chinois d'aujourd'hui (génération Confucius, contre génération Mao ou génération Coca ; génération planificatrice, contre génération capitaliste à la Chinoise).

---

4 Victor Segalen [1878-1919]. Poète, romancier, essayiste, figure de la littérature française et de la sinologie, sans doute l'un des écrivains qui a le mieux compris et rendu l'esprit chinois. Ses œuvres nous emmènent dans un « Voyage au pays du réel réalisé », la Chine. C'est également l'un des pionniers de l'exotisme bien compris pour une définition qui dépasse l'attrait pour le lointain : la « réconciliation de la puissance des Divers ».

L'observateur d'aujourd'hui est bien en peine d'une réponse définitive face à ce kaléidoscope.

Sachant que Mao, avec plus ou moins de virulence selon les époques, n'a eu de cesse de vouloir éradiquer le confucianisme ; et ce n'était pas le premier et loin s'en faut : il était le digne héritier d'une lignée d'« anti » convaincus. La « guerre » des courants de pensée remonte aussi loin que maître Kong.

Quant aux vingt dernières années, elles ont été les témoins de la montée en puissance progressive de la mondialisation.

Cette mondialisation a d'abord été « (im)portée » par les *Huaqiao*[5] ou Chinois d'Outre-mer, du premier cercle – Hong-Kong, Macao et Asie du Sud-Est avec une influence progressivement accrue des grandes entreprises. Une étape supplémentaire a été franchie avec l'adhésion à l'OMC qui peut donner à l'influence confucéenne[6] une occasion supplémentaire de céder du terrain face à la montée de l'anglo-saxonnisme.

La confrontation risque d'être d'autant plus intéressante qu'elle met en présence « deux » cultures extrêmement fortes, voire dominatrices.

C'est la difficulté même qui s'attache à la notion de culture : entre acculturation et résurgence des particularismes locaux, il n'existe pas de réponse certaine.

C'est un truisme de dire que l'on rencontre des situations très différentes à Pékin, Shanghai ou Canton.

C'est en effet, un pays à l'échelle d'un continent, avec un territoire s'étendant du nord de l'Afrique du Nord au milieu de l'Europe du Nord et de la frontière maritime de la France à Moscou, qui a pris le parti d'une ouverture progressive (à partir de zones géographiques et de secteurs d'activité tests).

---

5 Ce sont les Chinois ayant émigré dans d'autres pays. Pour la plupart, ils ont conservé un lien de corps ou de cœur avec la « mère patrie ».

6 Cette distinction est nécessaire car l'adoption de concepts occidentaux par l'intermédiaire de Chinois d'Outre-mer se fait sans doute sous une forme plus « confucianisée » que par l'intermédiaire de multinationales. En cela, la différence est flagrante entre le Guangdong, le Fujian d'une part (internationalisation par les Chinois d'Outre-mer plus prononcée), et d'autre part, Shanghai (métropole financière cosmopolite) ou Pékin (centre politique et administratif).

Ainsi la première ZES (Zone économique Spéciale) remonte à 1980 alors que la promotion par le gouvernement des provinces reculées de l'ouest date de la fin des années 90. La dérégulation des premiers secteurs d'activité les moins stratégiques remonte aux premiers temps de l'ouverture tandis que la transformation du ministère de l'énergie en société (State Power Corporation) date de 1998.

Et le melting pot est bien là malgré une terminologie *han*[7] unificatrice. Et, si l'on peut difficilement parler d'une Chine, le monde confucéen lui représente bien une réalité.

Il est également hasardeux de tirer des conclusions générales quant au résultat de la rencontre entre deux cultures au sein d'une entreprise : quel niveau doit-on prendre en ligne de compte ? Le niveau national, micro-, méso- ? Se sent-on plus judéo-chrétien que membre d'une grande entreprise ? Est-on plus protestant que français quand on est banquier ? Le confucianisme avec sa dose de paternalisme ne s'appliquerait-il qu'aux PME ?

La question est ouverte, quel que soit le pays : la grande entreprise, multi- ou transnationale, a-t-elle une culture plus forte que le pays hôte ? Mac Donald a tranché ; mais tout le monde ne s'appelle pas Mac Donald.

Mais, dans le cas de la Chine, rien n'y fait. Même s'il est extrêmement difficile de faire la part des choses, il faut reconnaître aux Chinois un talent « d'éponge » exceptionnel, quand il s'agit d'emprunter aux autres cultures et de « **siniser** » **le moindre emprunt.**

– Matteo Ricci avait fait du bon travail d'évangélisation et avait été bien accueilli en terre chinoise, mais il s'était fait un jour blâmer par l'Eglise Romaine pour avoir supporté quelques entorses au dogme chrétien et fait cohabiter le culte des ancêtres avec la loi divine, comme les Chinois le désiraient.

– Mao s'est démarqué de ses « muses » idéologiques en repensant profondément les fondements même du marxisme avec une révolution qui ne pouvait venir de la classe ouvrière mais de la paysannerie.

– Deng a réinventé le socle politico-idéologique avec le concept d'économie de marché socialiste.

---

7 Il y a 55 minorités en Chine plus les Han qui représentent l'ethnie chinoise proprement dite.

Tout est passé au filtre implacable des caractéristiques chinoises. « You zhongguo tese 有中国特色 », dit-on. C'est un leitmotiv à ne jamais oublier lorsque l'on va en Chine.

Or, dans cette entreprise générale de sinisation, Confucius a la peau dure. Rien n'y fait.

Pendant la Révolution Culturelle, les pères ont dénoncé leurs fils, les enfants ont renié leur arbre généalogique et brûlé leurs ancêtres (ce qui est le comble de l'horreur pour tout bon Confucéen qui se respecterait). Mais à peine la fin de l'ère Maoïste se laissait-elle deviner, Confucius a-t-il commencé à se signaler par des petits riens avant de revenir en fanfare.

Chaque génération, idéalise avec une pointe de nostalgie un passé même proche. Certains Chinois regrettent aussi que les sirènes de la consommation détournent les jeunes de la pureté de l'élan révolutionnaire ou de la morale et de l'industriosité confucéennes.

Mais de là à classer Confucius dans la catégorie des légendes[8], le pas ne peut être franchi, car Confucius, ce vieillard de 2500 ans, a résisté à tous les outrages tandis que le confucianisme, ciment culturel commun aux populations asiatiques[9] « transcende » les autres héritages. Nous attendons avec impatience de voir quelle forme revisitée prendra l'inévitable néo-néoconfucianisme.

De même que nous portons en nous un fonds de judéo-christianisme qui souvent nous rattrape, de même, le Chinois du troisième millénaire, bien dans son siècle, n'en oublie pas ses racines, même s'il ne s'en réclame pas tous les jours.

---

8 Cette question a plus d'acuité encore lorsque l'on sait que Confucius serait mort frustré de ne pas avoir l'aura dont il rêvait et que seule la postérité lui aurait donné ses lettres de noblesse, vainement recherchées de son vivant. Un grand penseur de la souveraineté, sans souverain à conseiller, quelle ironie d'un sort qui lui fût particulièrement favorable…
9 Cf. [Vandermeersch, 1986], *Le nouveau monde sinisé*.

Le confucianisme, rien que le confucianisme ?

Il est clair que la sagesse antique chinoise ne se limite pas au confucianisme.

La stratégie militaire

Nous aurions pu également évoquer la *stratégie militaire*, avec Sun Zi, son représentant le plus connu en Occident. Nous ne nous priverons pas d'ailleurs de quelques emprunts pour compléter avantageusement les qualités du souverain et encore plus celles du général.

Sun Zi garantit de gagner la guerre sans même livrer le premier des combats.

Il est intéressant et séduisant, lui qui promet en cent batailles, cent victoires, mais il nécessiterait à lui seul un ouvrage complet sur la complémentarité des approches stratégiques.

Le taoïsme

Le taoïsme aussi pourrait avoir sa place. Les taoïstes apporteraient un peu de sérénité dans un monde de brutes.

Le célébrissime « agir sans agir » nous laisserait entrevoir un manager moins fatigué pour un style de management plus naturel.

Ce courant philosophique, qui s'est toujours posé en concurrent du confucianisme, est connu essentiellement au travers de deux ouvrages le *Daode jing* ou *Livre de la Voie et de la Vertu*, par Laozi et le *Zhuangzi*, par l'auteur du même nom. Il s'articule autour de deux notions fondamentales : la Voie (*dao*) et la nature (*ziran*). L'opposition entre les deux courants se cristallise autour de la différence entre l'homme culturel confucéen et l'homme naturel taoïste : la spontanéité naturelle taoïste est en contradiction avec les rites de socialisation de l'homme confucéen.

Le légisme

Le légisme est incarné par Han Feizi, autre grand ennemi de Confucius. Pour Han Feizi, le gouvernement d'un Etat est une affaire trop sérieuse pour le laisser entre les mains d'un trop rare et aléatoire souverain sage qui gouvernerait sans effort par le rayonnement de son humanité.

Il préconise donc de le remplacer par l'infaillibilité d'un appareil d'état, de promouvoir la motivation par la coercition et la crainte des sanctions, et d'asseoir le pouvoir par la peur.

Ces débats existent encore aujourd'hui. Certains hésitent entre un pouvoir obtenu par adhésion ou un pouvoir exercé par la contrainte. Des incompréhensions naissent entre les défenseurs de l'efficacité organisationnelle et ceux de l'efficacité managériale (notamment dans sa dimension intangible).

Les apports de ces courants de la Chine antique pourraient donc se révéler tout aussi intéressants, mais, nous avons préféré ne pas nous disperser, le sujet étant déjà, en lui-même, suffisamment vaste. A l'exception donc des quelques incursions dans le monde sunzien de la stratégie militaire, nous avons volontairement limité notre réflexion au confucianisme, dans sa forme originelle, en mettant en lumière les éléments nécessaires à la compréhension de la dynamique managériale.

Le tableau ci-après montre les convergences et divergences des approches de ces principaux auteurs dans des ouvrages essentiels.

Les ouvrages de Confucéens ou qu'ils se sont appropriés
– Les cinq Classiques confucéens : *Le livre de l'Histoire*, *Le livre des Odes*, *Le Livre des Rites*, *Le livre des Mutations* et *La Chronique des Printemps Automnes*.
– Les quatre Livres, de Confucius ou de ses successeurs : *Les Entretiens*, *La Grande Etude*, *L'invariable Milieu* (ou *La Propension à Usage Ordinaire*), *Le Mencius* (ce sont les quatre principaux livres qui sont utilisés dans cet ouvrage) auxquels on ajoutera le Xunzi, ouvrage du nom de son auteur qui préfigure les légistes.
Autres courants
– Shang Yang et Han Feizi ou les Légistes.
– Zhuangzi, Laozi ou les Taoïstes.
– Sun Zi et les Stratèges militaires.

Titre	Nature du document/auteur	Fondements philosophiques
Le Livre de l'Histoire *Shujing*	Documents classés par ordre chronologique sur des faits historiques.	
Le Livre des Odes *Shijing*	Recueil de poèmes.	
Le Livre de Rites *Liji*	Code de discipline sociale, principes de conduite et recettes de vie en société.	
Le Livre des Mutations *Yijing*	Transcription de l'approche chinoise des changements.	
Le Livre des Printemps Automnes	Attribué à Confucius, ce livre est une chronique de la principauté de Lu, consignant chacun des événements et faits découlant de la responsabilité des Princes et de leur gouvernement. Il porte à cette occasion une appréciation sur leur conformité aux règles.	

Titre	Nature du document/auteur	Fondements philosophiques
Les Entretiens *Lunyu*	Petit recueil d'aphorismes, enseignement de Confucius (environ 10 000 caractères).	La nature humaine n'est ni bonne ni mauvaise. Importance de l'éducation pour le contrôle des désirs. Perfectionnement intérieur, rectitude du cœur, pratique des Rites et gouvernement. Protection du peuple.
La Grande Etude *Daxue*	Enseignement élevé pour élèves avancés.	
L'Invariable Milieu[10] *Zhongyong*	Poursuite de l'enseignement de la Grande Etude.	
Le Mencius	Du nom de son auteur. Recueil complet et conséquent (entre 20 et 30 000 caractères) Mencius, digne héritier de Confucius n'a pas connu son maître, mais il en perfectionne la doctrine.	Philosophie de l'idéalisme confucéen. La nature de l'homme est intrinsèquement bonne indépendamment de toute éducation « morale ».

Titre	Nature du document/auteur	Fondements philosophiques
Le Xunzi	Du nom de son auteur. Philosophe encore classé dans les Confucianistes. Transition avec les Légistes.	L'homme est mauvais par nature. C'est par l'effort et l'éducation qu'il se transforme. Renforcement de la contrainte par l'éducation.

---

10 Traduit souvent par « invariable milieu », traduction améliorée par François Jullien en « régulation à usage ordinaire ».

Titre	Nature du document/auteur	Fondements philosophiques
Le livre du Prince Shang Le Han Feizi	Traités de gouvernement. Shang Yang et Han Feizi sont les représentants les plus connus des Légistes qui sont les grands ennemis de Confucius.	« Amour et bonté nourrissent les transgressions ». Servitude du peuple. Défiance vis-à-vis des hommes remplacés par : - Puissance de l'appareil d'Etat et techniques de gouvernement, - Rigueur dans le système des récompenses certes, mais surtout des châtiments, force de la loi.
Dao De Jing Le livre de la Voie et de la Vertu	Ouvrage du très connu Laozi, chef de file des Taoïstes. Dénonciation des excès légistes ainsi que du ritualisme confucéen, de la prétention des auteurs confucéens à fonder une « morale », du poids de l'éducation.	Effort de destruction en soi de toute culture et de toute éducation. S'accorder au grand mouvement spontané de la Nature.
Zhuangzi	Du nom de son auteur. Dernier grand taoïste de l'antiquité.	« Assassinat de l'indistinction primordiale par l'intelligence morcellante de l'homme. » « Partialité des hommes qui ont oublié leur origine commune. »
Sun Zi L'art de la guerre	Traité de stratégie militaire dont Sun Zi est l'auteur.	La guerre est une affaire d'Etat. Art du commandement, entre un souverain aux qualités morales éprouvées qui réalise l'unité de la nation mais n'interfère pas dans la conduite de la guerre et un général rompu au commandement de l'armée et qui maîtrise un art tout particulier pour qu'en 100 batailles aient lieu 100 victoires ; l'optimum étant d'emporter la guerre sans même mener une bataille.

Ouvrages confucéens   *Ouvrages appropriés par les Confucéens*
Ouvrages non confucéens

La Chine Antique, auteurs et textes fondateurs
Source : [Larre, 1981], [LJW, 1969], [Levi, 2002]

L'humanisme occidental

知之难，不在见人在自见。

《韩非子》

*Ce qui est le plus difficile dans la connaissance,
ce n'est pas de connaître les autres, mais de se connaître soi-même.*

Han Feizi

- Comment l'homme est devenu sujet dans l'univers
- Que faire de cette liberté ? L'héritage chrétien retrouvé

Les philosophes de la Chine ancienne centrent leurs analyses sur l'homme, les relations humaines, la nature de leurs actes sous un angle physiologique (la vie et ses plaisirs), psychologique (sentiments et volonté), théorique (sens de l'humain, équité, rite et intelligence) ou épistémologique (connaissance, action, étude et pensée). Mais les Confucéens, plus que tous les autres, placent l'homme au cœur de leur analyse et les principales valeurs qu'ils défendent sont toutes reliées à l'humain. C'est pourquoi nous n'hésitons pas à parler « d'humanisme confucéen ».

Il existe un fonds commun avec le courant humaniste occidental qui « place l'homme et les valeurs humaines au-dessus de toutes les autres valeurs » [PL, 1988]. Ce fonds commun justifie l'association entre les deux types d'humanisme.

Néanmoins à cultures différentes, contenus différents.

En effet, non seulement, le filtre culturel introduit un biais dans le sens des mots, mais la construction de la langue chinoise peut contribuer à entretenir la confusion sur cette signification : les idéogrammes, au contraire des concepts, « représentations intellectuelles d'objets conçus par l'esprit », ne fixent pas le sens. Ils n'ont pas pour vocation de maîtriser le contenu de notions et d'en connaître le sens précis. Indissociables du contexte, ils en saisissent les transformations, jusqu'à traduire des nuances infimes qu'on ne peut que sentir et non exprimer en paroles. La subjectivité de la sémantique est donc très forte.

Impression d'imprécision ? Sans doute, et celle-ci nous dérange.

C'est pourtant ainsi que nous allons devoir procéder – « éclairer un sens » et non « définir un contenu » – puisque la langue chinoise ne donne pas de définition aux mots mais offre la richesse d'un sens qui s'étoffe avec les infinies variabilités du réel.

Nous ne donnerons donc pas de définition de cet humanisme confucéen, mais des explications variables en fonction des circonstances, même si toutes convergent vers une idée essentielle. Pour chacune des valeurs, autour desquelles cette philosophie s'articule, nous procéderons de même et tenterons d'en saisir le sens, capturé dans un idéogramme qui lui donne forme, pour en faire partager la richesse. A l'image des Chinois, nous devrons nous laisser porter par le cœur et l'intuition, plutôt que par l'esprit et le raisonnement, pour être en mesure de recevoir l'ensemble de ces informations nécessaires à la compréhension globale du message.

Nous attirons l'attention sur la difficulté que représente cette démarche intellectuelle chinoise.

A propos des diverses valeurs évoquées dans ce livre, une question reviendra sans doute régulièrement : « mais alors qu'est-ce que cela veut dire en un mot ? ». Comprenons qu'il est impossible de donner une réponse synthétique, au-delà de la traduction officielle du terme, nettement insuffisante. Nous ne pourrons que répondre, « C'est cela... et cela... et cela, quand... et cela, quand... », faisant varier le contenu en fonction du contexte dans lequel le mot se déploie, pour que reste cette impression d'ensemble du confucianisme : un humanisme très humain et parfois trop humain[1]. Avant de reprocher au confucianisme de catégoriser les personnes auxquelles il s'intéresse, il faut prendre en compte cette variabilité en fonction des situations.

Comment l'homme est devenu sujet dans l'univers ?

Jusqu'au seizième siècle, en Occident, la pensée est dirigée selon une conception chrétienne bien particulière. Le monde est hiérarchisé selon une pyramide au sommet de laquelle se trouve Dieu. Il s'ensuit que tout homme est considéré comme un objet, même le plus puissant d'entre eux.

Ainsi la loi du roi n'était pas une loi imaginée par lui selon sa propre subjectivité. Le roi se plie à la loi divine et est chargé de la faire rayonner sur la terre. Et même – surtout – le roi est un objet de Dieu avant d'être un sujet agissant. Les fondements théologiques de son pouvoir découlent de sa position d'intermédiaire de Dieu sur la terre, dans le domaine politique et social.

---

1 Avec toutes ses qualités et ses défauts.

Ce schéma d'objet obéissant à un sujet – ici le roi et Dieu – se retrouve dans la structure sociale à tous les niveaux de la société, du vassal au suzerain, du seigneur au serf et dans toute l'organisation du monde. L'homme ne peut donc se comporter en sujet puisqu'il est toujours en dessous d'un niveau de conscience qui lui est supérieur et auquel il doit se soumettre puisque ce niveau de conscience supérieur – avec Dieu au sommet – est nécessairement aussi un niveau supérieur de vérité.

Cette conception du monde, encore représentée en France dans certains courants de pensée, a marqué le clivage entre les tenants du système monarchique et les partisans de la République. L'idée monarchique est inséparable de l'idée religieuse, l'ordre social devant reproduire au mieux le modèle voulu par Dieu sur la terre, le sommet de la hiérarchie humaine, le Roi, en étant le garant. L'apparition au XVIème siècle du courant humaniste ne s'est pas accompagnée d'une disparition immédiate de la pensée hiérarchique du système monarchico-religieux et plus tard, Louis XIV lui donne sa forme la plus forte en théorisant définitivement, par l'intermédiaire de Bossuet, le principe si connu de *monarchie de droit divin*.

Dès le XVIème siècle cependant, les humanistes marquent le début d'une époque fondamentale de l'histoire de la pensée. L'homme n'est plus pensé uniquement comme objet devant obéir, mais comme sujet, c'est-à-dire comme être libre.

L'homme n'est plus seulement créature de Dieu, objet de la puissance divine mais sujet de cette puissance. On assiste à un renversement de perspective. Mais qu'autorise ce renversement ? En vertu de quoi, l'homme peut-il être considéré comme sujet ? Ce fût l'occasion d'une des grandes discordes de la Renaissance qui va opposer le libre arbitre d'un Erasme à ceux qui pensent que, l'homme reste la créature de Dieu, quel que soit son libre arbitre, quelle que soit son autonomie. En effet, dès qu'il a son libre arbitre, l'homme est capable de déterminer lui-même le Bien ou le Mal sans passer par la religion. L'humanisme introduit la primauté de l'homme – sujet qui s'affirme comme tel par la force de la raison, le libre arbitre. Le libre arbitre, c'est la liberté, celle notamment de choisir entre le Bien et le Mal.

Le premier pas a été franchi dans le domaine de l'astronomie avec la révolution copernicienne, puis par Galilée malgré l'Inquisition.

Pour comprendre l'acharnement de l'Eglise catholique contre Galilée et le système copernicien dans son ensemble, il faut comprendre que le système de Copernic rompt radicalement avec la conception géométrique et donc hiérarchique du système ptoléméen, admis jusque-là pour vrai. Si la terre, avec d'autres planètes tourne autour du soleil, l'homme ne peut plus se penser dans une conception géométrique où il n'est finalement qu'un intermédiaire dans la hiérarchie universelle, au même titre que les anges qui comblent l'écart entre l'homme et Dieu.

En replaçant la terre par rapport à elle-même dans un univers à trois dimensions, c'est l'homme qui se repense lui-même dans un univers à trois dimensions.

Il ne pense plus seulement par rapport au ciel et à l'enfer dans une vision bi-dimensionnelle.

A ce titre, l'évolution littéraire est éloquente. Ainsi, chez Dante, le monde est conçu à la manière d'un plan vertical où l'homme ne peut se situer que sur la terre et regarder, soit en haut, soit en bas. Dans une œuvre comme Don Juan, la terre devient elle-même un plan : si l'homme peut regarder Dieu et l'enfer, il peut aussi regarder cette terre qui s'offre à lui dans tout son espace, et comprendre sa liberté ou à tout le moins sa possibilité d'action.

Au XIXème siècle, cette idée d'enfer et de ciel après la vie disparaît, la terre devient l'unique lieu d'action ; le repère n'est plus le plan ou l'espace à trois dimensions mais l'homme, l'homme et son moi, l'endroit où s'affrontent paradis et enfer autour de la notion de liberté.

C'est un schéma qu'on retrouve chez Dostoïevski dont les introspections fouillent le tréfonds de l'âme humaine autour de la notion de liberté.

Cette évolution dans le domaine littéraire illustre parfaitement le fait que la révolution copernicienne, est scientifique certes, mais aussi révolution de la pensée en général, et de la pensée sur l'homme. L'homme est considéré comme un sujet individuel qu'on n'analyse plus par rapport à des repères extérieurs mais uniquement par rapport à lui-même puisqu'il est un sujet qui s'affirme justement au travers de sa liberté.

Que faire de cette liberté ? L'héritage chrétien retrouvé

Pour Galilée, il n'est pas question de nier l'existence de Dieu, mais bien au contraire de démontrer aux pères de l'Eglise que l'existence d'un Dieu chrétien et la vérité scientifique qui vient d'être découverte ne sont pas en contradiction avec les Ecritures. C'est en effet l'accusation principale que l'on porte contre lui, le qualifiant ainsi d'hérétique. Et c'est le combat de toute sa vie, jusque dans sa prison dorée, où, après son procès en 1633, il continue d'écrire, de propager ses idées, avant de réussir à se faire publier à Amsterdam. L'idée d'un reniement de Dieu est étrangère aux hommes de la Renaissance, et le courant humaniste, dans son essence et à sa naissance, est loin d'être un courant athée.

Les humanistes découvrent le monde, les possibilités de connaissance que leur donnent la science et l'idée de l'homme comme sujet libre, mais ils n'abandonnent pas la religion pour autant : ils cherchent au contraire à concilier science et religion.

L'humanisme s'inscrit dans la religion. L'homme comme tous ceux qui sont créés par Dieu est digne de respect.

Par sa célèbre phrase, « L'homme est un roseau mais un roseau pensant », Pascal met un terme à l'humanisme originel du christianisme. C'est même une de ses craintes, lui pour qui la raison crée l'angoisse sans Dieu.

Les représentants officiels de la religion, n'acceptent pas ce courant. Ce sont les différents abus de l'Eglise et les persécutions qui conduisent alors les penseurs à un dénigrement de l'Eglise, des institutions religieuses dont les religions ne peuvent se passer, puis de la religion elle-même et enfin de l'idée même de Dieu. Ce n'est donc pas une réflexion philosophique qui conduit les premiers adversaires de l'Eglise à dénigrer l'Eglise, mais les abus de l'Eglise elle-même. Voltaire fait le raisonnement suivant : toute religion a besoin d'une représentation humaine sur terre, c'est-à-dire d'une Eglise (le mouvement de la Réforme avait déjà essayé d'alléger le poids de la hiérarchie et de faire une Eglise moins coercitive). Or, toute Eglise est une institution humaine guidée par des hommes qui sont motivés par le désir de pérennité de leur pouvoir ; c'est-à-dire par des penchants qui conduisent à tous les abus dont l'Eglise catholique a pu être capable durant cette période. Voltaire ne s'attaque pas seulement d'ailleurs à l'Eglise catholique, mais à toutes les formes d'institutions religieuses. Il constate qu'en territoire ottoman, on tue au nom d'Allah, et, comme en Europe, on entretient les fidèles dans l'ignorance afin de conserver une emprise totale sur eux.

Ce n'est donc pas l'existence de Dieu qui est remise en cause mais les religions dans leur ensemble, avec leur cortège d'institutions et donc d'abus et d'ignorance. Voltaire se définit comme déiste, c'est-à-dire ayant une foi en Dieu, sans référence à une révélation.

A partir de là, la question qui se pose est cruciale et limpide : s'il n'y a pas de révélation, il n'y a pas non plus de morale révélée. Sur quoi alors fonder ses actions, comment agir ?

Si la révélation apportait la réponse, maintenant qu'on nie la révélation, c'est la Raison humaine qui doit donner la clé. L'homme s'affirme comme sujet libre et pensant.

Les Lumières, de Voltaire à Rousseau en passant par Diderot, élaborent un système de société reposant sur la Raison et pouvant se passer de toute référence à une divinité. On se débarrasse de la métaphysique chrétienne.

La philosophie des Lumières libère l'homme de ce qui le maintenait dans une condition de sujet/objet par rapport au christianisme. L'homme sort des ténèbres, il va vers la lumière de la raison.

L'homme est donc libéré de Dieu et c'est en lui, par le travail de sa Raison, qu'il trouve librement les chemins de sa destinée. Cette liberté de l'individu va se changer en liberté de citoyenneté. L'individu est libre à condition de respecter celle des autres. Il faut donc trouver entre l'individu et les individus une sorte de contrat social qui fixe les règles de la vie en société.

Les lignes principales de cette vie en société sont tracées dans le Contrat Social de Rousseau, qui devient le modèle de tous les régimes en Occident.

Rapidement, l'individu devient un être social par essence. Puisqu'il sait qu'il est social, sa Raison lui commande de respecter ceux qui font partie de son essence sociale, les autres. Il sait qu'il doit vivre en société et donc qu'il doit se montrer respectueux de la liberté des autres. Il est donc ainsi également libre lui-même puisque la société respecte sa propre liberté. Toucher à la société, c'est toucher à une partie de lui-même. L'individu a en effet raisonnablement signé un contrat social qui lie sa liberté à celle des autres et fixe donc les règles de la vie en société en lui reconnaissant des droits (les droits de l'homme fondés sur sa liberté) et des devoirs (le respect de la liberté des autres et la défense de la société qui est une défense de lui-même puisque le contrat est signé naturellement). L'individu libre, rationnel, social est devenu un citoyen.

Même si cette nouvelle conception de l'homme et de sa place dans la société est une rupture fondamentale par rapport au christianisme ancien qui maintenait l'individu dans une situation de sujet/objet, la conclusion à laquelle arrivent les Lumières reste d'inspiration judéo-chrétienne avec un retour, comme a pu ou prétendu le faire la Réforme, au message chrétien originel.

L'Occident prône donc l'affirmation de l'homme ; à travers le vocabulaire employé, nous percevons une morale individualiste.

La manière de penser de Descartes introduit la catégorisation.

Le monde est observé. On peut alors expliquer les phénomènes naturels par la raison et non plus uniquement par la puissance Divine ; même croyant, nous pouvons tenter d'expliquer comment fonctionne la nature.

Or, à partir du moment où nous essayons d'expliquer la nature, nous ne sommes plus en relation avec elle comme le sont les Chinois puisque nous mettons, entre la nature et nous, la distance de la raison. Quand je me distancie de la nature, je n'en fais plus partie. Quand je commence à comprendre la nature, je la maîtrise, elle n'est plus le monde dans lequel je ne suis qu'un rouage... et ceci rend possible toute la révolution industrielle.

Le confucianisme, c'est l'autre « humanisme ».

La morale chinoise est celle de la réalisation sociale de l'homme entre cette quête de ce qui est « naturel » à l'homme chez Aristote, le communautarisme du christianisme primitif, la morale sociale de Weber ou la religion civile de Rousseau.

Confucianisme : l'autre humanisme

故为政在人，取人以身，
　修身以道，修道以仁。

《中庸之道》

C'est pourquoi, un bon gouvernement repose sur les hommes ;
on attire de tels hommes par sa personnalité morale ;
on cultive sa personnalité morale par la voie à suivre ;
on cultive enfin une telle voie par le sens de l'humain qui est en soi.

Zhong Yong

- Les fondements du confucianisme
- La logique de la pensée confucéene
- Les valeurs

Les fondements du confucianisme

Dans le contexte particulier de la Chine du VIème au IIIème siècle avant la fondation de l'Empire en 221[1], Confucius et ses successeurs, en quête de restauration d'un ordre social, nostalgiques des temps heureux de l'âge d'or, s'attachent à définir l'idéal du gouvernement.

« *Wei zheng zai ren* 为政在人 » une lapalissade que cette expression typiquement confucéenne dont la traduction littérale est riche d'enseignements, quant à l'éventail de méthodes proposées pour bien gouverner :

pour (*wei*), gouverner (*zheng*), dans (*zai*) – homme (*ren*). [ZY, 78]

Dans l'homme ? L'ambiguïté de la formulation lui donne tout son sens. Le gouvernement implique non seulement celui qui gouverne, mais ceux qui sont gouvernés, le souverain trouvant en lui-même ainsi qu'en son peuple, les sources de son pouvoir.

C'est l'homme, du souverain au peuple, avec une responsabilité particulière incombant au premier, qui se trouve au cœur du gouvernement idéal. Un homme non pas considéré dans son individualité mais dans sa relation à l'autre ; l'homme, le plus sensible des dix mille êtres, associé à cette triade essentielle de la philosophie confucéenne « *yu tian di can* » *(homme, ciel, terre)*. L'homme trouve son origine dans la nature mais il la surpasse[2] ; l'homme dont on croit à l'importance de l'initiative et à la responsabilité dans le cours des événements. « *Tian sheng ren cheng* », dit-on ; le Ciel est à l'origine des dix mille êtres, mais l'homme est à l'origine de ses actes...

Les philosophes confucéens prônent ainsi :

un gouvernement POUR et PAR l'homme
dans un système de valeurs humaines

---

1 Pour mémoire, il s'agit d'une période particulièrement troublée. Cf. « Premiers repères sur le Confucianisme », pp. 38-39.

2 Le caractère « can » a pour sens premier trois personnes ou trois choses réunies ou associées. Xun Zi dit : « Le Ciel a ses saisons, la terre a ses richesses, l'homme a son organisation. C'est ce qu'on appelle la possibilité de former une triade ».

Un gouvernement pour l'homme : l'objet du gouvernement

C'est Mencius essentiellement qui s'est intéressé à l'importance du peuple. Il existe plusieurs façons de le désigner : *laobai xing*, littéralement « les cent vieux noms[3] » ou *min,* le peuple. Le peuple représente quelque chose qui compte et sur lequel il faut compter. Dans le Mencius il est dit, « Le peuple est le plus important, le pays vient en second, le souverain en troisième », « On ne peut pas ne pas s'occuper du peuple ».

L'adhésion du peuple et l'harmonie qui règne en son sein sont les conditions de survie et de développement d'un Etat. « Un temps favorable est moins avantageux qu'une disposition du terrain favorable. Une disposition du terrain favorable est moins avantageuse que l'harmonie entre les hommes. Ce ne sont ni par des murailles, ni par la situation du terrain, ni par la supériorité des armes qu'un pays est protégé ; c'est par le soutien de son peuple lorsque le souverain exerce son pouvoir avec bienveillance et équité. » [MZ, IIB]

Le peuple compte donc et non seulement il faut le ménager, mais il faut également se préoccuper de son sort, qui devient la première mission du souverain éclairé.

« *Ping tian xia* 平天下 » – « *li min, fu min, an min* 利民、富民、安民 », ces deux expressions synthétisent les objectifs et cibles du gouvernement.

La première se traduira par « et tout ce qui est sous le ciel est en paix » (*ping tian xia*).

Quant à la seconde, elle signifie « agir dans l'intérêt du peuple, réunir les conditions de sa prospérité, assurer sa sécurité » (*li min, fu min, an min*)

---

3 Nom de famille, la famille est le lieu d'existence des hommes, sans laquelle ils ne sont rien. Et le nom de famille représente le signe d'identification du clan.

Les objectifs sont donc bien-être (il s'agit là par équivalence plutôt du niveau inférieur de la pyramide de Maslow), **paix et prospérité, sécurité.**

La cible est le peuple dont le souverain a la charge et dont il doit prendre soin. Il s'agit d'assurer l'harmonie et l'ordre social.

Ce postulat n'est pas neutre qui pose d'emblée les bases de la légitimité du pouvoir dans une société confucéenne, tandis que le tyrannicide est autorisé dans le cas où le souverain se détournerait de sa mission ou dévierait dans l'exercice de son pouvoir, perdant ainsi le mandat du ciel.

Le gouvernement par l'homme : le moyen du gouvernement

L'expression « *wei zheng zai ren* », « un bon gouvernement repose sur l'homme » est à double sens. (Nous trouvons ici la richesse de sens née de l'ambiguïté des formulations que nous avons déjà évoquée).

Ainsi sont mis en évidence :

– le rôle joué par le souverain dans un système qui repose entièrement sur lui, et par la classe des mandarins lettrés, ces inévitables intermédiaires entre le peuple et lui ;

– les différents éléments indispensables à la qualification essentiellement humaine de la gouvernance d'Etat : qualités humaines, auto-perfectionnement, nature des relations entre les hommes (affectivité, sens de l'humain, hiérarchie).

> Agir par l'homme, c'est agir en tenant compte du peuple ;
> c'est agir par le souverain et les ministres qu'il se choisit ;
> c'est agir par l'humanité des modes de gouvernement.

Revenons sur chacun des points précédents de façon plus détaillée (souverain, qualités humaines, auto-perfectionnement et nature des relations entre les hommes).

L'importance du souverain dans un monde où tout procède du sommet

« Un pays prospère grâce à la présence d'un seul homme exceptionnel et un pays se ruine par l'absence de cet homme ».[4]

Lorsque Mencius affirme que le souverain vient en troisième position derrière le peuple et le pays, cela n'est pas contradictoire avec le rôle essentiel joué par le souverain, pierre angulaire de l'ensemble du système. « Le tir à l'arc rappelle l'homme de moralité, quand on rate sa cible on ne s'en prend qu'à soi-même. » [LY, 62]

L'homme exceptionnel ? C'est ce grand homme qui a su développer sa nature intérieure pour atteindre la plénitude. Il lui est accordé le mandat du ciel, et sa seule présence suffit.

Le système de valeurs humaines à développer par le souverain

Dans ce système, le *ren* ou sens de l'humain est central : ce système met en valeur l'homme, l'homme dans sa relation aux autres (et qui n'existe que par cette relation[5])*.

Le nécessaire perfectionnement de soi

« *Zheng ji zheng ren* 政己政人 » se gouverner soi, pour gouverner les autres.

Ces qualités ne sont pas forcément données et le chemin intérieur est long qui permet au souverain d'atteindre l'excellence jamais figée dans ce système de qualités qui fait l'homme.

Quel que soit le postulat des différents auteurs confucéens, – que ce soit la neutralité bienveillante de Confucius pour qui « la nature rapproche, la coutume éloigne », l'idéalisme de Mencius pour qui l'homme est fonda-

---

4 Su Xun : 1009-1066, Dynastie des Song du Nord. Autre nom du prince (*Junzi*).
5 Le caractère qui désigne le « sens de l'humain » se décompose en « l'homme » et « deux ».
* Voir aussi Ch. 4. « Valeurs confucéennes et qualités du leader ».

mentalement bon ou le cynisme en miroir de Xun Zi, – il n'en reste pas moins que :

étude et auto-perfectionnement sont au cœur du gouvernement.

Il existe d'ailleurs dans le confucianisme une gradation évidente dans les stades de développement de la personnalité intérieure de l'homme, du peuple au prince. Seul un travail sur soi-même sans cesse renouvelé permet à ce prince (*junzi* 君子) déjà « homme de qualité » de passer au dernier stade, celui « d'homme supérieur », de « souverain sage », « d'homme parfait » (*shengzi* 圣子) ou autres appellations aussi nombreuses que l'éventail de qualités qu'il doit acquérir.

Shan 善, (s'améliorer, progresser), *zheng ji* 政己 (se gouverner soi-même), *xiu shen* 修身 (s'auto-perfectionner), *xue* 学 (s'adonner à l'étude) caractérisent cette attitude volontaire et dynamique de remise en question au contact des autres.

La nature du lien qui unit les hommes entre eux

L'affectif est réintroduit, notamment par la primauté accordée au sentiment par rapport à la loi

« *On cultive enfin une telle voie par le sens de l'humain qui est en soi. Le sens de l'humain, c'est ce qui fait l'homme.* » [ZY, 78]

« Le *ren* signifie deux personnes ; c'est la raison pour laquelle la signification du *ren*, c'est le sentiment qui les lie » (Ren, qin ye, cong ren cong er).

Néanmoins, cet amour contrairement à l'amour chrétien, n'est pas universel, mais conditionné par la proximité de la relation, par extension de la paternité biologique à la paternité sociale.

« Le *ren* est l'amour. *Chérir ses proches en est l'essentiel.* » (Ren zhe ai ren, qing qing wei da). *[ZY, 78].*

Des règles strictes de socialisation avec un sens prononcé de la hiérarchie humaine, pour « chérir ses proches »

Les cinq relations – celles qui lient le prince à ses ministres supérieur / inférieur, le père à son fils, le mari à sa femme, l'aîné au puîné et les amis entre eux – structurent la vie dans une société fondamentalement hiérarchisée. Elles représentent l'essence même de cette hiérarchie, mettent en évidence le premier noyau de la société chinoise, la structure familiale et coupent la société en deux :

– d'un côté, ceux qui ont le pouvoir et doivent l'exercer selon les modalités explicitées ici ;

– de l'autre, ceux sur lesquels le pouvoir s'exerce et dont le souverain a la charge. Ceci renvoie au sens de l'amour *ai*, partie intégrante de la protection tendrement exercée (*aihu*), qu'assure le souverain.

Quant aux règles de socialisation, elles sont étroitement liées à cette hiérarchie.

« Que le souverain soit un souverain ; le sujet, un sujet ; le père, un père ; le fils, un fils. » [LY, 12.11]

Cette maxime précise les règles qui régissent les relations. Nourries de devoirs réciproques, dépendant étroitement des sexes, fonctions, âges auxquels elles s'appliquent, elles régissent inévitablement le comportement social de chacun ; chacun agit selon son rang, respectant les devoirs inhérents à sa charge, chacun traite l'autre selon son rang (le sien et celui de l'autre).

« Le Duc Ding demanda : Comment le Souverain doit-il traiter ses ministres ? Comment les ministres doivent-ils servir leur souverain ? Confucius répondit : le Souverain doit traiter ses ministres avec courtoisie, les ministres doivent servir leur souverain avec loyauté. » [LY, 3.19]

Le choix des hommes

Ce qui s'applique au souverain concerne également son entourage. Confucius lui conseille ainsi de privilégier les hommes droits (dans le sens de conformité aux règles de comportement). Mencius, dans la même veine, suggère d'employer les hommes de talents aux postes essentiels, de mettre les « droits au-dessus des torts » et les compétents aux fonctions adéquates [LY, 2.2], [LY, 12.22], [MZ, VIB].

Quant au mode de gouvernement qui en découle. Il est celui de l'efficience invisible du Sage, qui, par l'exemplarité de sa conduite, **ne peut pas ne pas** transformer ceux qu'il dirige. Dans cet ensemble, c'est le **ne peut pas ne pas** qui nous intéresse car il traduit, sur des bases que nous pouvons qualifier de « saines »[6], une forme de légèreté, d'inéluctabilité et d'irrésistibilité extrêmement séduisante de l'exercice du pouvoir.

Pour exprimer cette forme diffuse d'exercice du gouvernement, Confucius évoque l'irrésistible attractivité de l'étoile polaire, François Jullien parle « d'authenticité réalisante » (l'authenticité intérieure permet la réalisation des choses extérieures) et « d'influence transformante », de pouvoir par capillarité ou « d'irradiance » [Jullien, 1996], Anne Cheng de « puissance transformatrice ». Tous illustrent le magnétisme du leader dont la source réside dans sa force intérieure. C'est l'image simple des vaguelettes concentriques affleurant à la surface, s'élargissant toujours plus, lorsque l'on jette un galet à l'eau.

L'irrésistible attractivité de l'étoile polaire, l'authenticité réalisante, l'influence transformante, la puissance transformatrice, l'irradiance expriment cette forme diffuse d'exercice du gouvernement.

« Selon le Livre des Poèmes : « elle n'est pas manifeste, sa capacité ; [néanmoins] tous les princes sont à l'imiter. »
Ainsi le bon Souverain s'investit intérieurement dans l'observance [de ce qu'il faut faire], et le monde entier est en paix. » [ZY, 129 et 138]

---

6 Il est important de noter l'intention initiale du confucianisme. En effet, nous verrons plus tard dans la Partie III Ch. 9 « Perversions du pouvoir confucéen » que le confucianisme est souvent considéré comme une philosophie servant la relation dominant-dominé.

L'ensemble du système repose ainsi sur le souverain pour un résultat organique, inéluctable et sans effort dans un rapport de condition à conséquence[7].

La logique de la pensée confucéenne

La Grande Etude, l'un des classiques du Confucianisme, définit la logique de fonctionnement du système ainsi que ses éléments, avec, au cœur du processus, le souverain. Ce système, appelé la voie de la Grande Etude (*daxue zhidao*) se construit sur trois axes (*san gang lin*) et huit objets (*ba tiao mu*) qui, dès les premières lignes du recueil, donnent le ton.

Les trois axes

Pour les trois axes, nous retrouvons certaines des notions déjà évoquées ou sur lesquelles nous reviendrons ultérieurement :

Morale éclairée, amour pour le peuple, et amélioration de soi.

Ils nous précisent les fondements de l'attitude du souverain et l'esprit du gouvernement :

1. en premier lieu, une attitude irréprochable par rapport aux règles de vie en société, ce qui est le propre d'un gouvernement éclairé ;

2. vis-à-vis des autres, amour et protection ;

3. vis-à-vis d'une nature perfectible, une remise en question, un travail sur soi-même, un long processus d'auto-perfectionnement pour atteindre cet idéal de souverain sage (*sheng*).

---

7 La conséquence est sans effort, au contraire de la condition – le travail sur soi-même qui s'inscrit dans la durée. Mais l'effort n'intervient que dans les premiers temps seulement. Nous trouvons ainsi dans les *Entretiens* de Confucius « A quinze ans, je m'appliquais à l'étude. A trente ans, mon opinion était faite. A quarante ans, j'ai surmonté mes incertitudes. A cinquante ans, j'ai découvert la volonté du ciel. A soixante ans, nul propos ne pouvait plus me troubler. Maintenant à soixante-dix ans, je peux suivre tous les élans de mon cœur sans jamais sortir du droit chemin. » [LY, 2.4]

Les huit objets

Quant au huit objets, nous les trouvons dans le passage ci-dessous (numé-rotés de 1 à 8) :

Que celui qui désire <u>obtenir la paix</u> (8), <u>gouverne</u> d'abord le <u>pays</u> (7).
Que celui qui désire gouverner le pays, <u>rassemble les hommes</u> (6^9).
Que celui qui désire rassembler les hommes, <u>__se perfectionne soi-même__</u> (5).
***Que celui qui désire se perfectionner**, s'assure de la <u>droiture de son cœur</u> (4).*
Que celui qui désire s'assurer de la droiture de son cœur, soit <u>sincère</u> (3).
Que celui qui désire être sincère, s'attache à la <u>connaissance</u> (2).
La connaissance est dans <u>les choses</u> (1).

Dans le schéma ci-dessous, l'articulation des huit objets donne une vision globale de la logique même du gouvernement avec toujours au cœur, *xiu shen*, le processus d'auto-perfectionnement.

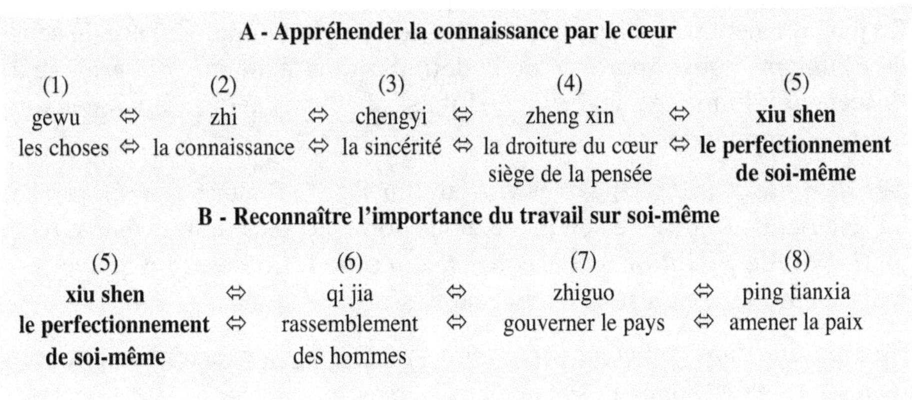

La logique de la pensée confucéenne

---

9 Littéralement, « réunisse d'abord la famille ». La famille est une des valeurs fonda-mentales de la Chine confucéenne. Par extension, le terme « *qi* » signifiant *rassembler*, il s'agit de contribuer au rassemblement des hommes, tous unis autour d'un même objec-tif par un seul homme.

La première partie du schéma (A) nous apprend ainsi une façon d'appréhender la connaissance par le cœur, siège de la pensée, (choses ⇔ connaissance ⇔ sincérité ⇔ droiture du cœur ⇔ perfectionnement de soi) et qualifie la nature du travail sur soi-même.

La seconde (B) met en évidence l'importance du travail sur soi-même, visant principalement le souverain – dans l'atteinte de l'objectif ainsi que le caractère ininterrompu de la relation entre soi et le monde (perfectionnement de soi ⇨ rassemblement des hommes ⇨ gouverner le pays ⇨ susciter la paix).

La logique de la souveraineté est bien celle « d'une propagation par diffraction, l'influence du souverain se répandant au travers du corps social tout entier...

... non point donc par menées guerrières successives, toujours ponctuelles et limitées, comme en rêvent trop souvent ces princes des Royaumes Combattants avides de s'imposer par la force ; il n'y a en fait de véritable efficacité qu'opérant par propagation ininterrompue et diffuse, sous forme de spectre à partir de cette source unique, mais invisible, qui constitue au niveau des hommes, la conscience intérieure du souverain. » [ZY, 89][8]

Ce management par adhésion naturelle grâce au seul déploiement du sens de l'humain[9] nous rapproche de la définition du charisme, qui renvoie à l'ascendant du maître, grâce auquel il est obéi sans avoir à invoquer son droit de commander.

Nei sheng, wai wang 内圣, 外王 – être un sage à l'intérieur et un prince à l'extérieur : l'ordre des éléments nous donne le sens du processus avec un rapport de condition à conséquence qui pose les bases d'un gouvernement naturellement aisé et exercé sans effort.

Etre un sage dans son cœur (*nei sheng* 内圣), <u>et ainsi</u> exercer son pouvoir (*wai wang* 外王), dans l'esprit des trois axes.

---

8 Commentaires du *Zhong Yong* par François Jullien. Cette analyse est à prendre en compte dans les processus de conduite de changement qui souvent procèdent par étapes successives et dont l'efficacité repose sur l'implication du manager et les 20 % de leaders. Ceux-là ne semblent pas avoir besoin du choc initial qui éveille les consciences.

9 « C'est le traité de Jiagu en 499 : par le simple exercice de la vertu, le royaume de Qi restitue les terres usurpées. » [Levi, 1989 : 13]

La condition est cette quête du souverain vers un auto-perfectionnement de soi, dans le sens d'une authenticité intérieure et d'un développement de la personnalité morale[10], la conséquence est l'adhésion naturelle des gouvernés.

Le peuple est cette herbe qui ne peut pas ne pas se coucher sous le souffle du vent ; le souverain cette étoile polaire au centre de la constellation.

« On attire de tels hommes pas sa personnalité morale, on cultive sa personnalité morale par la voie à suivre. » [ZY, 78]

Les valeurs

Ainsi l'homme est au cœur de tout. Mais qu'est-ce qui est au cœur de l'homme dans une culture pour laquelle le cœur est le point de départ de la pensée et de la connaissance ?

Le confucianisme est un système intégral de valeurs qui toutes sont reliées à l'homme, ce sens de l'humain qui qualifie la voie du souverain.

La lecture détaillée des Classiques confucéens conduit à élaborer le schéma ci-après qui reprend les valeurs auxquelles ces Classiques se réfèrent constamment. Il donne une vision globale de cette philosophie que nous qualifierons d'excellence humaine.

---

10 Dans l'annexe 3, nous avons détaillé les valeurs telles que définies dans les Classiques confucéens. Nous attirons l'attention sur le sens particulier que le terme de « morale » recouvre dans le confucianisme.

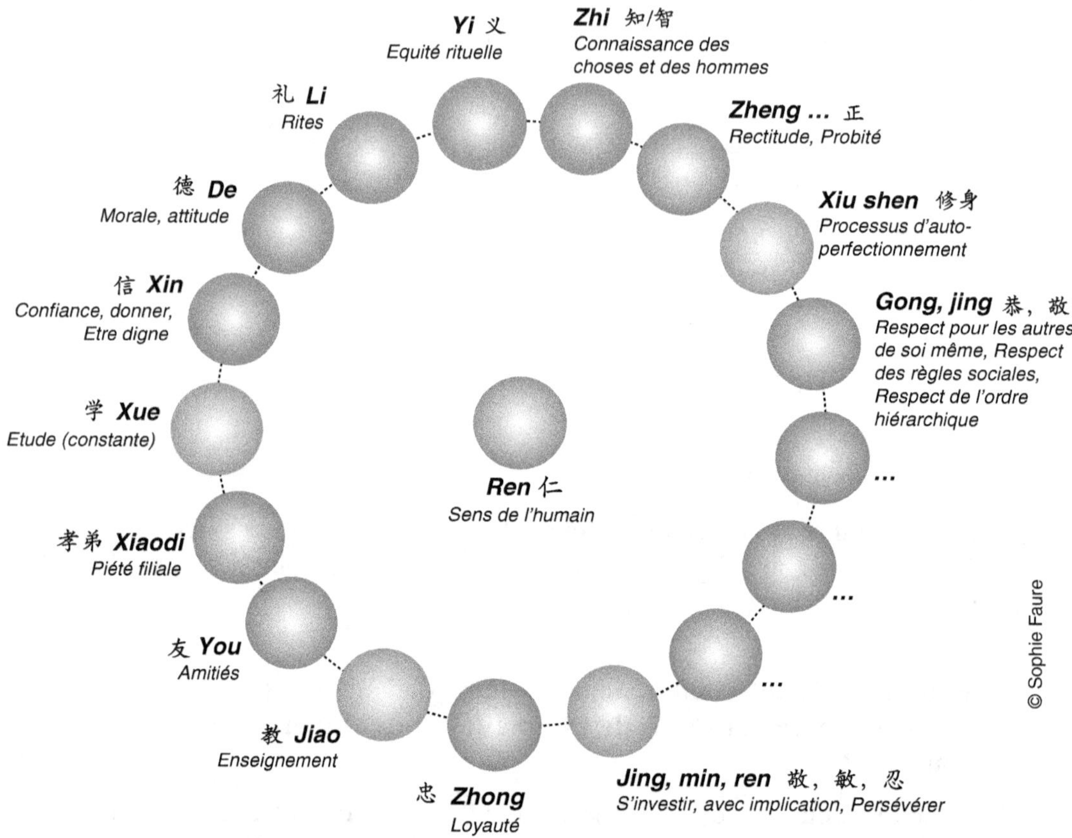

Le confucianisme, une philosophie de l'excellence humaine

Intéressons-nous à la construction de ce schéma.

L'excellence

Pour l'excellence, nous retiendrons le sens des valeurs en vert (voir le schéma en couleur sur le verso de couverture), au cœur de la logique confucéenne : sans cesse apprendre, chercher à se perfectionner, connaître les autres et faire de cette quête un devoir au quotidien, pour une excellence atteignable par tous.

Vert, (voir le schéma en couleur sur le verso de la couverture) *la dynamique volontaire de l'attitude* entre étude (*xue* 学), auto-perfectionnement de soi (*xiu shen* 修身), nourriture de sa rectitude intérieure (*yang* 养) et pédagogie par l'exemple (*jiao yang* 教养) à laquelle les gouvernants s'adonnent avec passion et qui rendent naturellement aisé l'exercice d'un pouvoir alors « *vertueux* » (dans le sens d'une mise en œuvre de la logique et des valeurs confucéennes).

Vert, la couleur des valeurs de persévérance, d'endurance, d'implication (*jing, min, ren* 敬, 敏, 忍), autant de qualités qui ont fait la réputation des Chinois au travail.

Quant à la caractéristique essentiellement humaine des fondements de cette culture, elle se déduit de la lecture des autres valeurs[11].

---

11 Pour un approfondissement, se référer à l'annexe 3 sur les valeurs clarifiant leur sens exact, notamment en ce qui concerne les valeurs dites « complémentaires » dont la plupart ne seront pas détaillées ultérieurement.

A ceux qui parlent chinois ou aux spécialistes du confucianisme, il est demandé de ne s'arrêter ni sur l'imperfection de la traduction, ni sur son sens restrictif, ni sur la pertinence du choix final opéré quant à la traduction française. Pour nous, les traductions sont presque toutes sensiblement équivalentes, de par leur imperfection même, étant donné les particularismes de la philologie chinoise qui, plutôt que de se focaliser sur une définition des valeurs, **privilégie leur concrétisation dans le réel et leur adaptation aux circonstances**. De plus, l'objectif managérial de définition du sens rend inutile la polémique sémantique sur la langue. Nous avons donc pris le parti non pas de nous fixer sur la traduction la plus proche ou la moins approximative de la valeur, mais plutôt de donner une possible représentation par la diversité des traductions du sens profond de la valeur. Face à des sinisants en général, nous consacrons quelques pages à la clarification du sens, puis n'employons plus que le *pinyin* (règles de transcription phonétique de l'idéogramme).

Les valeurs centrales

Rouge (voir le schéma en couleur sur le verso de la couverture), les valeurs centrales, qui permettront de retrouver les qualités essentielles à l'exercice confucéen du pouvoir, avec le *ren* ou sens de l'humain, dont le sens se nourrit de celui des autres valeurs. Nous verrons comment en déduire celles du manager : avant tout, son leadership charismatique s'exerce sur la base d'une compétence et d'une expertise indiscutables. Au charisme s'ajoutent d'autres qualités personnelles, telles que le respect de la confiance qu'on donne et reçoit, une exigence vis-à-vis de soi, mais qui sait rester tolérante vis-à-vis des autres. Exemplaire, sachant aimer, se faire aimer et se faire craindre, le chef « traite le commun du peuple comme ses propres enfants ». Solidaire de ses équipes, il en défend les membres et en respecte les règles, qu'il maîtrise parfaitement.

Les valeurs complémentaires

Bleu (voir le schéma en couleur, sur le verso de la couverture), les valeurs « complémentaires », qui ont néanmoins leur importance dans la construction du système, contribuant à la solidité, profondeur et cohérence de l'ensemble et permettant de compléter avantageusement les valeurs centrales.

Chacune des valeurs, dont l'énumération n'est pas exhaustive, est reliée à l'homme et en correspondance avec les autres.

Les contenus des valeurs sont en effet interdépendants.

Chacune des valeurs sert potentiellement à en illustrer une autre.

Vert

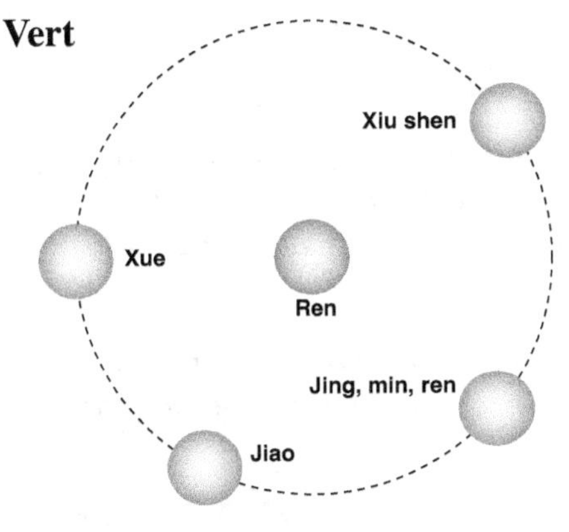

Excellence :

- *xiu shen* : auto-perfection-nement
- *xue* : étude
- *jiaoyang* : pédagogie
- *jing, min, ren* : implication, diligence, persévérance, endurance,

Rouge

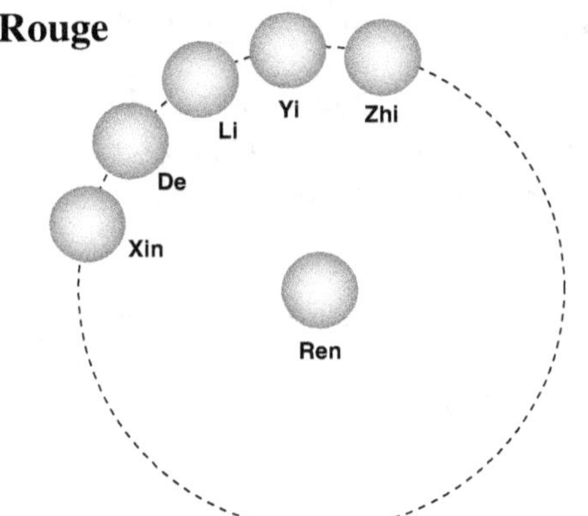

Valeurs centrales :

- *ren* : sens de l'humain
- *yi* : équité rituelle
- *li* : rites
- *de* : morale
- *xin* : confiance
- *zhi* : connaissance des choses et des hommes

Bleu

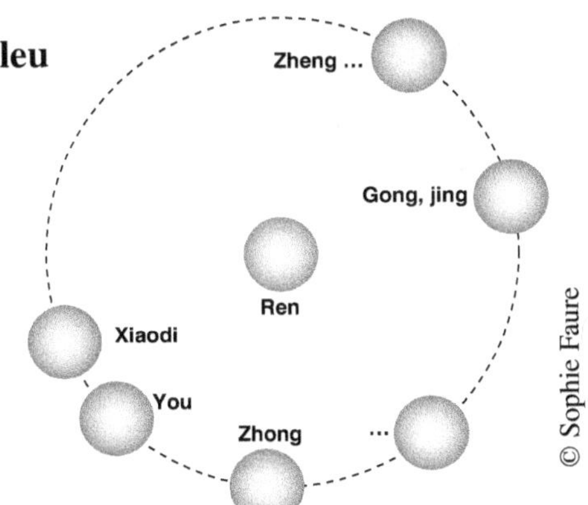

Valeurs complémentaires :

- *zheng* : rectitude
- *gong, jing* : respect
- *zhong* : loyauté
- *you* : amitié
- *xiaodi* : piété filiale

(sans exhaustivité)

Clarification du schéma des valeurs confucéennes

Prenons l'exemple du **ren ou sens de l'humain**. Cette valeur, au sens particulièrement difficile à saisir, et sans doute l'une des plus mal traduites, est ainsi tour à tour[12] :

Un éventail large et non exhaustif de qualités : « *Qui saurait faire régner cinq choses dans le monde entier réaliserait la vertu suprême[13]. Qu'est-ce à dire ? Déférence, tolérance, bonne foi, diligence et générosité.* » [LY, 17.6]

Une parole mesurée : « *Un homme parfait est celui qui est circonspect dans ses paroles* », en réponse à Si Ma Niou réputé impatient et bavard. [LY, 12.3]

Un désintéressement certain : « *L'homme parfait met en avant l'action difficile et met en arrière plan l'obtention profitable.* » [LY, 12.21]

Un respect des autres : « *En public, comportez-vous comme si vous étiez devant un visiteur important. Dirigez le peuple comme si vous célébriez une grande cérémonie. N'imposez pas aux gens ce dont vous ne voudriez pas vous-même.* » [LY, 12.22]

Une discipline des rites : « *Pour pratiquer le « ren », il faut se dominer et rétablir les rites [...] Ne regardez rien de contraire aux rites, n'écoutez rien de contraire aux rites. Ne dites rien de contraire aux rites. Ne faites rien de contraire aux rites.* » [LY, 12.1]

Un impératif de piété filiale : « *La piété filiale et le respect des aînés sont les racines mêmes du sens de l'humain.* » [LY, 1.2]

Dans les *Entretiens*, le *ren* est en relation avec plus de dix autres valeurs.

Le *de* ou morale, quant à lui, est en relation avec quatre autres valeurs ; les *li* ou rites avec neuf ; le *yi* ou équité rituelle avec six[14].

En référence au mode d'exercice du pouvoir, la correspondance se retrouve également dans la réciprocité absolue des comportements.

---

12 Cf. annexe 3.

13 Autre traduction de « sens de l'humain » (*ren*). L'homme parfait est une traduction du prince (*junzi*), ou de « l'homme de qualité » ou encore de l'homme « vertueux »... Le terme de « prince » est toujours à comprendre dans cette acception.

14 On peut voir à ce propos l'ouvrage d'un Vietnamien Bui Duc Tin [BDT, 1989].

Dans une relation de type pavlovien, à l'attitude de l'un correspond une attitude en réponse de l'autre : c'est la confiance dont on est digne et capable ; c'est la loyauté des ministres en réponse à la courtoisie du prince ; c'est le respect du peuple en miroir de la sollicitude bienveillante du souverain…

Si la réponse n'est pas à la hauteur des attentes, il faut s'interroger sur son propre comportement, faire une sorte d'examen de conscience en toute lucidité. Si l'on accepte pour vraie la règle générale du « ne peut pas ne pas » qui caractérise l'efficacité particulière du gouvernement par la bienveillance, selon laquelle l'herbe ne peut pas ne pas se coucher sous le vent, une réponse contraire signifie sans doute, qu'à l'origine, il y avait un comportement contraire, et conduit à assumer à sa propre responsabilité.

« Si je montre une attitude aimante vis-à-vis des autres, et que ceux-ci ne me répondent pas sur le même mode, je m'interroge quant à la nature de ma sollicitude. Lorsque je gouverne les autres sans succès, je m'examine pour savoir si j'en ai la capacité. Si je traite les autres avec respect et qu'ils ne me le rendent pas, je reconsidère la nature du respect que je leur porte. En bref, si les résultats ne sont pas ceux escomptés, je dois m'examiner moi-même. » [MZ, IVA]

Car le miroir est parfait et la réponse est en parfaite adéquation avec le stimuli initial. Mencius dit ainsi au Duc Xuan de l'Etat de Qi :

« Si le roi prend autant soin de son peuple que de ses mains et pieds, son peuple en retour le considérera comme ses entrailles et son cœur. Si le souverain le traite comme bétail et chevaux, il ne le tiendra pas plus en considération qu'un homme quelconque. Si le souverain le considère comme des animaux sauvages, il le prendra comme ennemi. » [MZ, IVB]

RÉSUMÉ

Gouvernance d'Etat

**Le confucianisme, une philosophie de l'excellence humaine
qui s'adresse au souverain**

Contexte	Société féodale
	Rivalités entre principautés concurrentes
	Organisation de la société autour de clans, décadence et corruption intérieures
Clef de voûte	Le souverain sage
Cible du gouvernement	Le peuple
Objectif du gouvernement	Bien-être, prospérité et sécurité du peuple
La condition	La préservation de l'ordre social
Le lien	Le sentiment humain
	- L'amour que l'on porte à son peuple est celui que l'on doit porter à ses enfants
	- Avec un sens prononcé de la hiérarchie sociale
	- Un relâchement du lien avec l'éloignement du sang
Les qualités	Système intégral de valeurs humaines : sens de l'humain, équité rituelle, piété filiale, morale, connaissance, rites, confiance, loyauté…
La logique	Connaissance par le cœur
	Excellence intérieure et rectitude du comportement
	Auto-perfectionnement de soi et gouvernement des autres
Le mode de gouvernement	Efficience invisible du sage pour un résultat organique et facile « ne peut pas ne pas »

Expressions et mots clef

W*ei zheng zai ren* 为政在人 : le gouvernement est dans l'homme (littéralement *wei* – pour / *zheng* – gouverner ; *zai* – en ; *ren* – homme), mais l'homme dans sa relation, en tant que membre d'une communauté.

L*i min, fu min, an min* 利民，富民，安民 : dans l'intérêt et pour la prospérité du peuple, faire que le peuple soit en paix.

Sheng 圣, le souverain sage qui possède ces qualités ; importance cruciale de sa responsabilité dans le cours des événements.

Xiu shen 修身, le processus continu d'auto-perfectionnement par lequel l'homme ordinaire devient cet idéal de souverain. Tout part de lui, tout part de soi.

Ren 仁, le sens de l'humain et autres valeurs humaines étroitement associées (*xin* 信 – confiance, *zhong* 忠 – loyauté, *chengyi* 诚意 – sincérité, *kuan* 宽 – tolérance…) qui le caractérisent et donnent les bases de son rapport aux autres.

Qing 情, le sentiment ; **he** 和, l'harmonie ; **xin** 心, le cœur.

Renlun 人伦, la hiérarchie sociale.

Li 礼, les règles de vie en société.

Deuxième Partie

Confucianisme et management

Un bon gouvernement repose sur l'homme.

Confucius

Pour introduire la deuxième partie

Dans l'introduction générale, nous avons évoqué l'importance en Occident des courants qui défendent la dimension humaine comme l'un des éléments constitutifs du management, essentiel pour une réussite des entreprises dans la durée. Ainsi, de Mintzberg, avec sa proposition de réconciliation des cerveaux droit et gauche et sa définition du management comme cohabitation de l'intuition et de la planification ; de Daniel Goleman dont le concept d'intelligence émotionnelle et les travaux sur les compétences des nouveaux leaders ont reçu un accueil très favorable [Goleman, 1997], [Goleman, Boyatzis et McKee, 2002]. La comparaison est faite également avec Mars et Vénus pour décrire un management exercé par la force ou un management conçu dans la douceur, souvent considéré comme plus féminin.

Dans la même veine, les philosophes confucéens nous proposent leur propre lecture d'un gouvernement que nous pourrions qualifier de complet et nous confrontent à une forme **d'humanisation de la gouvernance d'Etat dans toutes ses dimensions.**

Rappelons que ce livre a pour objectif de transposer la problématique de la gouvernance d'Etat au management d'entreprise. Cette proposition est naturelle en Chine, où le confucianisme a conservé toute son influence. Nous proposons d'élargir la réflexion à la pensée managériale en général, notamment à la dimension intangible du management qui semble bien correspondre à l'esprit du confucianisme.

Le schéma ci-après illustre une vision simplifiée des correspondances possibles entre les deux mondes. Il servira de base à la suite du livre, qui déduit de la position philosophique confucéenne des propositions pour le management.

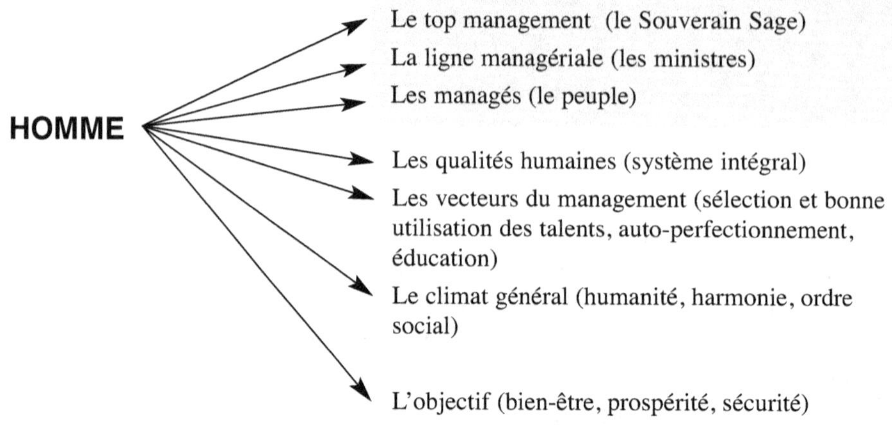

Wei zheng zai ren – Un bon gouvernement
repose sur l'homme
Equivalence managériale

Chapitre 4

Valeurs confucéennes et qualités du leader

才盛于德，谓之小人；
德盛于才，谓之君子；
德才兼备，谓之圣人。

《资治通鉴》

Celui dont les talents dépassent la « vertu » est un homme de peu. Celui dont la « vertu » dépasse les talents est un homme de bien. Qui possède grands talents et hautes « vertus » est un sage.

L'Histoire en miroir

En quelques idéogrammes, tout est dit

Comme nous l'avons vu, le confucianisme est une philosophie du gouvernement qui s'adresse au souverain, lui proposant un cadre d'action et ne lui laissant pas d'alternative quant au mode d'exercice du pouvoir : le bon souverain est cet homme qui n'a de cesse de nourrir sa relation à l'autre et de chercher à développer cet ensemble non exhaustif de qualités telles qu'elles sont décrites de façon extrêmement pragmatique et concrète dans les textes fondateurs.

Des qualités du souverain, nous allons pouvoir déduire les qualités essentielles du manager.

Nous allons reprendre et détailler[1] les six valeurs essentielles, les six qualités pour définir le parfait manager confucéen, chacune des qualités renvoyant non seulement à l'ensemble du système, mais également à chacune des autres valeurs.

De même que le souverain ne peut être souverain s'il ne démontre pas ces qualités, de même le manager ne peut être manager s'il ne sait pas être *ren* 仁 , *yi* 义 , *li* 礼 , *de* 德 , *xin* 信 , *zhi* 知/智 …

Ren 仁 :   sens de l'humain, valeur centrale englobante

Yi   义 :   équité rituelle

Li   礼 :   rites

De   德 :   morale (comportement), conformité aux règles

Xin 信 :   confiance

Zhi 知/智 : connaissance des choses et des hommes

---

1 Pour un approfondissement, se référer à l'annexe 3 en suivant les préconisations de lecture. Pour chaque valeur sont ainsi donnés :
- un éventail des traductions possibles, qui éclaire le sens de la valeur, sachant qu'aucune traduction n'est véritablement satisfaisante ;
- une définition composée par nos soins, pour laquelle chaque mot compte. La difficulté de l'exercice, hérésie dans un contexte confucéen, mais indispensable à la compréhension d'un lecteur cartésien, tient à la richesse du sens ;
- quelques citations extraites principalement des *Entretiens* qui donnent des exemples des contenus multiples pensés par Confucius.

Chaque valeur est ainsi clarifiée dans un contexte classique, mais facilement transposable dans les situations actuelles.

Il ne s'agit pas d'entrer dans des polémiques sémantiques ni de nous attarder sur les imprécisions de la traduction, mais plutôt en musicien, de s'inspirer du développé d'un son, de distinguer les harmoniques d'une note qui derrière un do cachent l'autre do, mi, sol, si bémol… à partir desquelles chacun peut chercher à s'évaluer.

Nous attirons à nouveau l'attention sur les risques d'erreurs dans la compréhension des valeurs. En effet, à cultures et contextes différents, contenus différents. Non seulement la construction de la langue chinoise elle-même peut contribuer à entretenir la confusion, mais le filtre culturel introduit également un biais dans le sens même des mots.

On se souviendra de la différence profonde existant entre un humanisme qui place l'homme/sujet au centre de ses préoccupations et l'humanisme confucéen qui considère l'homme dans sa relation/dépendance à l'autre dans une société profondément hiérarchisée (Voir Partie I). Cette différence induit une autre différence, de contenu et de contour de la notion, cette fois. Prenons comme exemple des termes comme morale, loyauté ou respect. Ils sont beaucoup plus connotés culturellement qu'on ne peut le penser.

Ainsi, dans un contexte confucéen :

– la morale fait référence à une éthique du réel et exprime une nécessaire conformité aux règles de vie dans une société hiérarchisée ;

– la loyauté est liée à l'appartenance au cercle ;

– le respect (celui que l'on témoigne et celui que l'on attend en retour) s'illustre dans la réciprocité, mais un respect proche de la déférence, proche elle-même d'une obéissance parfois aveugle… ou encore ce respect des règles et de l'ordre social. Il constitue un ciment d'autant plus solide que l'œil social tient solidaire chacun des membres plus sûrement que la règle elle-même.

Six qualités confucéennes : sens de l'humain, équité rituelle, rites, morale, confiance, connaissance

Le **ren** ou sens de l'humain est la notion centrale du confucianisme. Néanmoins, le sens des autres valeurs avec lesquelles elle est en relation, est nécessaire à sa compréhension. Elle sera donc traitée en dernier.

« Yi » 义

> « *Yi* »: équité rituelle est la traduction retenue[2], mais *yi* recouvre un sens très large, allant de la justice à l'intégrité, en passant par un certain sens de l'honneur, un respect des règles, une nécessaire protection des siens qualifiant autant le comportement du « chef » que celui des membres de la communauté.

On retrouve l'idéogramme *yi* dans *yiwu* 义务 – devoir ; *yiqi* 义气 – loyauté ; *yi burongci* 义不容辞 caractérise ce devoir assorti d'obligations auxquelles on ne peut se soustraire. *Yi zheng ci yan* 义正词严 est l'expression utilisée par les Chinois pour caractériser ces réprimandes justes quoique sévères.

Le *yi* lie les membres d'un groupe plus sûrement que tout autre système, car il fixe les règles d'une morale collective, induisant une entraide et une solidarité entre ses membres, proche de la solidarité clanique, le ressort étant un mélange de sens élevé du devoir et de sensibilité exacerbée à la honte, associés à une conscience aiguë de la face, le tout sur des bases non-financières.

Le devoir ?

Tout le système n'est que devoir, un devoir parfois pesant jusqu'à l'étouffement.

---

2 Elle contient en effet une notion de justice (équité) et d'adaptation du comportement aux règles. Néanmoins, comme pour les autres valeurs la traduction reste bien imparfaite.

La honte ?

Elle constitue également un moteur très puissant de la société chinoise, encore plus puissant que la culpabilité dans une société judéo-chrétienne. Elle est d'autant plus forte que la honte ressentie par l'un des membres du clan jette l'opprobre sur le clan tout entier, accroissant par là son sentiment initial. Pour se protéger, le clan n'a pas d'autres solutions que d'exclure l'individu, qui, hors du groupe, n'a plus d'existence. Dans une société clanique, il n'y a pas de « je pense donc je suis » offert en consolation. Il s'agit d'un « j'appartiens à un cercle ou je ne suis pas ».

Revenons maintenant sur la signification concrète de cette valeur.

La dimension solidaire du yi apparaît dans le système de tontine.

Le système de tontine est une pratique financière informelle d'épargne et de crédit dans la communauté chinoise. La tontine rassemble des personnes ayant des liens familiaux, d'amitiés, de profession, de clan ou de région qui mettent en commun leur épargne pour répondre à des problèmes particuliers ou collectifs [Bouman, 1999]. L'efficacité de ce système assez complexe[3] (dont bénéficie à tour de rôle chacun des participants à la tontine, qui a à sa disposition une somme supérieure à celle qu'il aurait pu avoir s'il n'avait pas contribué) repose sur un entrelacs de valeurs essentielles :

– Solidarité des membres de la communauté - qui offrent à chacun sa chance ;

– Confiance des membres de la tontine dans celui qui bénéficiera des fonds ;

– Sens de l'honneur et peur de l'exclusion en cas de manquement - qui font du remboursement un impératif rassurant pour le prêteur ;

– Obligation du prêteur de rendre un jour à la communauté ce dont il a bénéficié dans le passé en prêtant à son tour - qui nourrit la démarche ;

– Respect des règles dans le remboursement - qui impose une discipline, et tout cela dans le cercle.

---

3 Cf. « Les tontines dans les pays en voie de développement », http://www.gdrc.org, « Forme et mécanismes tontiniers », [Pairault, 1990].

En entreprise, a du yi le dirigeant qui se préoccupe du bien-être de ses salariés.

A du *yi*, le manager qui :

– prend fait et cause pour son employé, victime d'une injustice, allant jusqu'à mettre en danger sa propre position ;

– ne se sépare pas des compagnons des premiers temps difficiles ou se souvient des services rendus ;

– répartit équitablement les tâches (surtout celles qui sont ingrates est-il précisé) et les rémunérations entre les différents membres de son équipe.

A l'inverse, certains « lynchages collectifs » de boucs émissaires face à des échecs dont personne ne veut accepter la responsabilité, sont l'expression même d'un comportement « anti-yi ».

En matière de leadership, le *yi* représente l'une des facettes de la gestion des relations manager-managé ou managés-objectifs.

Mais cette valeur déborde le cadre du seul leadership.

Dans une relation client-fournisseur ainsi, l'acheteur se doit d'avoir du *yi*, ce qui est plus aisé à définir par son contraire : n'a pas de *yi*, l'acheteur qui laisse tomber après un appel d'offres son fournisseur pour un fournisseur moins cher sans tenir compte de l'historique des relations.

L'acte d'achat et la gestion des fournisseurs dans toute politique de maîtrise des coûts percutent cette valeur, d'autant plus qu'elle concerne des entités en déséquilibre de pouvoir, le yi imposant un code éthique à celui qui a du pouvoir.

Exemple : Renault et Nissan

La fusion récente de Renault et de Nissan et le redressement d'un Nissan au bord de la faillite, en partie attribué à la maîtrise des achats et à la baisse des coûts qui en a résulté, est un exemple frappant. En ligne de mire, la gestion erratique, affective et nationaliste des fournisseurs du constructeur japonais (clairement marquée par cette valeur que l'on retrouve également dans la culture japonaise) remplacée par la rigueur de la politique de Renault.

Or, si les excès de protection en matière d'achat peuvent déboucher sur des dérives, la mise en œuvre de directions des achats et des nouvelles pratiques en découlant, bien qu'indispensable, ne se passe pas sans heurts et s'accompagne des excès inverses, notamment vis-à-vis des entreprises de petite taille… avec des pressions en cascade sur des sous-traitants qui « souffrent ».

Dans certains cas, il peut s'agir d'un manque d'adaptation et d'anticipation aux conditions du marché ou d'une gestion déséquilibrée de son portefeuille de clients ou de son taux de marge acceptable.

Dans d'autres, il s'agit plutôt, peut-être, d'un manque de responsabilité d'un acheteur vis-à-vis de ses partenaires (notamment si le fournisseur a connu une croissance déséquilibrée de son activité, poussé par ce même client à toujours grossir pour répondre à ses attentes), l'acheteur profitant de sa position de force pour obtenir des conditions drastiques et déséquilibrées sans aucune négociation possible. « La prochaine fois, ce sera moins 10 % » a imposé l'acheteur à ses sous-traitants lors de sa dernière visite et le diktat tombe. Le jeu « win-win » tant préconisé est oublié dans un type de négociation où le chantage est toujours en filigrane.

Lorsque certains gros industriels se sont regroupés pour contester les méthodes de la grande distribution (malgré un rapport de forces supposé moins déséquilibré qu'entre une grosse société et une PME), ils s'opposaient à une politique qui rognait les marges des fournisseurs sans négociation possible.

Cette question est cruciale en Chine, où la localisation des approvisionnements est l'un des impératifs du co-investissement, imposé à la fois par la législation et par la logique économique, mais qui doit tenir compte de la nature même d'un système en pleine transition (infrastructure, culture et qualité) et de la nécessité d'insertion de l'entreprise dans le tissu local (soutien de l'économie locale).

Pour les provinces côtières, le problème existe encore. Néanmoins, le niveau de qualités des fournisseurs locaux ayant augmenté, la question est un peu moins délicate à gérer.

> **Exemple : Provinces de l'Ouest chinois**
>
> Prenons l'exemple du développement des provinces de l'Ouest[4], voulu par le gouvernement chinois pour tenter de réduire le différentiel avec les provinces côtières. La situation est proprement schizophrénique : il est impensable de ne pas avoir recours à des entreprises locales (discours de responsabilité d'une entreprise vis-à-vis de son environnement) autant qu'il est impensable d'y avoir recours, sans un gros effort d'accompagnement, à part quelques exceptions (difficultés rencontrées dans ces provinces).

Où est la limite ? Et c'est bien de limite dont il est question, entre avantages et inconvénients de la position, si cette dernière est poussée à l'extrême.

Que se passera-t-il si Nissan traverse une autre période difficile ? Les fournisseurs feront-ils des efforts ?

C'est là toute l'ambiguïté de la fidélisation. Elle a un prix, la réciprocité. Je suis *yi* et je reçois du *zhong* en retour (loyauté). Mais si je ne respecte pas les bases du *yi*, il se peut que je ne puisse rien en attendre en retour.

D'autres limites seraient intéressantes à étudier soit parce que les entreprises ne respectent pas les règles indispensables à l'émergence de comportements appropriés (alors qu'elles voudraient bien les voir apparaître), soit que les excès de cette valeur (et non la valeur elle-même[5]) en rendent impossible l'exercice.

Nous citerons deux autres exemples, révélateurs de cette difficulté de gestion des limites, bien qu'à des niveaux très différents.

---

4 Le défi lancé par le développement des provinces de l'ouest est comparé en Chine à celui du développement de l'Ouest américain...

5 Qui n'a jamais cédé à la tentation de « jeter le bébé avec l'eau du bain » ?

– *Le degré d'implication d'un salarié* dans son entreprise en comparaison avec la rétribution de cette implication par l'entreprise : l'oubli de soi pour une entreprise souvent réputée ingrate, avec des managers qui finissent par s'effacer (sans préjuger des raisons pour lesquelles ils sont amenés à s'effacer : conviction personnelle, « raison d'Etat » ou manque de courage) relève ainsi parfois de la naïveté.

– *La gestion équilibrée par le dirigeant de la filiale de la relation maison-mère / filiales* entre « deux respects » (politique de groupe et indépendance dirigeante de la filiale) et « deux loyautés », (maison-mère/filiale), respect et loyauté étant des ingrédients du *yi*.

La Chine est là encore un cas exemplaire de gestion de paradoxe, mais qui se pose de la même façon en d'autres lieux et d'autres temps.

Exemple : Les entreprises à capitaux mixtes sino-étrangers

Dans les entreprises à capitaux mixtes sino-étrangers, les cas suivants ont été rencontrés.

Situation 1 (excès de yi) : le dirigeant étranger défend à outrance les intérêts de la filiale ; la filiale devient une sorte de satellite ingérable qui finit par « faire n'importe quoi » complètement opaque pour la maison-mère étrangère. Et l'opaque chinois est sans doute plus opaque qu'un autre.

Situation 2 (excès de yi) : la défense à outrance des intérêts de la maison-mère amène à prendre des décisions totalement inadaptées au contexte local. Elle contribue à faire naître ou à renforcer des dissensions avec l'autre partenaire. Encore plus en Chine, pays particulièrement sensible au respect de la souveraineté nationale.

Nous arrivons ainsi au paradoxe suivant : la mise en application du yi cause la perte du groupe qu'il est supposé défendre.

Situation 3 : une dissension/conflit éclate entre les deux partenaires chinois et étrangers, mettant en situation d'arbitrage les représentants de la filiale. Tous les cas de figure sont possibles, Mais un dirigeant a bien résolu la difficulté : c'est en prenant parti (avec l'art et la manière, et sans opposition de principe) pour la filiale contre la maison-mère étrangère qu'il a pu, à terme, rejoindre les intérêts de la maison-mère.

Nous aboutissons ainsi à un autre paradoxe, qui devrait nous faire réfléchir sur notre conception du pouvoir : c'est que l'un de ses membres choisisse de ne pas respecter les règles du yi qui a permis au groupe de défendre ses intérêts, malgré lui ; cela pourrait être considéré comme la forme suprême du yi.

Mais encore faut-il que le dirigeant ait le temps de mettre en application ses convictions. En effet, l'une des règles en général appliquée à celui qui trahit, est la sanction, en l'occurrence, le rapatriement du fautif.

Nous avons évoqué la solidarité clanique. Le *yi* est effectivement l'une des valeurs qui soude de nombreuses confréries, sociétés d'entraide ou triades autour desquelles, entre autres, se structure la société chinoise.

Néanmoins, l'erreur serait :

– d'assimiler le confucianisme à cette seule valeur, alors qu'elle fait partie d'un ensemble cohérent d'autres valeurs humaines (cf. Partie I Ch.3 « Les valeurs ») ;

– de ne retenir du *yi* que les caractéristiques extrêmes d'un pouvoir qui s'est perverti : tyrannie du centre, allégeance aveugle des membres, contre-pouvoirs actifs dans la rébellion et fermeture vis-à-vis de l'extérieur. Or le *yi* illustre également un *engagement* fort de la tête pour la protection de ses membres, un ciment tout aussi fort du groupe, un dépassement de soi pour l'atteinte d'un but collectif, autant de qualités précieuses en termes de management et d'atteinte d'un objectif ;

– de ne pas savoir gérer avec intelligence les limites « schizophréniques » des situations.

La force du *yi* réside dans les comportements en miroir et certains ressorts internes du processus. Le *yi* mérite donc toute notre attention par les bénéfices qu'il procure : engagement personnel, dépassement de soi, fidélité, loyauté. L'habileté est de savoir recréer, au sein d'une entreprise, les conditions d'émergence du *yi*, pour en recueillir les fruits, tout en en évitant les perversités.

	Yi 义 *Équité rituelle*
Caractérisation confucéenne	Procurer au peuple ce à quoi il a droit Protection et solidarité Engagement personnel jusqu'à l'oubli de soi dans la défense des intérêts des membres de la communauté ou dépassement de soi dans la poursuite d'un but collectif
Illustration dans le management	Répartition équitable des tâches et des rémunérations Défense d'un collaborateur victime d'une injustice, éventuellement contre sa propre hiérarchie, indépendamment d'éventuelles craintes pour sa propre carrière ; défense des intérêts de ses équipes Protection des collaborateurs de la première heure Respect de l'historique d'une relation avec un fournisseur Défense des intérêts de l'entreprise plutôt que recherche de profit personnel
Gestion des limites	Investissement dans une entreprise potentiellement ingrate Maîtrise des coûts – relation fournisseurs – fidélisation Respect de l'indépendance dirigeante d'une filiale – politique de groupe Respect du client

© Sophie Faure

Yi ou équité rituelle
Correspondances Philosophie - Management

« Li » 礼

« **Li** » : Les *li* ou Rites, représentent sans doute, de toutes les valeurs confucéennes, celle qui a posé le moins de difficultés aux traducteurs, et le mot donne une idée très précise de sa signification actuelle. Remontant à des traditions antiques de rites mortuaires et de cérémonies sacrificielles, sorte de manifestation de « courtoisie obligatoire », ils représentent un système de codification des relations humaines.

Dans le vocabulaire d'aujourd'hui, l'idéogramme se retrouve dans de nombreuses expressions qui lui ont conservé une signification proche de la signification originelle. *Liyi* ou « rites, cérémonies », *lijiao* ou « rites, règles rituelles », *lijie* ou « protocole, rites », *liyu* ou « traitement de politesse, réception cérémonieuse », *limao* ou « politesse, courtoisie »... Comme les autres valeurs, les *li* appellent la réciprocité.

Li shang wang lai : à la courtoisie répond la courtoisie.

Dans le cas de la société chinoise, cette notion est étroitement reliée aux « cinq relations » (le souverain et le sujet, le père et le fils, le fils aîné et le fils puîné, le mari et la femme, les amis) et à une hiérarchisation des fonctions : chacun doit remplir les devoirs attachés à sa position (en l'occurrence protection bienveillante descendante et allégeance ascendante), mais n'en outrepassera pas les limites ; chacun traitera l'autre selon son rang (le ministre parle au prince avec déférence. Le souverain doit être loyal vis-à-vis des ministres).

Toute entité ou communauté a ses propres règles qui structurent la vie en communauté. Elles sont très liées aux cultures nationales, professionnelles ou d'entreprise et vont des règles les plus basiques aux rituels culturels.

Il en est ainsi des codes vestimentaires, des horaires pratiqués – arrivée matinale ou tardive ; du tutoiement ou non ; du registre de vocabulaire employé...) ou de la séparation nette ou non entre la vie professionnelle et la vie privée, de la nécessité de travail tardif pour être considéré comme travaillant, du processus de décision.

Les rites, règles d'usage admises et transmises, jamais décrétées, ont, pour chacun, *un caractère d'obligation contraignante.*

Or, dans ce cas, comme dans les autres, que choisit-on de retenir ?

Les excès du formalisme ou les avantages d'une codification structurante et de repères identificateurs qui permettent à chacun de trouver une confirmation de son identité ?

Les prolongements sclérosants d'une tradition figée qui pénètre la vie quotidienne jusqu'à l'intériorisation de la contrainte ou des règles à vertu stabilisatrice qui garantissent un fonctionnement harmonieux de la société (du moins en apparence) et favorisent le maintien de l'ordre social ?

C'est en fait la même cause qui donne consistance à une dynamique harmonieuse ou à un monde de conditionnement social. Plus rien n'est anodin.

Ainsi, quand l'habit fait le moine, le « Casual Friday » donne un peu d'air. Mais quand il devient une obligation, il perd sa raison d'être.

	Li 礼 *Rites*
Caractérisation confucéenne	Diligence dans la réponse aux demandes du souverain Codification très stricte des attitudes et marges de manœuvre A chacun selon son niveau Strict respect des devoirs de sa charge : remplir ses devoirs sans faillir, mais ne pas outrepasser les limites autorisées Respect de l'étiquette, notamment dans la relation avec la hiérarchie : courtoisie descendante, déférence montante Tempérance et modération en toutes choses : qui évitent à la politesse d'être fastidieuse, à la prudence d'être peureuse, à la bravoure d'être violente où à la franchise d'être blessante
Illustration dans le management	Codes vestimentaires Registre de vocabulaire Politesse (bises, poignées de main, salut de la tête) Rituels d'entreprise Processus de décision
Gestion des limites	Obligation contraignante et immobilisme Capacité d'adaptation aux règles en vigueur dans une entreprise Difficulté de gestion de rites et codes très différents suivant les cultures d'entreprise

© Sophie Faure

Li ou Rites
Correspondances Philosophie - Management

« De » 德

> *« De » :* morale et « vertu », sans connotation religieuse. Cette valeur pose un problème réel de traduction car le sens est loin de celui véhiculé par le judéo-christianisme (pas de paradis, pas de bien ou de mal, mais une éthique du réel ; quant à notre rétribution, elle ne sera que sur terre). La référence est celle de la rectitude du comportement par rapport aux règles de la vie en société. Il ne s'agit pas d'une confrontation avec Dieu, mais avec la société aujourd'hui. Non pas une société de culpabilité mais une société de la honte. C'est une éthique pratique qui s'impose à l'ensemble du corps social, pour s'incarner, jusqu'au plus haut rang de l'Etat, dans le souverain, qui doit être exemplaire dans son comportement au quotidien.

Nous avons évoqué l'irrésistible attractivité de l'étoile polaire. C'est le caractère *de* 德 (ou morale avec ses connotations chinoises) qui était utilisé dans cette citation pour caractériser l'idéal de l'exercice du pouvoir (voir pp. 71 et 75).

A l'inverse, après l'équité rituelle (*yi*) et les rites (*li*), le *de* renforce potentiellement la pression exercée par l'œil social contribuant à donner des sociétés confucéennes une image de conditionnement excessif.

Le manager représente l'ordre hiérarchique. Son attitude est exemplaire, dans sa vie professionnelle comme dans sa vie privée. Intégrité, protection des membres de son équipe, défense des intérêts de l'entreprise plutôt que des siens propres, respect de l'autre, éthique, commençant par une éthique du quotidien[6] avant que de viser la corruption[7] sont quelques-unes des attitudes qui nourrissent l'estime que l'autre lui porte.

---

6 Une Chinoise nous a un jour confié être choquée par la tolérance quant aux notes de restaurant des expatriés, alors que l'on refusait d'augmenter un des cadres chinois de l'entreprise.

7 Compte tenu de l'actualité récente (que ce soit en Chine avec la montée de la corruption ou en Occident avec les derniers scandales qui jettent le doute sur l'intégrité des dirigeants et incitent à plus de transparence), cette valeur revêt une importance supplémentaire.

Un comportement inapproprié et c'est la perte de crédibilité et d'autorité assurée. Mais l'inapproprié se situe dans un cadre extrêmement mouvant et se mesure selon des critères variables suivant les cultures.

En Occident, la différence est notoire entre les Etats-Unis, qui ont évincé pour cause de non-moralité plus d'un candidat à la Présidence et la France qui s'est accommodée sans trop de difficultés de Mazarine. En Chine, le confucianisme pose la question du référentiel de moralité.

Comparons ces deux citations.

« Chez nous il y a un homme d'une droiture inflexible : son père avait volé un mouton et il le dénonça. Confucius lui répondit : nous avons une autre conception de la droiture : le père protège son fils, le fils protège son père. » [LY, 13.18]

« Autrefois, il y avait dans l'Etat de Chu un homme dont le sobriquet était Zhi Gong (personne droite). Quand son père vola un mouton, il alla dénoncer le fait au magistrat. Celui-ci dit « qu'on tue ce fils » : il pensait que l'homme, bien que loyal envers le souverain s'était avant tout montré indigne envers son père. La sentence fut prononcée et l'homme exécuté. » [HFZ : 105]

L'existence de référentiels différents aboutit à une gestion des priorités qui n'est pas toujours en faveur de la collectivité.

La première citation, tirée des *Entretiens*, relève du condensé de morale confucéenne donnant la préférence à la famille, quels que soient le contexte et les circonstances.

La seconde dont l'auteur est Han Feizi (l'un des principaux détracteurs du confucianisme) reprend les principes de la morale confucéenne pour mieux les combattre. Il met en évidence l'absurdité de la situation : sanctionner celui qui a fait preuve d'un comportement « social », selon sa propre conception à l'opposé de celle de Confucius, et valoriser l'autre qui aurait dû être sanctionné.

Han Feizi aurait pris la décision opposée « qu'on tue ce père ».

Toutes proportions gardées, nous jugerions aujourd'hui comme Han Feizi, le fils « pieux » (c'est-à-dire respectant la règle de devoir filial dans toute sa pureté) comme un sujet rebelle.

Lors des ateliers que nous animons sur le sens des valeurs, cette difficile gestion des limites est souvent apparue, faisant ressortir deux types de questions :

– Que doit-on faire ? « Dénoncer » (ce qui n'est guère valorisé) celui qui enfreint la règle ou le protéger ou faire comme si l'on n'avait rien vu ? Même si l'on prend des termes plus neutres comme « informer », l'impression de dénoncer est quand même bien là.

– A partir de quel niveau de gravité doit-on « dénoncer » ou « informer » ou trouver une façon de ne plus fermer les yeux ?

	De 德 *Morale*
Caractérisation confucéenne	Respect des règles de vie en société Exercice désintéressé du pouvoir, pouvoir qui ne se sent pas Détachement par rapport aux honneurs et aux reconnaissances officielles Exemplarité dans la conduite : - conformité par rapport aux règles de vie en société - qualités humaines confucéennes Indifférence « bienveillante » et sûre d'elle face aux provocations Ni arrogance, ni luxe, mais frugalité et humilité
Illustration dans le management	Cf. § ci-dessus, transposition à l'identique Ethique personnelle et intégrité
Gestion des limites	Œil social et pression extérieure sclérosante Référentiel différent suivant les cultures Dénonciation d'actes frauduleux : niveau de conscience et nature des faits devant faire l'objet d'une « dénonciation »

© Sophie Faure

De ou morale
Correspondances Philosophie - Management

« Xin » 信

« Xin » : (prononcez « sine ») la confiance. Elle est indispensable à la survie de tout groupe social, mais en Chine, elle occupe une place privilégiée.

Dans la société chinoise, dans l'ordre des priorités, le sentiment est en première place et la loi en dernière position.

La confiance est supposée occuper en Chine la place que la loi tient dans le monde anglo-saxon.

Néanmoins :

– des doutes nombreux apparaissent après les expériences malheureuses rencontrées par les étrangers dans un environnement en transition ;

– la Chine entre de plus en plus dans une démarche juridique.

« De quelle utilité peut bien être un homme qui n'est pas digne de confiance ? Il n'est pas plus utile qu'un char sans timon. » [LY, 2.22]

Quand peut-on faire confiance à quelqu'un ?

Quand il fait ce qu'il dit, quelles que soient les circonstances. Cette notion est directement liée à celle de preuve apportée, de fiabilité et de respect de la parole donnée. La parole est d'argent et le silence est d'or ? Pas tout à fait. La parole est d'or et le silence aussi, comme capacité non à garder un secret mais à ne jamais dire ce que l'on n'est pas sûr de pouvoir faire.

La construction de l'idéogramme « confiance » est assez révélatrice. Il est le résultat de l'association du signe de l'homme et de celui de la parole :

« Parler peu et agir », *« faire ce que l'on a dit et surtout ne pas dire ce que l'on ne fera pas »*, nous conseille Confucius. [LY, 13.20]

Conseil auquel Xun Zi fait écho :

« Ainsi ses connaissances ne sont-elles pas très étendues, mais il sait bien ce qu'il sait, son discours n'est pas très fourni, mais il connaît bien ce dont il parle, il n'agit pas beaucoup mais avec profondeur. »

Concordance entre la parole et les actes donc, mais surtout importance attachée aux actes.

« Aujourd'hui, lorsque je rencontre quelqu'un, non seulement j'écoute ce qu'il dit, mais je regarde ce qu'il fait. Lorsque l'on écoute ce que l'on dit, les paroles peuvent être exagérées, qu'il parle de lui ou que d'autres parlent de lui. Si on regarde les actes, on diminue les possibilités d'erreur. »

L'ensemble est étroitement lié à la notion de sincérité ainsi qu'à la perception de cette sincérité.

Cette association n'est pas étonnante dans un pays qui place le sentiment et la personnalisation de la relation dans ses priorités. Comment imaginer en effet pouvoir faire confiance à quelqu'un qui n'est pas sincère[8] ?

La confiance devrait pouvoir être partout et elle finit par n'être nulle part.

Exemples : Les opérations de co-investissement, le management des hommes et la délégation

Dans les opérations de co-investissement, soyons conscients que la démarche contractuelle, pourtant indispensable est, à la base, le signe même de la non-confiance avant d'être celui de la prudence.

En effet, si confiance il y avait vraiment, le contrat deviendrait inutile.

C'est d'ailleurs ce point qui a fait en son temps la réputation de l'homme d'affaires chinois, faisant des affaires sans contrat, celui-ci ne valant pas le respect de la parole donnée. Pourquoi alors citer aussi souvent parmi les difficultés des joint-ventures (JV) sino-étrangères l'impossibilité de faire confiance à un partenaire chinois ou la difficulté de travailler ensemble, sentiment d'insécurité renforcé par le caractère encore imparfait de l'environnement juridique ?

---

8 Le caractère *xin* est d'ailleurs totalement concerné par les ambiguïtés de la traduction : suivant les textes, on trouve l'usage des deux termes, confiance et sincérité.

En réalité, ce constat relève souvent d'événements contre lesquels, dans un premier temps, le droit ne peut rien. Et l'échec du co-investissement est parfois attribué, à tort à l'impossibilité de faire confiance à la partie chinoise.

En effet, dans une opération de co-investissement, avant de parler de confiance et de savoir si les clauses ont bien été négociées, encore faut-il avoir choisi le bon partenaire aux « trois compatibilités », les compatibilités organisationnelle (de type petite/grande entreprise ou entreprise d'Etat/entreprise privée), culturelle et stratégique.

Revenons sur cette dernière dimension, la compatibilité des intérêts stratégiques. Lors d'un colloque, un intervenant se prononçait en faveur des investissements à capitaux 100% étrangers (par comparaison aux entreprises à capitaux mixtes sino-étrangères), à cause d'une expérience de coopération difficile et dominée par la méfiance avec un partenaire chinois. Mais les intérêts stratégiques des deux partenaires ne convergeaient pas. La JV a été dissoute plus tard car les deux partenaires voulaient, chacun développer leur propre marque. Il a fallu plusieurs années, propices à l'instauration d'un climat général délétère, avant que chacun se rende à l'évidence.

Rien de surprenant à cela. Tong chuang yi meng 同床异梦, cet adage chinois suggère que deux personnes partageant le même lit ait des rêves identiques. Comment en effet imaginer que deux partenaires aux intérêts extractifs puissent réussir une coopération dans le long terme ?

Le tableau ci-après qui définit l'esprit et la longévité de la coopération en fonction de la nature des intérêts (extractifs, coopératifs, deal) clarifie la situation : la case noire du tableau où les deux partenaires voient un intérêt coopératif à l'opération de co-investissement[9] est la seule qui autorise le recours naturel à la confiance.

L'intérêt est extractif lorsque le partenaire entend tirer la coopération vers son seul avantage. Une fois l'objectif atteint, la coopération tombe d'elle-même.

---

9 A noter que les autres carrés notamment pour les coopérations asymétriques relèvent souvent d'une erreur stratégique de la part du partenaire aux intentions coopératives (cf. tableau p. 111).

L'intérêt est coopératif lorsque le partenaire entend tirer la coopération vers un futur commun.

Le deal est fait pour ne durer qu'un temps limité.

Le deal, de par sa nature, peut déboucher sur l'instauration d'un climat de confiance, qui ne dépend que de la fiabilité et de la sincérité des partenaires en présence.

Dans les autres cas, la non-confiance est plus la résultante de coopérations mal ciblées et mal managées que de la qualité intrinsèque des partenaires.

	Intention	*Partenaire Etranger (PE)*		
		Coopérative	*Extractive*	*Deal*
	Coopérative	*+ LT : constructive*	*+ CT* *- LT* *asymétrique*	*Frustrations du Partenaire local*
Partenaire Local (PL)	*Extractive*	*+ CT* *- LT* *asymétrique*	*+ CT* *- MT & LT* *compétitive*	*- CT*
	Deal	*+ ? (si PE auto suffisant)* *Frustrations du PE*	*Frustrations* *-- LT*	*Frustrations* *-- LT*

Analyse des compatibilités stratégiques
Source : S. Faure adapté de [Lasserre & Schütte, 1995]

LT : Long Terme

MT : Moyen Terme

CT : Court Terme

PE : Partenaire Etranger

+ : Bases pour un succès de la coopération

- : Conflits potentiels

Une fois le préalable des compatibilités réglé, il est possible de commencer à parler de confiance. La confiance dont on est capable et digne, la confiance qui se construit. Car la confiance comme les autres valeurs ne peut être pensée que dans la relation. C'est alors qu'interviennent les spécificités de la culture chinoise qui font de cette valeur une pièce maîtresse de l'édifice social.

Nous approfondirons ultérieurement le fonctionnement de la société chinoise en cercles concentriques (Cf. Partie III, Ch. 8). *Zijiren/wairen* 自己人 / 外人 , homme à soi/homme extérieur à. Autant la coopération est aisée dans le cercle, autant elle n'est pas naturelle et peut être particulièrement difficile hors du cercle. C'est la force et la fragilité du système. Or, par définition, nous sommes « extérieurs à » (*waiguo ren* – l'étranger est l'homme (*ren*) extérieur (*wai*) au pays (*guo*)), tandis que nos modes de fonctionnement plus désaffectivés ainsi que les durées d'expatriation ne facilitent pas notre insertion progressive dans l'environnement chinois, si ce n'est notre méconnaissance des rituels qui transforme les meilleures intentions en maladresses difficilement rattrapables.

« Il est apparu insupportable à des Chinois interrogés que leur patron s'immisce dans leurs réseaux de relations pour savoir comment ils arrivaient à obtenir l'information ou pour essayer de pénétrer lui-même le réseau. [...] Mais le patron insiste malgré tout pour venir ce qui transforme en enfer le repas informel et amical qu'il avait prévu. Du coup, il n'obtient aucune information et doit également s'expliquer auprès de ses contacts mécontents qui ne seraient pas venus s'ils avaient su qu'il s'agissait d'un repas officiel. En effet, la relation dyadique personnelle et informelle devient une relation officielle entre institutions ou personnes morales lorsque l'étranger s'immisce. » [Angles-Hao, 2001 : 326]

Ce qui est vrai pour les étrangers l'est également pour les Chinois. Nous retrouvons la question de référentiel. Un Chinois est Cantonais ou Pékinois avant d'être chinois et eu égard aux importantes différences culturelles en Chine même, il est parfois presque aussi étranger hors de sa province natale qu'un « vrai » étranger.

La confiance obéit aux règles de fiabilité, d'adéquation des paroles aux actes, de sincérité, mais *les différences culturelles et l'opacité particulière d'un environnement difficile peuvent introduire des biais dans le décodage des actions et les conclusions tirées.* Quant à la sincérité, elle donne une dimension affective assez peu compatible avec nos modes de fonctionnement.

Il n'en reste pas moins que jouer la confiance est plus que payant d'autant qu'elle est associée à une atmosphère de coopération harmonieuse. Confucius ne se trompait pas lorsqu'il s'interrogeait sur l'utilité d'un homme qui ne serait pas digne de confiance. Il nous renvoie à celle de l'homme qui en est digne et capable.

Exemple : Procter & Gamble

Procter & Gamble a ainsi en partie attribué les premiers succès de sa joint-venture en Chine à la particularité du lien existant entre les deux top managers, américain et chinois. D'autres ont évoqué l'avantage de trouver dans le partenaire leur « prolongement ectoplasmique ». Une étroite compréhension pour une collaboration étroite qui permettait à chacun de jouer la différence dans la cohésion.

« *Xin you ling xi yi dian tong* 心有灵犀一点通 », les amoureux se rencontrent sur la pointe de la licorne, nous assure ce vieux proverbe. L'image est belle. Même si elle n'est pas toujours le reflet de la réalité, elle devrait représenter un objectif. « Et surtout cela nous a rendu plus forts » (*qiang ren* 强人), expression qui trouve son écho dans ce commentaire du *Livre des Mutations* : « Lorsque deux êtres sont unis dans l'intimité de leur cœur, ils brisent même la dureté du fer et de l'airain ».

Nous venons d'évoquer la valeur de la confiance dans une opération de co-investissement (l'exemple était chinois, mais facilement transposable à d'autres univers). En termes de management et de délégation, c'est également une valeur très forte, dont l'efficacité n'est pas à démontrer, mais sans doute plus facile à citer qu'à mettre en œuvre.

Exemple : Référence à une lecture / le redressement de Sulzer sous l'impulsion de Bertrand Martin

Un de nos livres de chevet reste Osez la confiance, [Martin, Lenhardt, Jarrosson, 1996], livre au titre très explicite qui relate l'histoire du redressement spectaculaire de Sulzer Diesel, sous l'impulsion de son nouveau PDG Bertrand Martin. Celui-ci avait fait le pari de l'homme et non pas uniquement de la ressource.

Or en janvier 2002 paraissait une question dans la revue « Management » dans la rubrique Diriger. Que faire ?

Comparons les deux extraits.

« Le moral était au plus bas. Les cadres et certains dirigeants démissionnaient. Après les opérations de préretraite déjà effectuées, le plan de restructuration me laissait le soin de procéder à un licenciement sec plus important. Ce licenciement me paraissait sans fondement stratégique, tout juste propre à achever la démoralisation, pour des économies sans commune mesure avec les pertes financières. [...] L'authenticité jusqu'au bout, la liberté jusqu'au bout, **la confiance jusqu'au bout.** L'écoute avant, la parole après. Telles étaient les conditions de l'électrochoc. Et c'en fut un. [...]. Au travers des propositions, tour à tour marquées par le bon sens, la gravité ou l'émotion voire l'humour, l'entreprise se découvrait dans sa réalité globale, avec ses défauts et ses insuffisances, ses problèmes de fond mais surtout avec un formidable désir de progresser, un espoir de renouveau, une volonté de s'engager. Un rêve partagé où chacun à sa place pourrait s'exprimer, être écouté, considéré et se réaliser, où les barrières de castes tomberaient, où les relations entre personnes et services seraient franches, confiantes et efficaces. [...] Comme ils me l'ont dit plus tard : « Vous nous aviez remis le bébé dans les bras. » [Martin, Lenhardt, Jarrosson, 1996]

« **Ce challenge on va le rater !** L'usine chimique dont je viens de prendre les commandes a été longtemps dirigée à l'ancienne : système D à tous les niveaux, une maîtrise hors du coup et qui ne survit qu'en gérant de façon discrétionnaire les primes et le reste... Ma maison-mère à Madrid m'a fixé l'objectif d'une meilleure réactivité à l'égard de la clientèle. Or, un très gros client qui vient de changer complètement sa gamme, nous a mis au défi de lui livrer ses nouveaux produits dans des délais courts – ce qu'a accepté mon prédécesseur. Mais je sais déjà qu'on n'y arrivera pas. Car je me sens déjà très seul pour mener cette usine sur le chemin de la performance. » [Mgt, 02/02 : 91]

C'est le même défi, a priori impossible, auquel sont confrontés les deux dirigeants, répondre à une commande importante dans des délais réduits ; avec comme seule issue possible, croire en l'homme et en la capacité des employés à les relever.

Le ton des deux citations laisse deviner des attitudes initiales radicalement opposées, point de démarrage des spirales de la réussite ou de l'échec, puisqu'en situation de management, on ne peut avoir que des « hommes à soi », avec lesquels la confiance serait naturelle pour un manager rassuré.

Si la confiance se forge à l'aulne des preuves et des épreuves, elle relève également d'un « pari » initial.

Comme tout pari, qu'il soit risqué ou non, certains savent le jouer, d'autres pas. A un moment donné, l'un a osé, l'autre pas.

Il s'agissait dans le cas de Sulzer Diesel de livrer une commande de moteurs (pour des Chinois justement) dans des délais bien inférieurs aux délais de livraison habituels, alors que l'entreprise était exsangue. La question fut posée aux employés, qui lors d'un référendum ont répondu oui à 80%, tandis qu'un échange intéressant en termes de capacité à la confiance se nouait au sein de l'équipe de direction.

« Vous n'allez quand même pas signer un contrat sur ces bases ? m'objecta un directeur.

- Sur ces bases précisément, ma confiance est totale. »

Mais le pari était-il si osé ? Bertrand Martin a en réalité fait reposer la charge de la preuve sur les épaules de ses employés, créant l'envie et la vie, enclenchant alors une dynamique humaine irrésistible, qu'il n'avait certes pas été chercher dans le confucianisme mais qui en a l'esprit. Nous retrouvons en effet dans le Mencius cette importance accordée à l'harmonie entre un souverain et son peuple.

> « Ce n'est pas par les frontières que les hommes sont liés ; ce n'est pas grâce à la configuration d'un terrain qu'un lieu est plus sûr et ce n'est pas par sa supériorité en armes qu'un empire est conservé intact. » [MZ, IIB]
>
> ... à l'opposé de l'esprit de la citation du magazine Management :
>
> Je ne vous fais pas confiance ⇔ vous n'avez pas envie de me montrer que j'ai tort ⇔ vous n'avez pas de résultat ⇔ j'avais donc raison de ne pas vous faire confiance.
>
> Et le pari fut gagné, à la plus grande satisfaction du client chinois, leur ouvrant ainsi un marché pourtant réputé difficile. Le pari de la confiance s'est poursuivi avec succès. Sulzer Diesel accepta ainsi de livrer un matériel sans lettre de crédit préalable à un autre client chinois (belle gageure qui, pour d'autres entreprises, n'a pas connu cette fin heureuse), contribuant à asseoir la crédibilité de l'entreprise et sa réputation. Bertrand Martin fut même invité par une banque chinoise à exposer ses méthodes pour leur réapprendre le sens et les fondements de cette valeur maîtresse qu'est la confiance.
>
> « Tous vos clients sont extrêmement satisfaits et vous n'avez jamais eu un jour de retard. Vous êtes la seule société européenne dans ce cas. Votre personnel sur le site a un comportement exemplaire. C'est pourquoi je voulais vous connaître. Comment faites-vous[10] ? »

La délégation enfin est aussi un exercice périlleux de mise à l'épreuve de la confiance.

> Les Chinois ont une position très claire sur le sujet « *yi ren bu yong, yong ren bu yi* 疑人不用，用人不疑 », si tu doutes de quelqu'un, ne l'emploie pas ; si tu l'emploies, ne doute pas.

---

10 On retrouve dans la justification de la demande du Chinois deux notions confucéennes : l'exemplarité, indispensable à la moralité et la fiabilité, nécessaire à la confiance.

C'est un homme d'affaires chinois qui nous a cité cette expression pour la première fois. Nous n'avons depuis jamais oublié ce conseil frappé au coin du bon sens.

Sun Zi, stratège militaire faisait d'une gestion équilibrée de la délégation se traduisant par un impératif de non-ingérence, l'un des facteurs clefs de réussite des opérations guerrières. **« Un souverain n'interfère pas dans la conduite des affaires ».**

Dans les différents ateliers que nous avons pu mener sur les illustrations des valeurs en termes managériaux, délégation et esprit du contrôle d'une part, ainsi que délégation et ingérence d'autre part, sont des thèmes qui apparaissent de manière récurrente, traduisant un certain malaise par rapport à l'inflation des contrôles et à leur intention sous-jacente.

Reportings et contrôles, actes managériaux pourtant totalement nécessaires, sont en réalité, comme le contrat, la première preuve possible d'une situation de non-confiance. Que chacun s'interroge sur l'esprit dans lesquels ils sont opérés.

Pour certains, il s'agit d'un suivi et d'un contrôle d'activité qui permet au manager d'intervenir au bon moment, d'infléchir une situation mal engagée ou d'éviter des dérives. Pour d'autres, il s'agit d'un acte qui sert à rassurer le manager qui n'est pas sûr de lui (et corollairement qui n'est pas sûr de ses équipes) ou qui lui permet d'opérer une vérification car il y a soupçon.

Il y a trois façons d'analyser cette situation et de résoudre le problème qu'elle pose, qui devraient économiser quelques coûts cachés :

– les soupçons sont fondés, je renvoie alors à la proposition chinoise : s'il y a doute, je n'emploie pas ;

– les soupçons sont infondés et je cesse de demander un reporting devenu inutile ;

– les soupçons sont infondés et peut-être devrais-je m'interroger quant à ma nature soupçonneuse, à l'origine d'un mouvement brownien consommateur de ressources.

« Zi yi bu xin ren, zi xin bu yi ren 自疑不信人，自信不疑人 *», « qui manque de confiance en soi est incapable de faire confiance aux autres ; qui a confiance en soi, ne doute pas des autres »,* dit l'adage chinois.

Position de principe intéressante, car elle renvoie sur soi la responsabilité de l'enclenchement du processus vertueux au lieu de reporter sur l'autre la responsabilité de l'échec.

Cela ne veut pas dire que la confiance n'impose pas la vigilance.

C'est à ce moment là qu'intervient la loi, comme garde-fou que l'on doit s'efforcer de rendre inutile ou le reporting, que l'on doit laisser dans son rôle[11].

	Xin 信 *Confiance*
Caractérisation confucéenne	Respect de ses engagements : en respecter les termes et mener à bien avec fermeté ce qui a été entrepris Fiabilité dans les actes, parler preuve à l'appui, parler peu mais vrai Savoir faire confiance (de la confiance en soi dépend la confiance que l'on est capable de mettre en l'autre) et en être digne (intégrité, fiabilité, respect des devoirs de sa charge) Sincérité
Illustration dans le management	Cf. points ci-dessus, donner des preuves, passer l'épreuve Non-ingérence
Gestion des limites	Appartenance ou non à un cercle Pari, aux conséquences potentiellement désastreuses Evaluation difficile de l'autre, notamment dans un environnement peu familier Caractère indispensable de la vigilance et nature du contrôle exercé

Xin ou confiance
Correspondances Philosophie - Management

---

11 Pour certains Chinois, le reporting est parfois mal compris, essentiellement comme une preuve de non-confiance.

« Zhi » 智 – 知

Zhi 知[12] et *zhi* 智 (prononcez *dju*) littéralement « connaissance » et « sagesse, intelligence », deux dimensions du savoir qui confortent l'ambiguïté d'une notion déjà portée par l'homophonie des deux termes et la structure des idéogrammes (le deuxième *zhi* est composé du premier *zhi* placé au-dessus de la clef du soleil). Quant aux textes eux-mêmes des *Entretiens* ou aux commentaires qui leur sont associés, ils associent les deux idéogrammes sans distinction claire, allant parfois jusqu'à les confondre : *zhi*, la connaissance et *zhi*, la sagesse ou l'intelligence du cœur, souvent comprise comme prolongement du premier idéogramme.

Ces notions très connotées culturellement méritent une clarification.

Pour la connaissance d'abord, quelques erreurs sont souvent commises à propos du sens confucéen de l'idéogramme.

On se représente ainsi Confucius, rat d'immenses bibliothèques d'un autre âge, perdu dans des rayonnages sans fin couverts de tous les classiques que des générations se seraient appliquées à entasser, plongé dans de vieux livres poussiéreux, repu de savoir livresque, idée entretenue au cours des âges par la nature même de la classe lettrée, dont le système de promotion reposait sur la connaissance des textes anciens.

Derrière cette constatation, on sent facilement les critiques sous-jacentes vis-à-vis d'un savoir « inutile » : d'abord celle de l'opposition classique entre une tête bien pleine et une tête bien faite, la tête confucéenne étant, bien entendu, celle qui est bien pleine ; ensuite la critique du savoir qui ne saurait pas dépasser la connaissance pure pour trouver des mises en application concrètes.

A l'opposé, si nous retenons du monde confucéen l'idée d'une culture qui privilégie le sentiment, l'affectivité et le relationnel, point évidemment sur lequel nous n'allons pas cesser d'insister tout au long de cet ouvrage, nous sommes alors tentés d'assimiler le savoir au seul savoir-être, ce dernier dispensant alors de la moindre compétence.

---

12 Il existe plusieurs caractères.

Pour résumer, nous nous trouvons face à deux positions extrêmes :

– Le savoir confucéen serait livresque, qui plus est tourné vers le passé, n'ayant pas besoin de trouver son chemin vers une mise en application concrète.

– Le savoir serait un savoir-être qui dispenserait de compétences.

Revenons aux textes fondateurs pour déconstruire ces stéréotypes. Quelques aphorismes permettent de mieux cerner la notion.

« Le maître enseignait quatre choses : les textes, l'action, la loyauté et la confiance. » [LY, 7. 25]

Quatre mots, en fait, suffisent pour éveiller notre conscience à un champ d'actions plus vaste que nous ne l'imaginions. En effet, si cette dimension livresque du savoir est bien mentionnée par l'intermédiaire du premier mot de l'énumération (textes), elle n'en est qu'un des éléments constitutifs, qui plus est minoritaire puisqu'elle ne représente qu'un élément sur quatre (action, loyauté et confiance).

Que pouvons-nous retenir des trois autres éléments ? Que le savoir se doit également d'être celui de *l'action politique*.

– Un politique doit en effet savoir susciter la loyauté et la confiance, piliers du gouvernement. Mais, conformément à la logique chinoise qui passe par le particulier pour exprimer le sens du général, l'énumération aurait pu ne pas s'arrêter en si bon chemin et toucher l'ensemble des valeurs humaines indispensables à l'exercice d'une souveraineté éclairée (cf. Partie I).

– Par cette seule sentence apparaît également l'impératif de savoir-faire et de concrétisation du savoir.

L'impératif de savoir-faire s'exprime encore plus clairement dans un autre passage des *Entretiens* glosant sur l'inutilité d'un ambassadeur qui ne serait qu'érudit. Comment en effet imaginer « un ambassadeur qui saurait réciter les trois cents Poèmes mais ne serait pas à la hauteur dans l'exercice de sa charge ? A quoi pourrait donc lui servir tout son savoir ? » [LY, 13.5] Il est un terme que l'on retrouve parfois dans les *Entretiens*, même s'il apparaît moins souvent que les valeurs humaines sur lesquelles nous avons concentré notre attention. C'est l'idéogramme

« *yi* 艺 » de la compétence et du talent, qui complète avantageusement la notion de connaissance sans pour autant la recouvrir.

« Qu'est-ce qu'un homme accompli ? celui qui posséderait le savoir de Zang Wuzhong, le détachement de Gongchuo, le courage de Zhuangzi de Bian et la compétence de Ran Qiu [...], celui-là pourrait être considéré comme un homme accompli. » [LY, 14.12]

Quant à la nécessaire concrétisation, nous la retrouvons au travers d'une sentence assez connue de ceux qui « pratiquent » Confucius : « Connaître ne vaut pas la recherche passionnée, la recherche passionnée ne vaut pas le plaisir de la possession. » [LY, 6.20][13]

Retenons-en les principaux termes ; recherche, passion, possession, plaisir. En effet, même si Confucius admet qu'il puisse y avoir de l'inné dans tout cela, il semble considérer le savoir inné comme un phénomène assez rare, « je ne suis pas de ceux qui ont la science infuse, mais j'ai la passion de m'informer ». Le savoir est donc plutôt le résultat d'une quête personnelle inlassable et joyeuse. Passion, le terme est bien traduit, car il y a bien une forme de rage d'apprendre[14] chez lui (*xue*) - en cohérence avec l'importance qu'il attache à l'auto-perfectionnement intérieur (*xiu shen*) ainsi qu'avec sa façon d'enseigner. Ses élèves doivent en effet l'abreuver de questions s'ils veulent continuer à l'intéresser. « Et qu'est-ce que cela ? » « Et qu'est-ce que ceci ? » « Et celui-ci, peut-on dire qu'il a le sens de l'humain ? ». L'acquisition par soi-même de ce que l'on ne sait pas à partir d'une chose déjà enseignée reste la règle et devient un critère de promotion dans ce qui pourrait être considéré comme une pyramide humaine. Au sommet, « ceux dont le savoir est inné, puis ceux dont le savoir est acquis par l'étude, puis ceux qui se sont mis à étudier car ils se trouvaient dans une mauvaise passe, puis ceux qui sont dans une mauvaise passe mais n'étudient pas. » [LY, 16. 9]

– Il doit avoir le sens de sa mission. En effet, le savoir, c'est aussi « assurer au peuple ce à quoi il a droit. » [LY, 6.22]

Il existe une sentence dans les *Entretiens*, assez sibylline au premier abord, mais qui pourtant permet d'éclairer ce point.

---

13 Nous aimons la comparaison culinaire des commentateurs « le premier est celui qui mange, le second celui qui mange et aime manger, le troisième celui qui mange, aime manger et se rassasie. »
14 Nous appelons que l'objectif de l'étude n'est pas la seule connaissance livresque.

Zang Wenzhong a bâti une maison pour sa tortue géante, avec une voûte imitant des rochers et des plantes aquatiques peintes sur les piliers. Comment peut-on dire qu'il sait ? [LY, 5.18]

Confucius conteste en réalité la qualité d'un ministre de l'époque pourtant réputé pour son intelligence. Comment peut-on considérer comme possédant le savoir, celui qui, oublieux de sa mission (pour mémoire le bien-être et la prospérité du peuple) s'attache en lieu et place à des activités futiles qui le flattent et le posent[15] ?

– Enfin, il doit _savoir choisir son entourage,_ c'est-à-dire bien choisir au service de qui il se met ou sur qui il s'appuiera pour exercer cette mission. Les préférences de Confucius sont claires, s'il était encore besoin de les préciser. « Ne pas choisir un entourage qui soit *ren* (sens de l'humain), c'est manquer de *zhi* (connaissance) » [LY, 6. 1]. Et pour cela, il lui faut connaître les hommes, c'est-à-dire être capable de juger à la fois de leurs compétences comme nous l'avons vu, mais aussi de leur valeur « morale », les deux ne pouvant se dissocier, afin de « mettre les droits au-dessus des torts ». Tâche difficile que celle-là à une époque où rhétorique et apparences comptent pour beaucoup dans le jugement porté sur les hommes, superficialité contre laquelle Confucius était parti « en guerre ». Son recours donc ? Juger sur les actes.

Savoir, savoir-faire, savoir-être...

Savoir, action et sens politique...

Exigence intellectuelle, pratique et humaine.

Zhi, cette notion est donc pour nous l'occasion de mettre en évidence :

– La largeur de l'éventail des savoirs

En effet, la première mentionne certes les textes, mais les trois autres mentions concernent des qualités personnelles. Il s'agit d'apprendre l'action, la loyauté et la confiance.

---

15 Dans certains autres textes confucéens, *Zang Wenzhong* est même qualifié d'instrument inutile.

– L'équilibre entre les différents éléments constitutifs du savoir

Après le *qing* (sentiment) et le *ren* (sens de l'humain) qui donnent à la composante socio-émotionnelle son importance, le *zhi* conforte une légitimité par l'expertise, mais associée à la connaissance des choses par le cœur, à l'apprentissage des qualités humaines et à la connaissance de l'homme.

Nous avons évoqué la convergence avec certains courants occidentaux. La convergence sur ce point est flagrante.

Prenons à titre d'exemple, les travaux menés ces dernières années sur l'intelligence émotionnelle.

Exemple : l'intelligence émotionnelle

Goleman et son équipe ont analysé près de 500 modèles de compétences globales dans des entreprises et autres institutions, ces modèles donnant chacun des listes d'ingrédients caractérisant le leader efficace. Le calcul du ratio entre d'une part, les compétences purement techniques et les connaissances formelles (proches par certains aspects de ce que l'on appelle le QI) et d'autre part l'intelligence émotionnelle (IE) dans les ingrédients qui différencient les meilleurs des autres, montre que l'importance du rôle joué par l'IE s'accroît au fur et à mesure que l'on s'élève dans la hiérarchie, là où les compétences techniques revêtent une importance bien moindre. [Goleman, Boyatzis & MacKee, 2002 : 249-251]

Cette conclusion ressemble fort à l'un des aphorismes confucéens selon lequel ce ne serait pas dans les « petites » choses que le grand homme s'exprimerait (petites n'étant pas à comprendre dans un sens péjoratif), à chaque profil correspondrait des missions particulières. Si l'on veut jardiner, il faudrait ainsi s'adresser au jardinier... avec une condition essentielle qui s'applique à chacun, la LUCIDITE.

Qu'est en effet le vrai savoir pour Confucius ? C'est « connaître quelque chose et savoir qu'on la connaît, ne pas connaître quelque chose et savoir qu'on ne la connaît pas. » [LY,2.17]

Beau challenge qu'il nous propose là dans une simplicité presque enfantine. Mais quand laissons-nous encore notre âme d'enfant nous rappeler à l'ordre ? En effet, que nous arrive-t-il le plus souvent ?

– De ne pas connaître et de ne pas le savoir.

– De ne pas connaître et de croire savoir.

L'interculturel est sans doute l'un des « défis » les plus sournois à notre intelligence.

Quant au second idéogramme, il se rencontre moins couramment et comme nous l'avons dit antérieurement, rejoint parfois le premier *zhi* dans sa concrétisation et sa caractérisation politique. Car celui qui a le *zhi* 智 ne recule pas face à son devoir politique s'il en a les capacités. [LY, 17.1]

Mais surtout, le *zhi* 智 , caractère le plus souvent traduit par « sagesse » peut être considéré, comme le prolongement ultime de la connaissance. Avec lui, on passerait alors d'un état de lutte permanente à l'état de sérénité ineffable de celui qui, après une longue période de lutte constante peut enfin, pour reprendre les mots de Liu Jiawei, suivre les élans de son cœur sans même y penser, ni s'écarter de la voie car le travail sur soi-même n'a pas pour objectif la suppression de tout désir, mais au contraire de pouvoir céder à son inclination sans se pervertir.

De la connaissance factuelle à la sagesse, *zhi* couvre donc toutes les étapes du développement psychologique. Favorisant la lucidité quant aux limites de sa propre connaissance et le discernement dans ses actions, *zhi* nous porte au-delà de la simple compréhension intellectuelle des choses et doit pouvoir trouver une application concrète. Cette notion recouvre également la compréhension des hommes. Indispensable pour la sélection des ministres, elle permet de différencier ceux qui en sont dignes de ceux qui ne le sont pas, non seulement sur la base de leurs compétences, mais aussi de leurs actes, qui doivent refléter les valeurs confucéennes.

Zhi 知/智	
Connaissance	
Caractérisation confucéenne	Connaissance des choses, connaissance de soi, et connaissance des hommes
	Lucidité quant à l'étendue de ses connaissances et de ses non-connaissances
	La connaissance ne vaut pas la mise en application
	Savoir choisir son environnement de vie, sain, droit, dans le même esprit
	Savoir choisir ses ministres, mettre les droits au-dessus des torts
	Démontrer des qualité d'observation, d'analyse des comportements
	Savoir déceler dans les actions des autres les signes de leur rectitude intérieure.
	Savoir déceler soi-même ses erreurs et les reconnaître pour prendre les mesures correctrices
	Savoir utiliser les qualités des autres pour combler ses propres lacunes
	Posséder le sens de sa mission politique
Illustration dans le management	Compétences et expertise, base de la légitimité
	Savoir-être, base de l'autorité
	Savoir choisir
Gestion des limites	Excès de connaissances livresques
	Difficulté d'évaluation des compétences et qualités personnelles
	Equilibre difficile entre savoir et savoir-être

Zhi ou Connaissance des choses et des hommes
Correspondances Philosophie - Management

« Ren » 仁

> ***Le « Ren » enfin :*** ou sens de l'humain, cité en premier mais clarifié en dernier ; *ren* (prononcez « gène »), valeur centrale du confucianisme, est la valeur englobante par excellence. Est *ren,* celui qui est tout ce que nous venons d'évoquer, plus le reste[16].

Rappelons que la langue et la rhétorique chinoises ne permettent pas de fixer le sens d'une valeur en un mot, la traduction ne pouvant être que réductrice, voire source de contresens.

Le *ren* est ainsi traduit entre autres par… sens du bien social, générosité, sollicitude, complaisance, compassion, bienfaisance, bienveillance, protection bienveillante, bonté humaine, vertu suprême, vertu d'humanité, perfection, qualité humaine, jusqu'à parler d'un « je ne sais quoi » ou encore « du souci qu'ont les hommes les uns pour les autres du fait qu'ils vivent ensemble » (ou en anglais par benevolence, humanity, virtue, bounty, good-heartedness, generosity, tenderness…). 109 fois l'idéogramme est mentionné dans les *Entretiens*, 109 fois presque dans un sens différent, s'adaptant au contexte et à la personnalité de ceux auxquels il s'applique ; valeur synthèse des autres valeurs, associée au devoir filial, aux rites, à la tolérance, au respect, dans une liste presque sans fin.

Au-delà de ses multiples applications, la structure de l'idéogramme nous donne une clef de compréhension de la notion *: ren* est le résultat de l'association des idéogrammes signifiant « homme » et « deux ». L'homme n'existe que par son lien à l'autre, mais des liens d'une nature particulière, les sentiments (*qing*), l'amour (*ai),* tenant compte de la hiérarchisation des relations. Le triptyque (homme, rapports humains, sentiments humains) sert de fondation à la culture chinoise.

Elle s'exprime autant dans la simplicité et la trivialité des gestes quotidiens que dans ce qui pourrait être qualifié de « grandeur d'âme du grand homme », mais un grand homme qui n'en sait pas moins rester attentif aux préoccupations concrètes de ceux qu'il dirige.

---

16 Cf. Définitions dans annexe 3, « Confucianisme : glossaire ».

« Huang Suangan, Chinois d'Outre-mer considère le bien-être de ses employés comme une affaire de haute importance. Il leur a fait construire des dortoirs confortables et bien équipés [...]. Il a donné à chaque employé en retraite une pension satisfaisante et a mis en place un système assurant une certaine qualité de vie. Quoique très occupé, il passe souvent les fêtes traditionnelles avec ses employés, en leur apportant des cadeaux. Lorsqu'il a su que la femme de l'un des employés était alitée depuis longtemps et que cette famille se trouvait dans la gêne, il a pris en charge tous les frais médicaux. Un environnement où règnent sympathie et sécurité harmonise les relations internes. Le management par le ren, *c'est d'abord respecter les employés pour que chacun d'eux ressente qu'il joue un rôle dans la production, pour qu'il ressente son existence véritable et sa valeur indéniable, puis, c'est sympathiser et s'entendre avec eux, satisfaire leurs besoins rationnels et résoudre leurs difficultés. »* [Gong, 2001 : 294]

« Nous sommes une grande famille », disait l'un des employés d'une entreprise chinoise.

Par transposition du concept de paternité familiale à la paternité sociale, le souverain gère son état, comme il gérerait sa famille. Il y a donc là, il est vrai un peu, de paternalisme, assez mal vu en Occident, mais, généralement sans les perversions du pouvoir généralement attribuées à cette forme de management.

En outre, la notion *de ren, en tant que notion centrale du confucianisme, « vertu » englobante par excellence, en relation avec seize autres valeurs,* dépasse largement la notion de clan.

Et ce serait une erreur d'assimiler l'esprit du confucianisme au seul esprit d'un management clanique.

Au-delà du devoir de protection bienveillante (la traduction française entretient l'idée de cette assimilation du *ren* au clan et au paternalisme), elle est aussi l'attribut du grand homme, dont on a vu qu'il « trônait » face au sud et qui n'a de cesse de se perfectionner pour une dimension équilibrée des valeurs humaines. Quant à la forme de pouvoir exercé, rappelons l'association faite avec l'étoile polaire, illustrative d'une forme de management en douceur, agissant par attractivité, loin d'une tyrannie s'exerçant sur des esprits embrumés par les excès du confucianisme.

	Ren 仁 *Sens de l'humain*
Caractérisation confucéenne	Valeur englobante en liaison avec les autres : rites, piété filiale…
Illustration dans le management	Des petits gestes du quotidien à la grandeur d'âme du grand homme Synthèse des qualités humaines
Gestion des limites	Cf. les détracteurs du confucianisme : Rareté de l'homme exceptionnel Nature humaine mauvaise Efficacité des lois et des sanctions Manipulation par un leader séducteur

Ren ou sens de l'humain
Correspondances Philosophie - Management

Les confucéens ont la conviction qu'il n'existe pas de forme plus efficace de pouvoir que celle qui met en avant l'homme.

« Contre le Ren, la supériorité en nombre ne peut rien. Et vouloir être invincible par d'autres moyens revient à tenir quelque chose de brûlant et refuser de refroidir sa main avec de l'eau. » [MZ, VIA]

D'ailleurs, ils réfutent tous les détracteurs du *ren* en les accusant de refuser cette forme d'efficacité pour ne pas avoir à avouer leur échec :

« Tout ce qui est « ren » vainc ce qui ne l'est pas comme l'eau éteint le feu. Mais beaucoup de ceux qui pratiquent cette vertu aujourd'hui peuvent être comparés à ceux qui veulent éteindre un incendie avec une tasse d'eau, même pleine. Face à leur échec, ils en concluent que l'eau ne peut éteindre le feu. » [MZ, VIA]

Deux qualités complémentaires, courage et sévérité – les apports des stratèges militaires

Si le confucianisme constitue ce fonds de sinité, qui donne au management son esprit et ses grandes lignes, Sun Zi et les stratèges militaires ont également apporté leur contribution. Sun Zi s'est en effet attaché à définir les qualités humaines essentielles à la légitimité du commandement et à la certitude de la victoire. Management des hommes et management de l'environnement pour une victoire non seulement facile et inéluctable, mais surtout que l'on peut espérer obtenir sans avoir à mener de batailles.

Nous proposons donc une synthèse des enseignements de Confucius et de Sun Zi, qui s'attachent aux mêmes valeurs, à quelques différences près. Ainsi, les *yi* – équité rituelle et *li* – rites n'ont pas été commentés par Sun Zi, qui ne parle que de commandement et de batailles. Par contre, le *yong* – courage et le *yan* – sévérité, qui n'ont pas ou peu été commentés par Confucius (le courage plus que la sévérité), car il n'est pas un militaire mais un philosophe de la vie sociale et de la souveraineté, sont d'importance pour Sun Zi, chef de file des stratèges militaires.

« Yong » 勇

– *Le yong* : le courage

Qualité essentielle, notamment face à l'adversité - c'est par exemple le courage de s'opposer à l'autorité pour défendre une cause ou quelqu'un notamment contre l'injuste au mépris de ses propres intérêts. Mais il doit être mesuré et ne pas glisser vers la témérité.

« Je ne choisirais certainement pas un homme prêt à combattre un tigre à mains nues ou à traverser le Fleuve jaune à la nage, ni un énergumène qui ne tiendrait pas à la vie. » [LY, 7.11]

Yong 勇	
Courage	
Illustration dans le management	Affronter les équipes Oser le challenge Oser l'invention stratégique et la défendre
Gestion des limites	Défendre les intérêts de ses équipes Témérité Rompre l'omerta

Yong ou courage
Correspondances Philosophie - Management

« Yan » 严

– *Le yan* : la sévérité.

La sévérité n'est pas inscrite dans le confucianisme qui évoque parfois la sanction mais privilégie un autre type de dynamique. Le *ren*, synthèse des qualités, devrait en effet pouvoir s'en passer. Néanmoins, cette qualité nous semble avoir plus de vertu modératrice que les Rites « Sévère, mais juste », nous nous retrouvons bien dans cette maxime. De plus, l'exercice sinisé du pouvoir passe par là. En Chine, il faut savoir punir et se faire craindre. D'ailleurs, la composition du caractère dans sa version non simplifiée est assez explicite : c'est l'association du double signe de la « bouche » et de celui du verbe « oser ». Etre sévère, c'est oser dire ou faire ce qu'il faut quand il faut. Le *yan* apparaît dans des règlements intérieurs très stricts d'entreprises chinoises, dans les sanctions financières et dans les actes de chacun.

Etre *yan* demande du courage, car laisser aller une situation est souvent plus simple, mais le *yan* comme les autres valeurs nous confronte à la gestion de limites extrêmement dépendantes du référentiel culturel.

> ## Exemple : le redressement de Rhône-Poulenc Agro,
>
> Dans son entreprise de redressement de Rhône-Poulenc Agro, Alain Godard a eu recours à des sanctions fortes jusque-là inemployées dans ce grand groupe, pour montrer que la stratégie du parapluie n'était plus possible.
>
> Les sanctions existent dans nos entreprises mais la « sévérité » est sans doute l'une des qualités que nous manipulons avec le plus de distance. Ce n'est pas le cas en Chine où règne une échelle de la sévérité très différente. Les règlements intérieurs chinois font preuve d'une imagination presque sans limite. Sanctions financières dans le cas d'un port de cravate non respecté, d'une perte de matériel, d'arrivée tardive (la sanction est modulée par tranche de 20 minutes), de dégradation des parcs... Les sanctions sont d'ailleurs plus souvent utilisées que les récompenses, avec une répartition de l'ordre de 80/20, 80% pour les premières, 20% pour les secondes.
>
> « Les règlements internes sont encadrés, écrits noir sur blanc, explicites. Oui, ils sont très sévères, sans hésitation ; cela peut aller jusqu'à supprimer le bonus mensuel. » [Int]
>
> « Mon règlement intérieur est terminé et je suis très sévère ; il ne faut pas hésiter, et surtout ne pas garder longtemps un employé qui ne vous convient pas ; ne pas hésiter à les laisser partir ; j'ai ainsi licencié une des vendeuses, car elle mangeait sur le lieu de travail en dehors des horaires autorisés. » [Int]

Si l'imagination n'a pas de limite, les sanctions non plus. L'anecdote des concubines est célèbre du général Ho Lo de Wu qui est allé jusqu'à couper les têtes des favorites pour faire un exemple (cf. insert ci-après).

Anecdote : Les concubines, Sun Zi et l'Empereur Ho Lo de Wu

L'empereur Ho-lo de Wu après avoir lu L'Art de la guerre de Sun Zi, demanda à ce dernier de lui en démontrer la validité.

Sun Zi demanda qu'on fasse venir 180 des plus jolies jeunes femmes du Palais Impérial, avec, parmi elles, deux des favorites de l'Empereur, puis qu'on lui confie pleine et entière autorité sur le commandement. Il divisa les 180 femmes en deux groupes et nomma les concubines de l'Empereur à leur tête. Puis, il donna à toutes des instructions détaillées sur la façon de répondre au signal de la trompe quand il le donnerait.

Au premier signal, les femmes rirent et n'appliquèrent pas les ordres. Sun Zi leur expliqua à nouveau ses instructions, partant du principe que si la première fois elles ne comprenaient pas, la responsabilité en incombait au général en chef, qui n'avait pas dû être suffisamment clair et précis pour être compris.

Il fit donner une seconde fois la trompe. Mais les femmes rirent une fois de plus. Il en conclut alors que la responsabilité n'en incombait plus au général en chef mais au commandant, dans le cas présent, aux deux concubines impériales. Sun Zi ordonna donc qu'elles soient exécutées. L'Empereur, entendant la nouvelle, demanda qu'elles soient épargnées, requête à laquelle Sun Zi refusa d'accéder, invoquant le fait qu'accepter la direction de l'armée n'impliquait pas d'obéir à tous les ordres du souverain. C'est pourquoi il exigea que son ordre soit malgré tout exécuté, pour l'exemple, avant de nommer deux autres concubines à la tête des deux groupes.

Au son de la trompe, aucune ne manqua d'exécuter les manœuvres conformément aux instructions...

$$* * * * * *$$

Ce texte est en général interprété sous deux angles :

— la sévérité indispensable au respect ;

— la délégation accordée au général, qui ne peut s'accommoder d'interférence du souverain.

Yan 嚴 *Sévérité*	
Illustration dans le management	Eventail large de sanctions
Gestion des limites	Justice dans la décision de sanctions
	Sanctions négatives et degré de sévérité acceptable
	Qualification du fait méritant les sanctions

Yan ou Sévérité
Correspondances Philosophie - Management

« Ren, yi, li, de, xin, zhi, yong, yan » (sens de l'humain, équité rituelle, rites, morale, confiance, connaissance, courage, sévérité), huit qualités essentielles donc au manager.

En elles, il trouve sa légitimité. Par elles, il conforte sa crédibilité. Par elles, il accomplit sa mission.

Pour résumer, le manager doit donc aimer, se faire aimer et... se faire craindre.

Mais nous pourrions allonger sans fin l'énumération, reprenant le schéma de la page 76, moduler à plaisir les combinaisons, par ce mode de démonstration chinois qui permet de passer du particulier au général et définit un terme en fonction de son contexte.

Le manager idéal serait alors également tolérant, loyal, consciencieux, ferme, persévérant, compréhensif, pédagogue et sachant se remettre en cause.

Sensible et serein, affable et grave, digne sans sévérité excessive.

Portant le respect mais toujours paisible…pour une « harmonie de qualités complémentaires » pour reprendre les termes de Bui Duc Tin [BDT, 1989].

Il est un inconvénient avec le confucianisme, le caractère sans fin et la complexité de l'ensemble, qui rendent difficile son approche. Il est un avantage, la compréhension profonde de l'idéal humain, portée par le potentiel surprenant des idéogrammes.

C'est donc cet esprit particulier que nous avons commencé à retranscrire, celui de la souveraineté confucéenne, en centrant cet ouvrage sur certaines des qualités essentielles qui, replacées dans un ensemble plus vaste d'attitudes en correspondance, permet de mieux cerner les transpositions possibles avec l'esprit et l'art managérial[17].

---

17 Pour plus d'approfondissement, il est possible de se rapporter soit aux annexes 2 « Alphabet des valeurs » et 3 « Confucianisme : glossaire », soit aux exercices 1/1 et 1/2.

CHAPITRE 5

Connaissance par le cœur, management par les sentiments

心之官之思。

《孟子》

Le cœur est l'organe de la pensée.

Mencius.

- Aimer et être aimé

- Aimer, se faire aimer et se faire craindre

Pour introduire le chapitre

Commè le double dragon, le dirigeant/manager est ce leader « messianique » qui attache une importance particulière au bien-être de ses employés et tire le meilleur de chacun.

Comme le dragon et le phénix, symbole d'un leadership charismatique qui allie les qualités complémentaires de ces deux animaux légendaires, conjugaison du yin et du yang, humanité, douceur du phénix et force du dragon. Il contribue ainsi à faire naître une société où il fait si bon vivre que tous se pressent pour y contribuer (cf. insert pp. 142-143 « Symbolisme et pouvoir dans la Chine antique », « Paires symboliques et styles de management chinois »).

Traduit dans un vocabulaire d'aujourd'hui, c'est Alain Godard toujours, redressant un Rhône-Poulenc Agro en pleine perte de vitesse, et donnant son opinion sur les théories X et Y ; la théorie X selon laquelle le travail n'est pas une chose naturelle avec un management nécessairement exercé par la contrainte et la théorie Y selon laquelle le travail est une affaire naturelle avec un management s'appuyant donc sur une motivation endogène. Il a adapté cette théorie selon laquelle ce n'est pas le travail qui peut être une chose naturelle ou non, ce ne serait que le travail ennuyeux qui ne serait pas naturel.

« C'est pourquoi j'utilise souvent les mots plaisirs et jeux au bénéfice de la société. Qui peut trouver du plaisir dans le travail, celui-là le fera naturellement. Et si les règles du jeu lui sont communiquées – ce qui n'est pas souvent le cas – il peut en général se contrôler. C'est pourquoi je crois profondément en la théorie Y, même si elle ne peut être généralisée. Mais cela doit être l'objectif poursuivi aussi souvent que possible car c'est le moyen d'enrichir les hommes et d'enrichir la société. » [Godard & Lenhardt, 1999]

Aimer et être aimé ?

Nous avons vu quelles qualités le souverain doit développer pour être légitimé dans son rôle et avons clarifié la forme et l'efficacité du mode de gouvernance privilégié, fondé sur l'homme. Le cœur et les sentiments sont omniprésents. Le cœur, siège de la pensée[18]. Le sentiment qui occupe une place privilégiée dans la hiérarchisation des priorités.

Le cœur, organe privilégié de la connaissance pour une perception correcte des éléments extérieurs ; le cœur, organe sans lequel un souverain ne serait pas souverain ; le cœur également par lequel il se gagne le soutien et la confiance du peuple dans une forme de relation doublement transitive.

Le souverain touche le cœur du peuple en satisfaisant ses besoins, mais il n'est souverain que parce qu'il utilise son cœur.

« Il y a ceux qui utilisent leur cœur et ceux qui utilisent leur force. Il y a les affaires des grands hommes et celles des autres. » [MZ, IIIA]

« Vous ne pourrez jamais gagner l'Empire sans une admiration (xin, le cœur) teintée d'affection. »

« C'est en perdant leur peuple que Jie et Zhou perdirent leur Empire et c'est en perdant leur cœur qu'ils perdirent les hommes. Il y a un moyen de conquérir l'Empire, gagnez les hommes ; gagnez leur cœur et vous gagnerez les hommes. Il y a un moyen de gagner leur cœur : donnez-leur ce à quoi ils aspirent, ne leur imposez pas ce qu'ils abhorrent. » [MZ, IVA]

Nous verrons comment le cœur s'intègre dans la vie professionnelle en se glissant dans le vocabulaire quotidien et en pénétrant des chartes de management qui ne sont plus alors des compilations de sanctions mais des appels à la dynamisation par la chaleur des sentiments et le recours à la sensibilité de chacun.

---

18 Cf. Partie I, Ch.1, « Son nom a traversé les âges ».

Mais citons déjà les « quatre *xin* - quatre cœurs » qui fondent la culture d'entreprise : **Xincheng** 心诚 - sincère et honnête, **xinchi** 心赤 (être chaleureux, savoir aimer, être dévoué), **xinpo** 心魄 (avoir du courage), **xinwu** 心悟 (faire preuve d'intelligence).

C'est leur slogan de motivation de force de ventes : « Pour gagner un client il faut savoir toucher son cœur ». C'est la base de leur management : « Pour gérer une entreprise, il faut gérer les hommes ; pour gérer les hommes, il faut savoir s'occuper du cœur ».

Nous trouvons là un souffle de pure inspiration confucéenne qui anime l'entreprise et la dynamise.

Cœur et sentiment sont des notions étroitement liées. Revenons sur la hiérarchisation des priorités du monde chinois, car c'est bien de hiérarchisation dont il s'agit pour des valeurs qui finalement semblent universelles. Nous avions dit, en boutade, que la Chine n'avait pas le monopole du cœur. Le confucianisme, d'ailleurs, trouve un écho dans certaines des approches occidentales. Il n'en reste pas moins que l'ordre est totalement inversé et que cette inversion est loin d'être neutre.

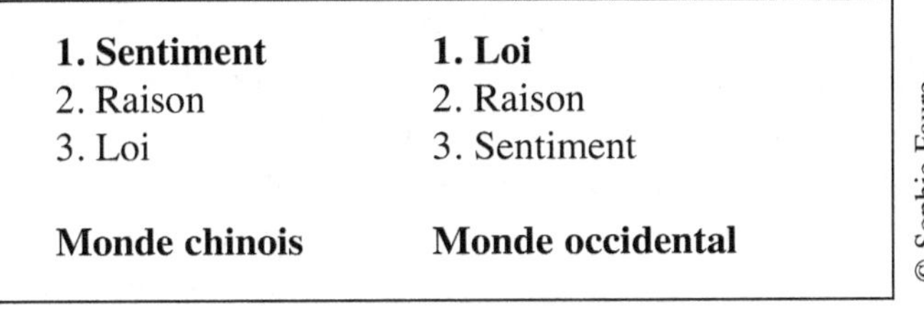

Logique de priorisation

Sentiments, relations, personnalisation, confiance, respect des règles… les Chinois accordent la préférence à ces notions par rapport au contrat et à la loi, bien qu'aujourd'hui les différences s'amenuisent au fur et à mesure de l'intégration de la Chine dans le grand mouvement de l'internationalisation.

Au centre de toute relation dans une société confucéenne est le sentiment (*qing*), puis la raison (*li*) puis en tout dernier lieu la loi (*fa*). C'est le sentiment qui permet d'éviter les conflits ou favorise leurs résolutions. Le contexte social, le nouveau Livre des Rites est suffisant et remplace la loi.

Or, dans notre système, et ce notamment en entreprise, c'est la loi qui est au centre, bien qu'à des degrés divers. La loi, avec sa rigueur intrinsèque protège de la partialité du sentiment, des hasards de la réalité, des conséquences de la faillibilité des collaborateurs. Le contrat est supposé envisager toutes les possibilités de telle sorte que chacune des parties en présence puisse faire référence à son contenu pour protéger ses intérêts en cas de conflits. En Chine, un bon contrat réside avant tout dans ses premières lignes, le paragraphe introductif étant supposé traduire les intentions[19].

L'analyse faite précédement au sujet des avantages et des inconvénients de ce type d'approche à propos de la confiance ou des dérives potentielles de procédures d'achat trop ou pas assez maîtrisées trouve un écho supplémentaire dans la clarification des avantages et des inconvénients de cet ordre des priorités.

De plus dans un environnement chinois en transition, avec des sous-traitants de qualité hétérogène, la difficulté que nous avons à rentrer dans ce type de fonctionnement peut représenter un handicap.

Avec la hiérarchisation des priorités clarifiée précédement (sentiment raison loi), nous nous devons d'être *he qing* (conforme au sentiment) avant que d'être *he li* (conforme à la raison).

Or, la philosophie d'une entreprise dont la raison d'être est le profit, ainsi que les contraintes économiques créent les conditions d'émergence d'une pensée managériale qui va à l'encontre des valeurs humaines sous la pression du court terme. Nous finissons toujours par agir *wu qing wu yi*, c'est-à-dire sans sentiment, ni équité rituelle[20], alors que le confucianisme fait de l'affectivité un instrument de l'efficacité managériale.

Aimer, se faire aimer et se faire craindre

Bonté et sévérité sont des qualités étroitement associées, mais la sévérité est indispensable à l'exercice éclairé de la clémence. Le Zuochuan compare ainsi la sévérité du souverain au feu.

---

19 Ce qui est d'ailleurs une bonne façon de vérifier la compatibilité des intérêts stratégiques.

20 Ce qui est sans doute l'un des pires jugements qu'un Chinois puisse être amené à porter sur quelqu'un. Peut-être est-ce la raison pour laquelle, il flotte toujours un peu, en Chine, cette impression inattendue que nous manquons de cette touche humaine telle que définie par Confucius.

« Le feu est redoutable et le peuple a peur à sa vue. Aussi provoque-t-il rarement la mort. En revanche, l'eau semble inoffensive et les gens n'ont pas peur de s'en approcher, si bien que beaucoup se noient. C'est pourquoi nous disons qu'il est très difficile de bien gouverner avec clémence ».

Tout un art auquel doit s'entraîner ce manager qui ne doit avoir ni « la bonté de la bonne femme », ni « le courage d'une brute »...

Furen zhi ren 妇人之仁 : ou la bonté de la bonne femme[21]... Et sa sensibilité est perçue comme de la sensiblerie. Trop bon, il en perd toute autorité.

Pifu zhi yong 匹夫之勇 : ou le courage d'une brute qui oubliant son humanité, sa lucidité, son sang-froid, se surprend à se fâcher et perd toute crédibilité.

Ne nous étonnons donc pas du jugement que peut porter un Chinois sur quelques-unes de nos « incapacités comportementales ».

Ce mode de management ne porte ses fruits que dans un subtil dosage de tolérance et de sévérité, auquel répond le même subtil mélange d'amour et de crainte.

Nous retrouvons là non seulement une nécessaire modération en toute chose, telle que la préconise Xun Zi ...

« Un homme de bien est indulgent, mais sans manquer de fermeté ; intègre, mais non rigoureux ; éloquent, mais pas querelleur ; lucide, sans être sévère ; franc, sans arrogance ; ferme, sans être brutal ; affable, mais non servile ; respectueux, prudent, tout en restant calme. Un tel homme est digne d'être qualifié de « hautement civilisé ». »

... mais aussi l'indubitable complémentarité du couple leadership-followership, où l'attitude des uns ne fait que répondre à celle des autres, et où une lourde responsabilité repose sur le manager.

---

21 Traduction de l'expression. Que nos consœurs ne voient pas d'intentions malhonnêtes dans celle-ci.

Symbolisme et pouvoir de la Chine antique

Source : Adapté de [Ong, 1996]

LE PHENIX (FENG HUANG)
凤凰

Le phénix est le symbole de la beauté et de la douceur.
Les oiseaux le suivent par centaines, car il est si beau, sa voix, si douce et mélodieuse qu'ils ne peuvent pas ne pas le suivre.
Quand vous êtes fort, vous n'êtes que fort.
Doté de la sagesse et de la forme d'intelligence de la situation du phénix, votre force s'épanouira et le monde avec.

LE DRAGON (LONG)
龙

Le dragon est l'image de la sagacité, de la force, du courage et de la loyauté. Le « souverain dragon », se consacrant au bien-être de la société, est tout entier dévoué à son devoir d'homme d'Etat. Il se préoccupe et prend soin de son peuple. Il fait se réaliser leurs rêves. Les dragons sont des créatures aux connaissances étendues, avec une compréhension particulière du monde et des hommes.

LE TIGRE (HU)
虎

Le tigre est l'image controversée de l'exercice tout aussi controversé du pouvoir. Il règne par la loi et la terreur.

« Il savait qu'il était un général de la guerre, mais pas un souverain de la paix ».

SYMBOLISME ET STYLES DE MANAGEMENT CHINOIS

Paire Long – Long (dragon/dragon) : Alliance des forces en présence, elle décuple les pouvoirs de chacun. C'est le symbole d'une nécessaire coopération.

Paire Long – Feng (dragon/phénix) : Dévouée et bienfaitrice, elle attire, partage, aide, magnifie. L'association symbolise un leadership charismatique fait de force et de douceur que les gens suivent de leur plein gré.

Paire Long – Hu (dragon/tigre) : Dangereuse et tyrannique, elle est stricte, sévère, rigide et arrogante. Elle règne par la peur.

Souverain sage et exercice de
la souveraineté en Chine Antique

Quel modèle de héros ?

La Chine Antique ne valorise pas la force pure, mais prise les souverains de l'Age d'Or, figures mythiques de l'histoire chinoise pour leur sagesse et leur sagacité, incarnant certaines valeurs fortes.

---

3 Types de savoir

1. Connaissance technique indispensable à l'exercice de tout métier.

2. Connaissance de soi et des hommes.

3. Capacité à apporter de la joie aux hommes.

2) et 3) sont les talents des souverains sages de l'Age d'Or. Ils nécessitent une profonde compréhension de la psychologie humaine.

Souverain éclairé et système organisé

士之所以能立天下事者，以其有志而已，
然非才则无以济其志，非术则无以辅其才。

朱熹 《朱子语类》

Seul un homme résolu accomplira de grandes actions.
Sans talent, il ne saurait mettre en acte sa ferme volonté et
le talent est vain sans une bonne méthode.

Zhuxi

- Un souverain éclairé
- La valeur du stratège
- L'art sinisé du management

Un souverain éclairé

Ming 明 : le souverain est éclairé et clairvoyant.

Du 度 : il est en charge de l'organisation et du système de mesure (performance, mérites...), de récompenses et de sanctions. Il en fixe les règles.

L'idéogramme *du* parle de lui-même, pour nous qui avons un cerveau gauche souvent hypertrophié et n'avons pas de mal à reconnaître les fondements d'une légitimité par les règles. Nous ne nous attarderons donc pas sur cette dimension.

Le *ming,* est une notion plus ambiguë à la fois en raison des nombreuses acceptions possibles du terme en Occident (éclairé, visionnaire/boule de cristal, clairvoyance...), mais également parce que cette notion a été développée différemment par les Confucéens et les stratèges militaires chinois.

La vision confucéenne se retrouve dans les trois objets de la *Grande Etude* associée à une morale clairvoyante et à la protection bienveillante que l'on accorde à son peuple. Dans le *Zhong Yong*, on peut la comprendre comme une faculté d'entendement, de clairvoyance, de pénétration, de connaissance.

Quant aux autres auteurs antiques, ils associent cette qualité à celui qui :

– l'esprit clair, apporte la vision ; sa mission n'est pas de faire ; le souverain chinois est un penseur, mais sa pensée n'est pas incompatible avec une efficacité dans l'action ;

– se concentre sur l'essentiel :

« Qui accorde trop d'attention aux détails négligera certainement les problèmes majeurs. Qui consacre trop d'efforts aux affaires immédiates ne pourra sûrement pas dresser des plans pour l'avenir. Pourquoi cela ? Parce qu'un seul esprit ne peut se concentrer sur deux choses à la fois et ne peut leur accorder une attention égale. Dans la mesure où il s'occupe de choses insignifiantes, il sera amené à négliger celles qui sont importantes. » (Liezi)

– prévoit le développement d'une chose dans son germe :

« Il détecte les périls avant qu'ils ne prennent forme, ces désastres souvent cachés dans un état latent. Un homme sage est admirable parce qu'il a la capacité de connaître les choses à temps. Supposons qu'il ne comprenne une chose qu'après coup, il ne différerait en rien de ceux qui ne comprennent pas du tout. » (Le livre de l'Histoire)

Les particularités de ce type d'approche stratégique ont été explicitées par Levi dans *Les fonctionnaires divins. Politique, despotisme et mystique en Chine ancienne* [1989] ou François Jullien dans *La Propension des choses. Pour une histoire de l'efficacité en Chine* [1992] et *Traité de l'efficacité* [1996], dont on trouvera les principes dans le chapitre ci-après.

La valeur du stratège

Deux idéogrammes peuvent contribuer à améliorer la compréhension du sujet : *ji* et *shi* – amorce et propension des choses.

Par glissement sémantique, l'idéogramme nous fait approcher, outre cette forme d'entendement supérieur ou d'intelligence pénétrante que doit démontrer toute personne au sommet du pouvoir, les particularités d'une approche stratégique propre à la Chine antique, qui aujourd'hui encore se montre d'une efficacité complémentaire à celle de l'Occident.

En effet, « détecter les périls avant qu'ils ne prennent forme », cette phrase pourrait très bien se trouver sous la plume de Sun Zi, voire même sous celle de l'un des plus grands ennemis de Confucius, Han Feizi, par la nature même de ce qu'elle induit, soit « prendre appui sur le potentiel inscrit dans la situation pour se laisser porter par lui au cours de son évolution. » [Jullien, 1992]

La valeur du stratège est jugée à sa capacité à saisir les événements avant même qu'ils n'aient pris forme (ji ou amorce de la réalité), puis à deviner les potentialités qui résident dans cet infiniment petit avant leur déroulement et à les exploiter rigoureusement à son avantage.

Shi ou la propension des choses est ce chemin qui mène inéluctablement de la fissure à la brèche. Il ne peut pas ne pas en être autrement.

Le stratège est alors celui qui sait deviner cette réalité en puissance, avant même qu'elle ne survienne, pour ne faire « advenir » que celle qui lui est favorable. [Jullien, 1996]

Son intelligence se confond avec cette forme de pénétration du sage qui « aperçoit ce qui n'est pas encore en germe, quand le sot ne voit même pas ce qui est achevé » [Levi, 1989 : 44]. Son intérêt pour les petits faits significatifs nourrit sa capacité poussée à l'extrême à « observer les riens », à scruter l'infiniment petit et le non-décelable, à percevoir ces signes ténus qui préfigurent un événement qui n'est pas encore là, à deviner *les futurs potentiels déjà inscrits dans cet infime (ji)*, à « saisir les événements avant qu'ils n'aient pris forme. » [Levi, 1989 : 31]

Cette conception est assez différente de la conception occidentale et représente sans doute l'une des plus difficiles à intégrer, non pas dans la première étape de la démarche (l'observance à l'extrême de l'infiniment petit et du non-décelable est assimilée à l'indispensable anticipation de tout stratège, quoique les Chinois soient souvent meilleurs que nous à ce jeu), mais dans la notion même de propension des choses.

Savoir exploiter, tirer parti d'une situation ne signifie pas en effet établir un plan d'actions qui définirait l'objectif, les scénarii possibles en fonction des évolutions supposées des événements et les moyens associés pour atteindre cet objectif, (sens du mot stratégie en Occident) ; ce qui finalement demande beaucoup d'effort et n'évite pas de finir toujours par se laisser surprendre par les infinies variabilités du réel.

Au contraire, il s'agit d'une part de porter toute son attention sur les dispositions endogènes du processus, d'agir en amont, puis, de ne plus agir... puisque le résultat ne peut alors pas ne pas être cette brèche issue de la fissure.

L'image est celle de l'arbalète. Lorsque la flèche part, tout est déjà joué.

Mais comment imaginer que le chemin qui mène inéluctablement de la fissure à la brèche, sans que nous ayions besoin d'intervenir, puisse s'appliquer en affaires ? Comment pouvons-nous faire confiance au seul déroulement d'une situation, nous qui sommes habitués à agir sur le réel et non à nous laisser porter par lui, nous dont le professionnalisme trouve sa concrétisation dans la maîtrise des risques et la rigueur de plans d'actions supposés envisager toutes les possibilités...?

Légèreté devant ce qui est considéré comme une mauvaise gestion de la fatalité, incrédulité, voire incompréhension totale du phénomène... c'est ce type d'appréciations et de réactions que nous recueillons en séminaire lorsque nous abordons cette notion.

Ce qui est compréhensible pour le lobbying qui procède du même type d'approche (influencer très en amont les décideurs, procéder par petites touches, accompagner l'évolution de leur pensée pour que le jour de la décision, sans que nous ayions à intervenir, celle-ci nous soit favorable), l'est moins quand cela concerne le management. En effet, l'idée même du pouvoir du souverain sage, qui reste efficace sans avoir besoin d'agir par la seule vertu du *ren* (sens de l'humain), alors comparé à l'étoile polaire à l'irrésistible attractivité, ébranle fortement celui qui est habitué à trouver sa légitimité dans la seule action et dans sa capacité à montrer qu'il fait. Le « grand chef » chinois est souvent montré comme très occupé à faire autre chose qu'à gouverner. Mao se baigne dans le fleuve bleu ou écrit des poèmes. Le souverain trône face au sud. C'est la figure chinoise de l'efficacité : sa seule présence suffit[22].

---

22 Il pourrait y avoir une ambiguïté sur ce sujet. Il existe en effet une autre vision du « bon » chef : celui qui balaie avec ses ouvriers. Or les deux images ne sont pas contradictoires. Celui qui trône face au sud ne s'agite pas dans des tâches qui pourraient être confiées à plus experts en la matière. Celui qui balaie montre par là qu'il participe et comprend les préoccupations de ses troupes, un peu de ce *ren* (sens de l'humain) qui s'attache aux petits détails du quotidien. Nous sommes donc sur deux registres très différents.

L'art sinisé du management

Si nous voulions résumer l'art sinisé du management, nous pourrions procéder par paire. Manager en Chine, c'est mettre en œuvre un rapport équilibré entre le ren 仁 (sens de l'humain) et le yan 严 (sévérité), c'est avoir le ren 仁 et le ming 明 (vision), c'est avoir le ming 明 et le zhi 知 (connaissance)... sur une route qui chaque jour voit un progrès sur le long chemin de la perfection.

« *A quinze ans, je m'appliquais à l'étude. A trente ans, mon opinion était faite. A quarante ans, j'ai surmonté mes incertitudes. A cinquante ans, j'ai découvert la volonté du Ciel. A soixante ans, nul propos ne pouvait plus me troubler. Maintenant, à soixante-dix ans, je peux suivre tous les élans de mon cœur sans jamais sortir du droit chemin.* » [LY, II.4]

Ren, la vertu centrale du confucianisme qui embrasse le sens de l'humain et motive les hommes, entre humanité et empathie.

Yan, la sévérité qui évite à la bonté de se perdre, mais doit elle-même éviter l'écueil de la cruauté.

Ming, la clairvoyance confucéenne, mais également la capacité à la vision, héritée de l'intelligence stratégique des autres auteurs antiques.

Zhi, la connaissance des choses et des hommes.

CHAPITRE 7

Les implications de la position confucéenne sur la sélection des managers et l'évolution des entreprises

举直错诸枉，则民服；
举枉错诸直，则民不服。

《孔子论语》

Promouvez les hommes intègres et
placez-les au-dessus des retors, et le peuple vous soutiendra.
Mais si vous placez les gens retors au-dessus de hommes intègres,
le peuple cessera de vous soutenir.
Confucius

- Les idéogrammes du parfait manager
- Carte de positionnement des leaderships
- Expertise et exigence psychologique

La proposition confucéenne, qui ne laisse pas d'alternative au management par le *ren* ou sens humain, aboutit donc au choix d'un manager :

- humain (sans la bonté d'une bonne femme, ni le courage d'une brute) ;

- capable de se remettre en question et sachant apprendre des autres ;

- développant les compétences de ses collaborateurs et sachant les guider sur le chemin de l'excellence humaine ;

- sans jamais s'arrêter, ni se décourager.

Les idéogrammes du parfait manager

Grâce à leur caractère à la fois synthétique et expansif, qui permet de résumer, en quelques idéogrammes, un choix managérial, tout en conservant à l'imagination son pouvoir créateur, ceux-ci suffisent à donner une idée précise de la position confucéenne vis-à-vis de la gouvernance d'Etat ainsi que de ses leviers d'action.

Six idéogrammes pour un profil générique du parfait manager

Le profil du parfait manager d'inspiration confucéenne peut ainsi être défini par seulement six idéogrammes.

Voire même, un seul idéogramme si l'on considère que le *ren* est une qualité « chapeau » qui définit une propension à l'humanité, complétée par une petite touche d'intelligence stratégique, notamment pour le président du Conseil d'Administration ou pour le top management (le *ming* est une qualité essentielle pour les dirigeants).

Cette liste, complétée si besoin est, par les autres qualités données sans exhaustivité dans le schéma p. 76, peut servir de point d'entrée pour la définition des critères de recrutement. Il s'agit de déterminer si le candidat est *ren* (sens de l'humain) ou non ? *yi* (équité rituelle) ou non ? *de* (morale) ou non ? etc… ou plutôt quel est son degré de maturité sur le chemin qui mène à la plénitude, sachant que le *ren* est une qualité à la fois lointaine et proche.

Lointaine, car le degré de développement des qualités humaines que sous-entend le *ren* est difficile à atteindre et Confucius en est conscient. Proche, car « il suffit de vouloir le *ren* et le *ren* est là », mais il suppose fermeté et totale implication avant de devenir « naturel ».

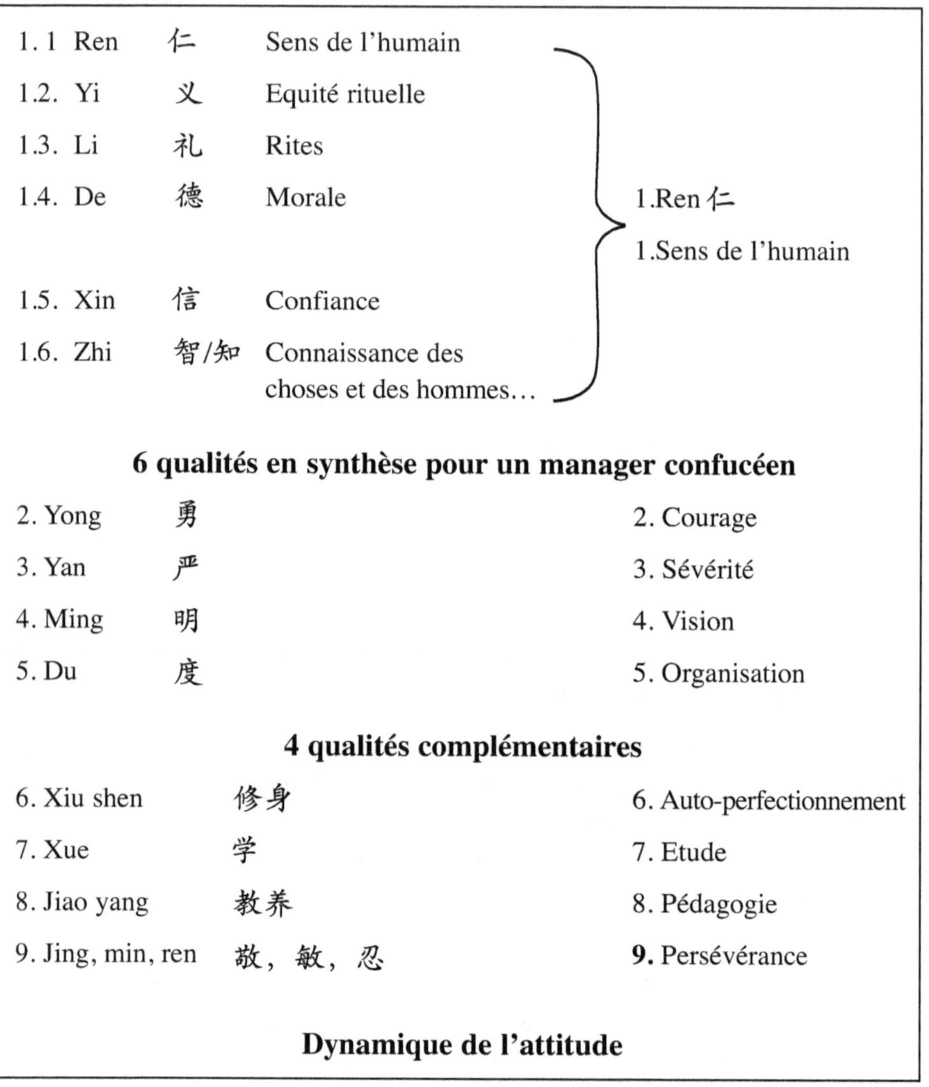

Les idéogrammes du manager

Quatre idéogrammes pour une dynamique de l'attitude

À cette liste, nous pouvons ajouter celle des idéogrammes (ou groupe d'idéogrammes) qui caractérisent *la dynamique de l'attitude*.

Xiu shen 修身

L'auto-perfectionnement : cette disposition semble indispensable, d'autant plus que la complexité croissante du monde économique et l'accélération des changements imposent à tous des remises en question régulières. Combien d'entreprises ont chuté pour n'avoir pas su se remettre en question, sous l'impulsion d'un top management trop sûr de ses réussites passées pour être capable d'affronter ou d'anticiper des situations nouvelles ?

Xue 学

L'étude, son corollaire, dont l'objet est certes l'acquisition de connaissances, mais également l'acquisition d'un savoir-faire et surtout la conscience de ce qu'est l'expérience humaine. « Apprendre, c'est apprendre à être un homme » pour reprendre les termes d'Anne Cheng [Cheng, 1997].

Jiao yang 教养

La capacité à la pédagogie : l'un des rôles du manager est d'appuyer ses équipes dans leur activité et de contribuer à leur montée en puissance dans leur savoir-faire et leur savoir-être. Notons ici le type de pédagogie « active » que préconise Confucius, très adaptée à chacun dans le contenu (puisque le *ren* prend une signification différente selon la personne à laquelle il s'applique) et très exigeante vis-à-vis de l'autre, dans la forme. « Ah maintenant je peux m'entretenir avec toi des poèmes. On t'enseigne une chose et tu peux en déduire une autre. » [LY, 11.22]

Jing, min, ren 敬, 敏, 忍

La persévérance, l'endurance, l'industriosité, l'application de tout son esprit.

L'utilisation dans le recrutement

Pratiquement, la capacité de la langue chinoise à intégrer les innombrables variations du réel, permet de concevoir des questionnaires d'entretien et tests de recrutement à partir des situations concrètes.

Comment peut-on déterminer si le candidat est *ren, yi, li, de* ou *xin* …? En reprenant les clarifications précédentes données à propos de chacune des valeurs.

Mais quelles sont les implications réelles de la position chinoise ? Le choix délibéré de l'excellence humaine nous met en réalité en face de certaines responsabilités, sans échappatoire possible. Il s'agit d'être *ren* et de viser l'efficacité que seul le *ren* peut apporter.

Prenons quelques exemples de conclusions que l'on pourrait tirer de l'analyse précédente sur le nécessaire équilibre entre des qualités complémentaires lorsqu'il s'agit de management.

– Avec le *ming* 明 et le *ren* 仁, qui aident à définir cet idéal Président du Conseil d'Administration, nous chercherons celui qui sait anticiper les situations (déceler, avant les autres, la fissure qui mène inéluctablement à la brèche), dirige en toute sérénité, exerce son pouvoir avec détachement et démontre la synthèse de ces qualités humaines décrites précédemment grâce auxquelles il n'oubliera pas les ressources humaines sous la pression du quotidien.

– Avec le *ren* 仁 et le *yan* 严, association du sens de l'humain et de la sévérité qui évite les travers de la bonté naïve ou de la sévérité excessive, nous pouvons tracer une carte des types de leadership, en déduire le positionnement des managers et enfin, définir les critères de sélection pour les managers en fonction des valeurs de l'entreprise.

Si nous acceptons le parallèle entre le confucianisme et l'art managérial, ce guide de lecture qui sert à la sélection des managers en Chine peut également servir ailleurs.

– Avec le *ren* 仁 et le *zhi* 知, association de qualités qui, à la légitimité de l'expertise, associe des qualités d'humanité et de psychologie, nous pouvons compléter le guide de lecture et orienter les plans de formation.

Cette démarche doit bien entendu s'effectuer avec toutes les précautions d'usage.

Certaines tiennent aux dangers même d'une classification qui enfermerait l'autre dans une posture définitive ; d'autres découlent de la nature même du confucianisme.

– Les premières consistent à avoir une lecture dynamique des schémas qui vont suivre et de la personne en recrutement. Il s'agit certes de situer la personne concernée sur les schémas à un instant t, mais aussi d'anticiper son potentiel d'évolution ainsi que sa « capacité à résister aux influences néfastes » [BDT, 1989] et aux avis contraires parfois médisants.

« Il conduit sans être séduit » [LY, 626]

« Celui qui, saturé de calomnies et abasourdi d'accusations ne se laisse pourtant pas influencer, celui-là est lucide, celui-la voit les choses de haut. » [LY,12,6]

– Quant aux secondes, nous suggérons, pour suivre la logique confucéenne, de nuancer l'approche selon les types de population visés (top manager, manager), le fil conducteur restant la capacité à concilier exigences économiques et sociales d'une part, compétence et éthique d'autre part.

Carte de positionnement des leaderships

Détaillons maintenant l'exemple du rapport équilibré entre le *ren* et le *yan*. La carte des leaderships nous permet de définir différents profils, dont il est aisé de préciser les avantages et les inconvénients.

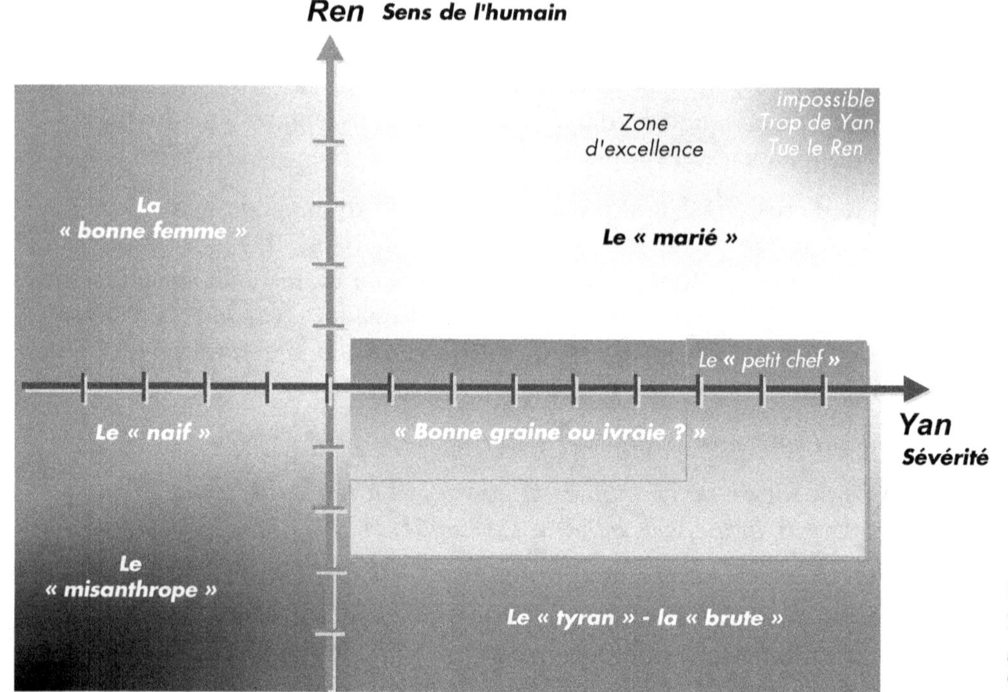

Mapping des leaders à partir d'une lecture confucéenne

(Positionnez-vous ainsi que vos collègues sur la carte)

« L'excellence humaine »

C'est cette zone où le sens de l'humain est porté à sa plénitude et la sévérité n'est pas excessive[23], mais vers laquelle nous devrions tous nous efforcer de tendre, au travers du processus d'auto-perfectionnement et d'amélioration intérieure que nous avons largement explicité précédemment.

---

23 A ce stade, elle devient même inutile. « Ainsi, le souverain n'a pas besoin d'offrir de récompenses pour que le peuple soit encouragé ; n'a pas besoin de se mettre en colère pour que celui-ci le craigne plus que la hache d'armes. » [ZY, XXXIII : 138]. Nous faisons par là une légère entorse à la position confucéenne, mais nous en avons clarifié précédemment les raisons.

Il s'agirait de ne jamais « laisser passer » l'occasion de donner à quelqu'un se situant ou s'approchant de cette zone une position de top manager.

Mais attention, cet individu est difficile à détecter, car détaché du pouvoir dans ses artifices, il ne cherchera pas à se faire remarquer.

Il est également difficile à manier.

Il y a du non-négociable chez lui. Dans sa capacité à la fois à conserver sa personnalité profonde quelles que soient les circonstances « je ne suis pas une courge dont on fasse ce qu'on veut » [LY, 17.7] et à poser certaines conditions à l'exercice de ses responsabilités. En effet, une seule raison pourrait le pousser à refuser d'exercer une charge : que celui qui l'appelle ne corresponde pas à l'idée qu'il se fait de son devoir et n'ait pas le *désir réel* de changer la situation.

*« Les gens de Qi envoyèrent une troupe de chanteuses et de danseuses. Le Seigneur Ji accepta ce cadeau et pendant trois jours, il ne parut pas à la Cour. **Confucius s'en alla**. » [LY, 18.4]*

Le(la) « marié(e) »

« Pour le meilleur et pour le pire ». Et c'est bien de cela dont il s'agit. Ceux qui se situent dans cette partie du schéma sont effectivement capables du meilleur et du pire, au détriment de leurs équipes qui évoluent au gré des humeurs du chef. Sympathiques, mais sanguins, souvent efficaces, exigeants – trop – et impatients, manageant par la pression, ils ont du mal à maîtriser leur énergie (positive comme négative).

Leurs qualités certaines et leur efficacité ne facilitent ni lucidité de leur part, ni remontrance de leur hiérarchie. Celle-ci d'un profil souvent identique voire pire, celui du « tyran », rend alors difficile l'évolution de la situation.

Dans un *assessment center* chargé de recruter selon des critères confucéens, ils seraient sur le fil du rasoir. Néanmoins, une dose de lucidité personnelle (condition *sine qua non* de l'enclenchement du processus d'auto-perfectionnement), un bon manager qui les dirigerait et un *coaching* accepté feraient de ces personnes potentiellement « difficiles » d'excellents potentiels.

La « bonne femme[24] »

En miroir du tyran qui a trop de *yan*, sans *ren*, ceux-là ont trop de *ren*, sans *yan* et risquent de se laisser facilement manipuler ou fléchir par une sensibilité proche de la sensiblerie. Ils sont à écarter des postes de management, non pas pour leur non-conformité aux critères confucéens, mais parce qu'ils représentent des proies faciles, aisément manipulables.

Le « naïf »

D'un profil équivalent à « la bonne femme », avec seulement un sens de l'humain un peu moins développé, ils sont tout aussi aisément manipulables.

Après ces quatre profils, « l'excellence », « le marié », « la bonne femme », « le naïf », nous rentrons dans des zones plus difficiles.

Bon grain ou ivraie

De personnalité moins affirmée que les précédents avec des qualités personnelles relativement neutres (ni trop *ren*, ni trop *yan*), ils ne demandent qu'un environnement favorable pour s'épanouir. Mais leur fragilité réside dans le fait qu'ils ne sauraient résister à un environnement défavorable.

Le misanthrope

Il n'aime rien, ni personne. Le cas est vite réglé et la pièce de Molière illustre bien les difficultés de ce type de profil à un poste de manager.

Le « petit chef »

Nous en avons tous rencontré. Ils sont là, avec leurs faibles qualités humaines aux conséquences néfastes pour leur entourage, tout en instillant une ambiance tendue dans le service, voire dans toute l'entreprise.

---

24 En référence à l'expression chinoise « ne pas avoir ni la bonté d'une bonne femme, ni le courage d'une brute ».

Sauf cas exceptionnel, avec peut-être un événement particulier qui enclencherait une prise de conscience sur l'inadéquation de tels comportements, ils sont à écarter du pouvoir.

Le tyran

Prolongement du « marié », mais sans ce côté sympathique qui le sauve, le tyran a une sévérité excessive qui finira par le perdre. C'est le type même de profil concerné par l'adage « ne pas avoir le courage d'une brute ». Il pourrait également se retrouver parfaitement dans la figure du leader séducteur qui use de sa capacité de séduction et des attributs du pouvoir pour manipuler ses équipes et son entourage. Il existe une gradation dans l'échelle et nous avons, à propos du *yan,* cité la difficile gestion des limites. Néanmoins, le tyran potentiel est aisé à identifier, ses équipes sont des numéros, il ne respecte pas l'homme derrière la ressource.

Confrontation des consciences économique et humaine

L'association courante du professionnalisme souvent associé à la désaffectivation de la relation, l'« anti-*ren* » qui culmine dans l'expression « business is business », l'exercice déshumanisé du pouvoir facilitent l'émergence des profils de tyran, autorisent la radicalisation des comportements et les légitiment, augmentant ainsi leur puissance et leur pouvoir de nuisance. Ainsi se multiplient dans la presse économique ou managériale les signaux d'alerte avec l'apparition d'un vocable assez peu engageant : harcèlement moral, rupture de contrat psychologique, mal boulot, stress organisationnel et autres.

Or, au-delà du seul postulat du confucianisme, selon lequel d'un gouvernement bienveillant *ne peut pas ne pas* découler un Etat prospère, assorti du *ming* qui suggère une intelligence stratégique supposée éviter les situations sans issue, ceci pose un réel problème de confrontation de consciences, la conscience économique et humaine, qui ont toutes deux leurs raisons d'être.

Huit obstacles

1. Le souverain les ignore.
2. Il n'est personne pour les recommander.
3. Le souverain ne les nomme pas.
4. Il les traite avec incohérence.
5. De petites rancunes personnelles font dénier leurs grandes vertus.
6. Leurs petits défauts obscurcissent leurs grands mérites.
7. Des critiques malveillantes sont adressées à des personnes loyales et justes.
8. Des calomnies sont lancées contre des hommes de mérite.

Xun Yue: 148 209, écrivain politique et historien,
fin de la Dynastie des Han de l'Est

Trois dangers

1. Le souverain ne sait pas reconnaître les hommes de mérite, même s'ils sont proches de lui.
2. Le souverain ne les laisse pas déployer leurs talents, même s'il les a reconnus.
3. Le souverain ne les nomme pas à des postes importants, bien qu'ils aient fait preuve de leur valeur.

Yan Yin: ? -500 avant J C., Contemporain de Confucius

Trois dilemmes

1. Celui dont les talents dépassent la « vertu » est un homme de peu. Celui dont la vertu dépasse les talents est un prince. Qui possède à la fois grands talents et hautes vertus est un sage. (*Le Miroir de l'Histoire*)
2. Lorsqu'on nomme un lettré, ce dont il faut se préoccuper surtout n'est pas qu'il soit un des plus talentueux du pays, mais qu'il soit loyal. Le vrai malheur d'un gouvernement n'est pas que nul ne possède les qualités d'un ministre, mais que les ministres ne soient pas « vertueux ». (*Qian Fu Lun*)
3. Aucun souverain ne voudrait garder des traîtres parmi ses ministres et tenir éloignés de lui les fonctionnaires loyaux et des lettrés éminents. Cependant, l'accumulation constante d'erreurs pourrait l'amener à faire ce qu'il ne voulait pas faire. (*Qu Yang Xiu*)

Une évidence

1. Dans un marais de dix pas, on peut trouver des plantes parfumées. Dans un hameau de dix foyers, il se trouvera au moins un homme loyal.

Le jardin des paroles

Sagesse antique et recrutement

Huit obstacles, trois dangers, trois dilemmes et une évidence
pour la « promotion des gens de mérite »

A un moment où l'on parle beaucoup d'éthique en entreprise, jusqu'où la fin justifie-t-elle les moyens avec, de nouveau, une question de limites entre :

– d'une part, des situations difficiles et sans doute inéluctables, auxquelles personne ne se résoud de gaîté de cœur, et d'autre part, des vagues de licenciement anticipatrices parfois excessives ou des opérations de fusions acquisitions dont la dimension humaine est réduite à l'expertise en droit du travail, tandis que leur pertinence économique n'est pas avérée. On parle beaucoup de l'homme, mais le terme de *ressources humaines,* qui se réfère autant à des ressources que l'on épuise qu'à des talents que l'on mobilise devrait faire réfléchir.

– d'autre part l'aura justifiée de PDG de génie qui ont mené leur entreprise au sommet, mais dont le monde, si l'on suivait les préconisations d'un Confucius qui se voulait conseiller des Princes, devrait se priver en raison de leur comportement tyrannique.

Le postulat du confucianisme est clair, l'absence totale de ren [25] et autres qualités qui en découlent, représente un critère rédhibitoire de sélection. Cette position oblige à regarder certaines situations en face et à se poser vraiment des questions essentielles telles que « Aurait-on pu le faire autrement ? »

Cette question a souvent été posée à propos du très controversé Jack Welch, ancien PDG de General Electric, dont les résultats n'ont pas besoin d'être commentés[26]. Andy Pearson, ex-PDG de PEPSI, parmi les plus redoutés des Etats-Unis et d'une redoutable efficacité, s'est posé la question et a répondu « Oui » pour ce qui le concerne, se remettant ainsi en cause et révisant ses propres modes de management, lui qui régnait par la peur et l'obsession des chiffres et licenciait chaque année 10 à 20 % de son effectif. Cette réponse affirmative - qu'il a donnée non pas en tant que PDG de PEPSI, mais après avoir expérimenté chez Tricon les vertus de la motivation et d'un management très différent, devrait nous faire réfléchir [Dorsey, 2001].

---

25 Ou de prédisposition au *ren* ou de travail sur soi-même pour développer en soi de telles qualités.

26 General Electric vise une croissance de 17 à 18% en 2002. [LE, 2002/01/18]
Cf. [QNH, 2002], Quy Nguyen Huy, « Jump back Jack. Time, Temporal Capability and Planned Change », 2002, Insead, http://knowledge.insead.edu.

La Chine va être confrontée encore plus que l'Occident à ce type de dilemmes. Car se conjuguent les dérives potentielles de l'exercice sinisé du pouvoir, la nécessité de l'évolution de l'économie d'Etat et l'entrée à l'OMC.

L'exercice dévoyé du pouvoir ? « Tyrans » et « petits chefs » qui usent et abusent de leur pouvoir, ne manquent pas en Chine.

Le redressement du secteur d'Etat ? Enjeu économique majeur, à forte implication sociale et humaine, il va nécessiter une importation sélective des postulats d'efficacité occidentaux. Dans son emprunt à l'Occident, la tentation est grande en effet de radicaliser la gestion des sureffectifs en même temps que se professionnalise le management. Or, il est facile de constater combien l'efficacité particulière du fonds culturel confucéen peut parfois s'effacer, lorsque des Chinois, diplômés de grandes universités étrangères, reviennent travailler dans leur pays.

C'est un débat entendu dans une entreprise chinoise. « Le sentiment, c'est bon pour les débuts ; après, ce sont de processus, de procédures et de techniques dont nous avons besoin ».

Or, dans ce pays de la démesure, où les sureffectifs concernent plus de 20 % de la population urbaine active chinoise, sans parler des sureffectifs dans les campagnes, avec un système social encore en transition [Rocca, 1999] le danger réside autant dans le déséquilibre ou l'opposition entre les deux approches, que dans l'absence de l'une ou l'autre.

Des modèles stabilisateurs forts, pensés différemment, sont nécessaires. Modèles auxquels les Occidentaux et les entreprises occidentales n'ont pas pu réfléchir et qu'ils n'ont, en tous cas pas testés, car ils n'ont pas ou peu été confrontés à une problématique de cette ampleur.

« Li min, fu min », dans l'intérêt du peuple, pour sa prospérité… même si ces injonctions confucéennes peuvent, sorties de leur contexte, avoir des allures de revendications connues, elles devraient pouvoir être comprises dans leur intention initiale. L'Occident a développé des approches très imaginatives et professionnelles en terme d'accompagnement des changements. La Chine n'est pas en reste quant à sa dynamique managériale héritée d'un passé extrêmement riche. Dans un tel contexte, le facteur humain, pris dans son ensemble, représente une des clefs du succès.

Expertise et exigence psychologique

Nous pouvons entreprendre le même type d'analyse en ce qui concerne le tandem (*ren, zhi*) ou sens de l'humain, connaissance des choses et des hommes, avec des modulations en fonction de la nature des postes.

Rappelons brièvement le sens de *zhi* ou connaissance, dans l'acception confucéenne du terme. Nous avons là un concept particulièrement large qui recouvre le savoir, le savoir-faire et le savoir-être potentiellement jusqu'à la sagesse. Connaître, c'est avoir la capacité de remplir sa charge (compétences + sens de l'humain), sachant que « l'on n'attend pas qu'à lui seul, un homme soit bon à tout. » [LY, 18.10].

Pour faciliter la compréhension de la problématique, nous prendrons le *zhi*, dans son acception limitée à la compétence/expertise, l'autre partie du sens qui recouvre l'intelligence humaine étant intégrée au *ren*.

Nous aboutissons ainsi au schéma suivant, pouvant éclairer les débats existant sur la hiérarchisation des priorités entre l'homme et la technique (celui-ci nous a servi en filigrane, lorsque nous participions à des comités de présélection pour des gens destinés à travailler à l'international et pour bâtir les plans de formation découlant du diagnostic initial).

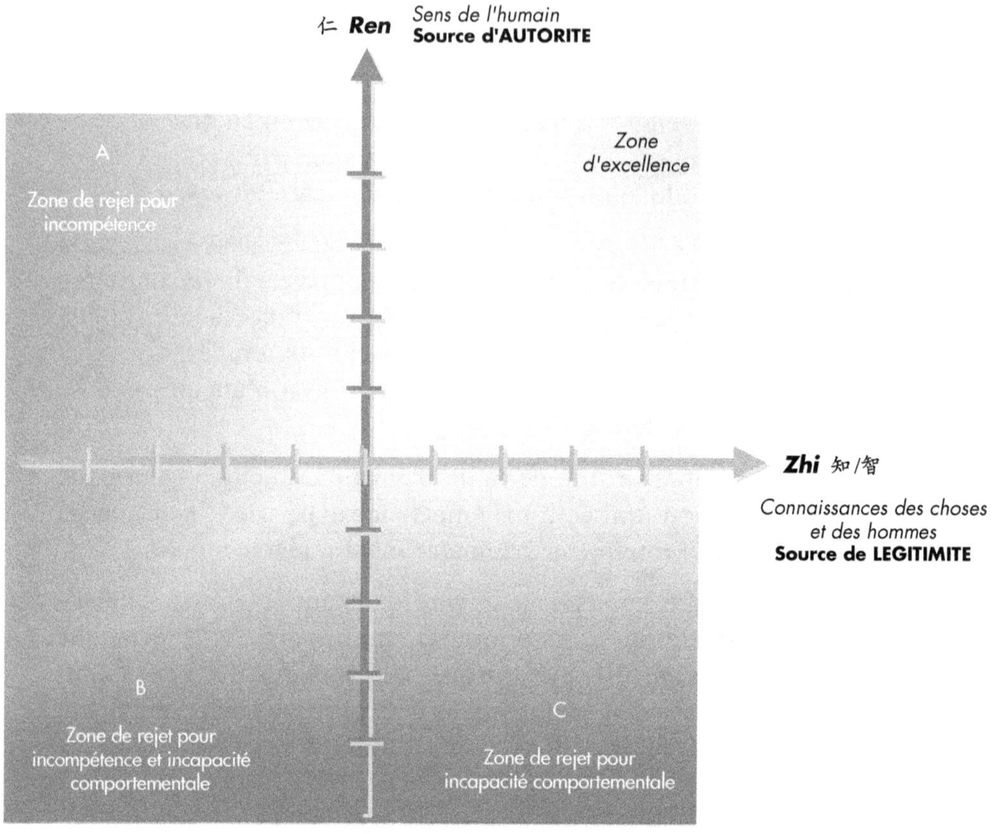

Expertise et exigence psychologique

La zone véritablement dangereuse est la zone B, conjonction de l'absence de ren et de zhi.

Sans doute, l'entreprise a-t-elle sa part de responsabilité :

– dans le cas d'une absence du *ren*, celle de la sélection à des postes à responsabilité, de profils qui vont manifestement à l'encontre de cette valeur.

– dans le cas de l'absence de *zhi*, celle d'avoir laissé se déliter la compétence.

Lors d'un entretien à propos de l'échec d'une joint-venture en Chine, nous avons recueilli ce témoignage de la part des Chinois : « Ils gesticulaient, s'énervaient, n'avaient aucune considération pour la partie chi-

168

noise. De plus, le personnel qu'ils envoyaient n'était pas au top de la technique. »

Dans les zones A et C – la zone A mettant en évidence l'incapacité technique et la zone C, l'incapacité comportementale – rien qui ne puisse être redressé facilement une fois le diagnostic effectué : on peut rejeter la candidature mais aussi recruter le candidat en lui apportant une aide au développement personnel (s'il existe une fragilité de la compétence humaine) ou une formation au niveau de l'expertise (s'il s'agit d'une fragilité technique).

Le facteur décisif se trouve dans l'impartialité du jugement et la capacité à poser un réel diagnostic, par rapport à la sensibilité de l'environnement à l'une ou l'autre des dimensions.

Dans le cas d'une entreprise à culture technique par exemple, c'est l'expertise qui rend légitime. Plus le secteur d'activité nécessite une technicité pointue, plus la sensibilité à cette dimension est forte. C'est souvent sur la base de leur expertise éprouvée que les managers sont promus. Mais devant les échecs de ceux qui, bons experts, n'ont pas su devenir de bons managers, le système de promotion fondé sur des seuls critères techniques évolue avec difficulté.

Ce qui est vrai en Occident, l'est encore plus en Chine, pays qui désire bénéficier des meilleurs experts pour réussir son développement, mais aussi territoire culturel qui privilégie la qualité de la relation humaine. Donnons l'exemple du CV de cet expert français, pourtant parfait en tous points (techniquement parlant) mais, rejeté par la partie chinoise. Le partenaire français, en fut très étonné, jusqu'à ce qu'il découvre les raisons du rejet : « incapacité comportementale ».

L'étonnement du partenaire français pouvait venir de :

– la surévaluation du facteur technique,

– la sous-estimation du facteur humain en général, et son corollaire, la difficulté à déceler une incapacité comportementale chez un expert aussi bien noté en France,

– la sous-estimation du facteur humain en Chine.

L'erreur inverse d'une surévaluation de la dimension humaine est souvent commise (zone C, rejet pour incapacité technique). Non, il ne suffit pas de parler chinois pour réussir en Chine (erreur des temps du début de l'ouverture). Non, le recrutement pour la Chine d'un Chinois d'Outre-mer qui ne connaîtrait rien au sujet, n'est pas systématiquement plus approprié que celui d'un expert français (sous réserve de ne pas être dans la zone d'incapacité comportementale).

Zhi Ren	−	+
+	**Zone de rejet pour incapacité technique** **Exemple** : - Il ne suffit pas de parler chinois pour réussir en Chine. - Un Chinois d'Outre-mer n'est pas systématiquement plus approprié qu'un expert étranger pour travailler en Chine. - La légitimité d'un non-expert s'acquiert difficilement dans une entreprise technique. *Implication sur la décision de recrutement :* Non-recrutement ou montée en puissance	**ZONE FAVORABLE** *Implication sur la décision de recrutement :* Recrutement et le cas échéant : développement personnel + perfectionnement technique en fonction du diagnostic initial
−	**Zone de rejet pour incapacité comportementale et technique** **Exemple** : Analyse de causes d'échecs des ECM sino-étrangères : « Ils gesticulaient. De plus, ils envoyaient des gens qui n'étaient pas au fait de la technique ». *Implication sur la décision de recrutement :* Non-recrutement	**Zone de rejet pour incapacité comportementale** Exemple : - Rejet de CV pour cause de comportement non adéquat. - Échec de promotion d'experts à des postes de management sur des critères uniquement techniques. *Implication sur la décision de recrutement :* Non-recrutement ou développement personnel

Expertise et sens de l'humain
Implication sur le recrutement

Sur cette difficile question de la complémentarité et de l'équilibre entre le *ren* - sens de l'humain et le *zhi* - connaissance des choses et des hommes, Confucius nous apporte son éclairage et nous laisse deviner sa hiérarchisation des priorités.

« L'homme sage aime l'eau, l'homme bon aime la montagne. L'homme qui a le savoir est actif, l'homme qui possède le sens de l'humain est pur. L'homme qui a le savoir en tire du plaisir ; l'homme qui possède le sens de l'humain vit longtemps. » [LY, 6.23]

Le savoir est eau, fluidité, activité et plaisir : celui qui sait, comprend la raison des choses et ne cesse de l'étendre à son entourage, comme l'eau suit son cours.

Le sens de l'humain est montagne, solidité, pureté, longévité. Celui qui s'attache à poser, dure et domine, comme la cime de la montage.

« Celui qui développe le sens de l'humain, l'assoit. Celui qui sait, le nourrit. » [LY, 4.2]

Si les deux sont essentiels, établir le ren dans la durée représente donc l'élément clef. Car celui qui a développé le sens de l'humain a sa plénitude, celui-là sans avoir besoin de le vouloir, suit la voie, comme l'oreille entend, l'œil voit, le pied marche. Il est dans son élément. Il n'est pas loin du souverain sage.

Celui qui connaît, nourrit le sens de l'humain. On a besoin de lui dire, de lui faire remarquer. Alors seulement, il évolue, s'amende ou consolide. Il est encore sur le chemin.[29]

« Il ne suffit pas d'avoir obtenu le pouvoir à force d'intelligence, mais de le conserver par le sens de l'humain.

Il ne suffit pas d'avoir obtenu le pouvoir à force d'intelligence, et de le conserver par le sens de l'humain, encore faut-il gouverner avec dignité. » [LY, 15.33]

---

29 Ces clarifications sont extraites de commentaires anciens des *Entretiens*. Nous retrouvons la convergence évoquée précédemment avec les travaux de Goleman et de son équipe.

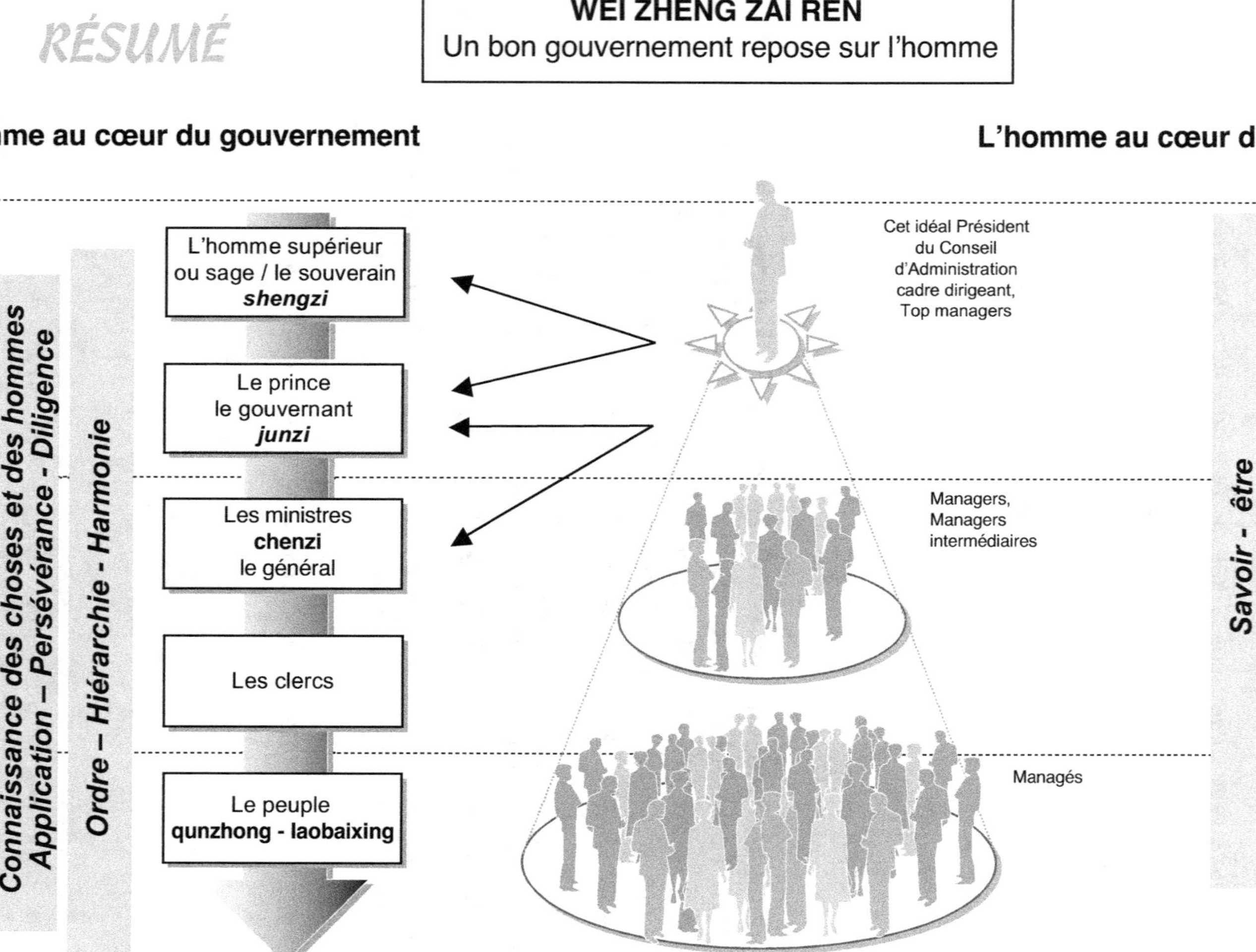

WEI ZHENG ZAI REN
Un bon gouvernement repose sur l'homme

L'homme au cœur du gouvernement

L'homme au cœur du management

Sens de l'humain
Etude et Auto-perfectionnement

Connaissance des choses et des hommes
Application – Persévérance - Diligence

Ordre – Hiérarchie - Harmonie

L'homme supérieur ou sage / le souverain
shengzi

Le prince le gouvernant
junzi

Les ministres
chenzi
le général

Les clercs

Le peuple
qunzhong - laobaixing

Cet idéal Président du Conseil d'Administration cadre dirigeant, Top managers

Managers, Managers intermédiaires

Managés

Savoir - être

Savoir-faire, compétences

Adéquation missions / fonction / comportement

© Sophie Faure

NEI SHENG WAI WANG
Souverain dans son cœur. Prince à l'extérieur

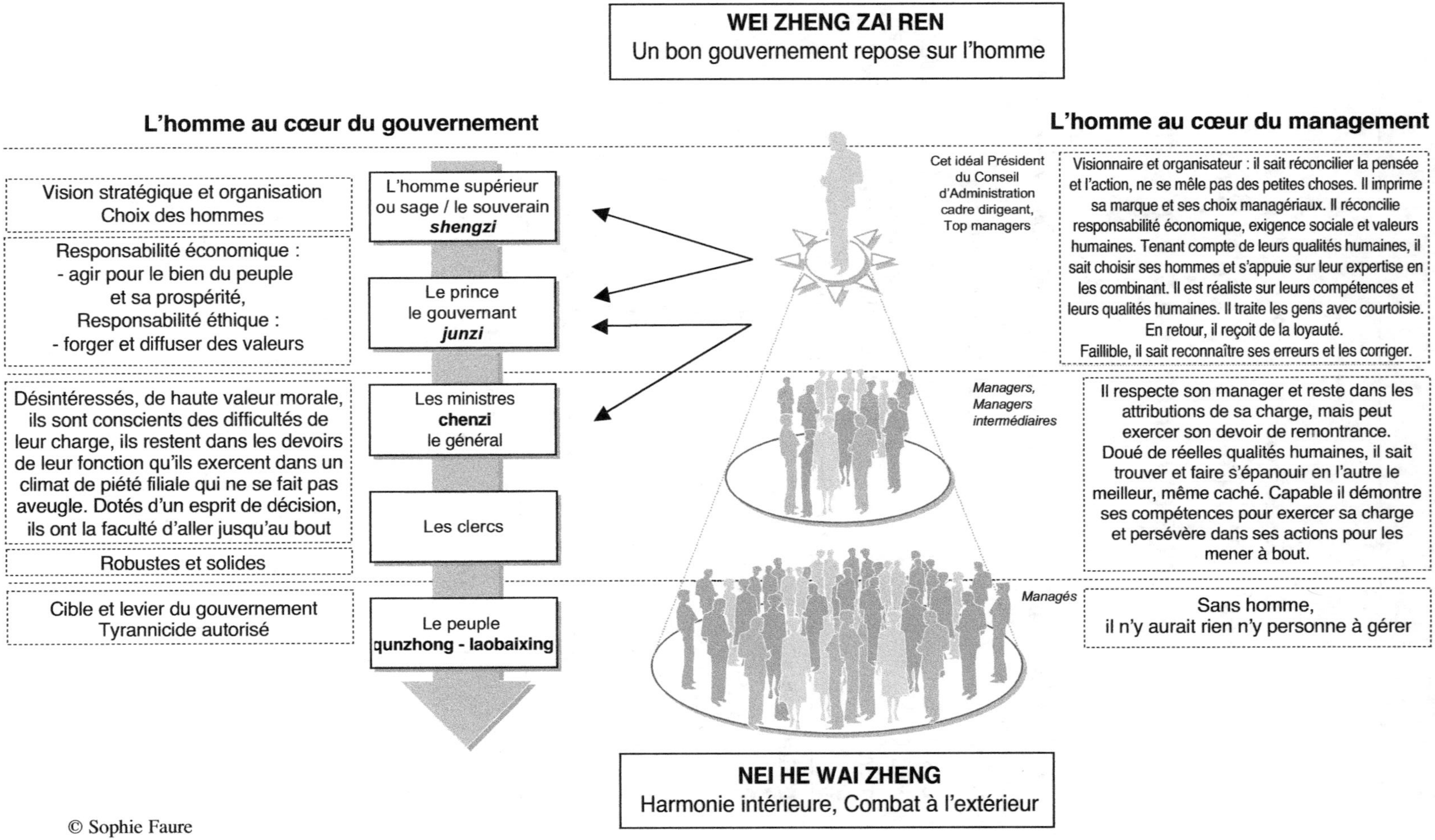

© Sophie Faure

ETRE « REN » OU NE PAS ETRE

ESPRIT DU MANAGEMENT CONFUCÉEN
et
PAUSE POUR UNE AUTO-EVALUATION (2/2)

*<u>Vous êtes tenté par **l'efficacité confucéenne**</u> qui garantit au dirigeant une adhésion naturelle et spontanée du personnel de son entreprise ainsi que l'exercice aisé de sa mission pour une entreprise gagnante ?*

Ces quelques orientations ont pour objectif de vous faciliter une auto-évaluation par rapport aux critères confucéens d'efficacité du management, et vous permettre d'avancer sur l'échelle de l'excellence humaine.

*<u>Vous êtes intéressé par **le management dans ses dimensions humaines et relationnelles**</u> ?*

Etes-vous ce dirigeant sage ou ce manager dont Confucius aurait rêvé ?

La réponse à la question est souvent négative. Le confucianisme est une bonne école d'humilité et de lucidité. Le chemin est long avant d'atteindre l'état de sérénité intérieure et de « communion extérieure » que procure le *ren* dans ses développements ultimes ; le *ren*, phénomène humain qui reste à la portée de tous, malgré les difficultés.

Ces quelques exercices doivent vous permettre d'enclencher le processus vertueux de la réussite qui commence par de petites victoires sur soi-même avant de se diffuser à l'entreprise dans son entier.

Avertissement

Ces exercices doivent être pensés en dynamique tenant compte de :

– l'extrême variabilité du concept en fonction de la personnalité de celui auquel il s'applique et des situations concernées ;

– l'évolutivité des qualités au fur et à mesure de la mise en œuvre du processus d'auto-perfectionnement. Sauf exception, personne n'est définitivement exclu de la quête de l'excellence, mais chacun peut avoir plus ou moins de chemin à parcourir, et ce avec plus ou moins de difficultés.

Ce que vous devez chercher à identifier, ce sont donc :

– une « propension à », une dynamique de l'attitude ;

– une correspondance entre la propension de vos qualités et compétences et les métiers de dirigeant ou manager.

*** * * * * * * * * ***

1. Reprenez les cinq adjectifs qui, selon vous, font l'excellence du manager.

Sont-ils en rapport avec des qualités humaines ?   oui   non

Si, oui, combien ?   ....

(Moins de 3 et vous commencez à vous éloigner dangereusement de l'esprit.)

A quels autres domaines sont reliés les autres qualificatifs cités ?

- Les compétences : elles sont également citées comme facteurs clefs de succès dans le confucianisme. Mais n'hypertrophiez-vous pas leur importance ? Vous ne devez pas les avoir inscrites en tête de liste. Le confucianisme place les experts de tous métiers dans la classe des « artisans » qu'il s'agit d'attirer. Tout dépend donc de la position dans la ligne managériale. Plus on s'élève dans la hiérarchie, plus l'élévation intérieure compte.

- La capacité à atteindre un résultat : vérifiez que cette capacité ne soit pas aveugle quant aux moyens employés.

- Le choix des hommes et l'évaluation de leurs talents et valeurs morales : êtes-vous en accord avec l'ordre des priorités : 1. Valeur morale 2. Talent ? Pourquoi ?

2. Reprenez le défaut rédhibitoire, se retrouve-t-il dans les listes ci-dessous ?

Pour le dirigeant	Pour le manager
Conscience d'enjeux sociétaux supra-entreprises	Sens de l'entreprise
Sens de la responsabilité sociale de l'entreprise (interne/externe)	Sens du respect, non aveugle Loyauté Sens de sa mission et conscience des limites de son exercice
Ethique	
Capacité à choisir les hommes	

3. Auto-évaluation

   3.1. Où vous êtes-vous positionné sur la carte des leaderships et celle de l'exigence humaine/expertise ?

   3.2. Prenez maintenant les cinq qualificatifs que vous avez inscrits pour vous.

   – Cf. Question 1.

   – Remplissez le tableau ci-après p. 177.

   3.3. **Demandez à quelques personnes de votre entourage** (de préférence celles dont vous êtes sûr qu'elles oseront vous avouer vos défauts) de bien vouloir remplir le même type de grille et de vous évaluer.

Idéogramme	Note / 20	Justification de la note et exemple	Evaluation de la difficulté à évoluer et des raisons
Ren Yi Li ….			

– **Regardez d'abord cette grille**, pointez vos principaux points forts et points faibles. Analysez les différences avec votre propre grille de lecture.

– **Retenez bien vos points forts** (que vos « petits défauts ne cachent pas vos grandes qualités ») et continuez sur ce chemin. Mais attention certaines notes très hautes ne sont pas toujours bon signe. Par exemple, un « 18 » en sévérité (*yan*) sera rarement compris comme une capacité à la sévérité éclairée. De même, pour un respect des règles (*li*), qu'il ne soit pas l'occasion d'une soumission outrancière ; ou celui de la morale (*de*), qu'elle ne fasse pas de vous le premier des « chevaliers blancs ».

– **Prenez vos points faibles** (la lucidité sur soi-même est le point de départ du processus d'auto-perfectionnement) et retenez-les bien, pour travailler sur vous-même.

	Note / 20	Justification de la note	Perfectionnement			
			Très difficile	Plutôt difficile	Plutôt facile	Facile
Ren : sens de l'humain			☐	☐	☐	☐
Yi : équité rituelle			☐	☐	☐	☐
Li : rites - respect des règles - devoir de remontrance - caractère modéré de l'attitude			☐	☐	☐	☐
De : morale			☐	☐	☐	☐
Xin : confiance - fiabilité - capacité à la confiance			☐ ☐	☐ ☐	☐ ☐	☐ ☐
Zhi : connaissance - expertise - capacité à s'entourer - capacité relationelle - équilibre expertise/humanité			☐ ☐ ☐ ☐	☐ ☐ ☐ ☐	☐ ☐ ☐ ☐	☐ ☐ ☐ ☐
Yong : courage - témérité ou non			☐	☐	☐	☐
Yan : sévérité - jusqu'où ?			☐	☐	☐	☐

	Note / 20	Justification de la note	Perfectionnement			
			Très difficile	Plutôt difficile	Plutôt facile	Facile
Ming : - vision - capacité à anticiper - clairvoyance *Du* : organisation			☐ ☐ ☐ ☐	☐ ☐ ☐ ☐	☐ ☐ ☐ ☐	☐ ☐ ☐ ☐
Cheng : authenticité			☐	☐	☐	☐
Ren : persévérance			☐	☐	☐	☐
Min : implication			☐	☐	☐	☐
Jing : attentif			☐	☐	☐	☐
Xiushen : auto-perfectionnement (/20) - lucidité (/5) - humilité (/5) - écoute (/5) - acceptation des critiques (/5)			☐ ☐ ☐ ☐	☐ ☐ ☐ ☐	☐ ☐ ☐ ☐	☐ ☐ ☐ ☐
Jiaoyang : pédagogie (/10) - adaptation aux particularités de chacun (/4) - capacité à accompagner ceux qui sont en difficulté (/3) - orientation et non contrainte (/3)			☐ ☐ ☐	☐ ☐ ☐	☐ ☐ ☐	☐ ☐ ☐

– Si tout est parfait :

- Félicitations, mais avez-vous été bien lucide ou d'une honnêteté intellectuelle incontestable ?

- Ne vous arrêtez pas en si bon chemin. Relevez le niveau de vos ambitions humaines.

– Et dans tous les cas, établissez votre programme de « diététique intérieure » :

- Identifiez les 2 ou 3 résolutions importantes que vous vous engagerez à faire durer plus longtemps qu'une rose.

- Identifiez dans quelles circonstances il vous arrive de « dévier ».

- Demandez à quelqu'un de confiance dans votre entourage de noter vos progrès ou de vous prévenir quand vous vous oubliez.

3.4. Prenez votre pire ennemi… et trouvez-lui des qualités que vous n'avez pas.

....
....

4. Questions subsidiaires spéciales « dirigeant » :

- Vous considérez-vous comme un promoteur de rêve ?

- Si vous avez eu à arbitrer entre l'homme et le résultat économique, avez-vous envisagé d'autres possibilités ? Si oui, quelles étaient les alternatives proposées ?

- Examinez la charte de valeurs de votre entreprise ? Quelles sont les valeurs mises en avant ? Quelle éthique et quelle impression de volonté véhicule-t-elle ? Est-elle exprimée en des termes très concrets dans lesquels chacun peut facilement identifier sa contribution ?

- Examinez vos orientations stratégiques : sont-elles porteuses d'un idéal ?

- Vous reconnaissez-vous dans le portrait suivant ?

« Seul dans le monde, le Sage est en mesure de posséder entendement – clairvoyance – pénétration – connaissance de façon à pouvoir exercer son influence ;

De posséder grandeur d'âme – générosité – douceur – tolérance, de façon à pouvoir faire preuve de compréhension ;

De posséder élan – force – dureté – résistance, de façon à être capable de fermeté ;

De posséder ordre – cohérence – finesse – observation, de façon à être capable de discernement.

Vaste, ample, profond, s'écoulant comme une source,

Faisant montre à chaque instant de ce qui convient ;

Vaste et ample comme le ciel,

S'écoulant en source comme du plus profond des eaux,

Dès qu'il apparaît, il n'est personne qui n'adhère,

Dès qu'il agit, il n'est personne qui n'en soit ravi. »

[Zhong Yong, 134]

5. Note aux managés :

N'oubliez pas que Confucius a posé quelques éléments non-négociables dont l'intransigeance sur :

– soi-même avec l'impératif d'authenticité intérieure ;

– le choix de son entourage ainsi « on connaît un homme aussi sur les personnes qu'il choisit de côtoyer. »

N'oubliez pas que si vous êtes en compagnie de dirigeants pervertis comme Jie et Zhou, Mencius vous conseille fortement de démissionner ou vous autorise à les renverser.

Troisième Partie

Dynamique et perversions du pouvoir confucéen

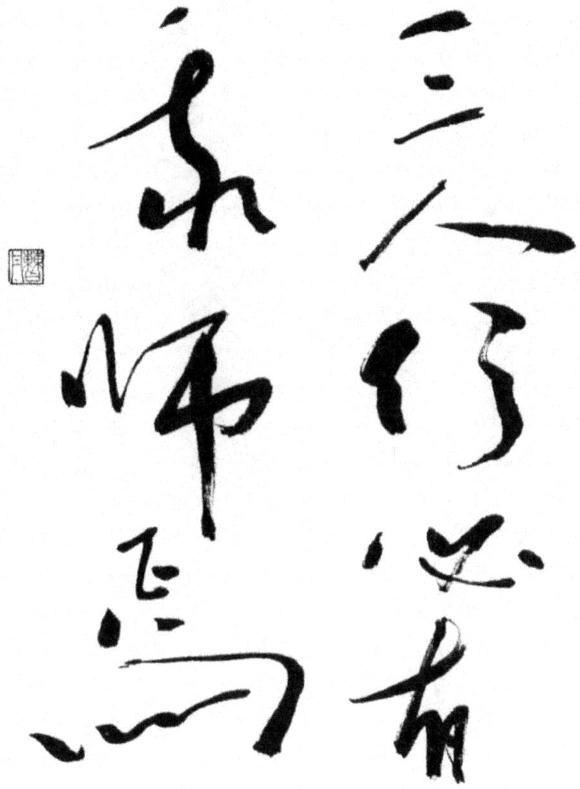

Prenez trois hommes au hasard des rues,
ils auront nécessairement quelque chose à m'enseigner.
Les qualités des uns me serviront de modèle,
les défauts de l'autre d'avertissement.

Confucius

Pour introduire la troisième partie

Dans l'introduction générale, nous avons évoqué la façon dont la Chine nous avait menée au facteur humain par le biais du confucianisme. C'est pourquoi, nous avons centré notre analyse dans les deux premières parties sur la logique et les fondements de la pensée confucéenne pour détailler les apports génériques de cette philosophie à la pensée managériale.

Pour cela, nous nous sommes référée avant tout au contenu même des textes fondateurs. Nous avons ainsi mis en évidence les points clefs qui avaient attiré notre attention en tant que manager et que nous avions réintégrés dans notre propre façon de fonctionner et d'envisager notre métier en Occident. Certes la Chine était présente en filigrane, mais ce n'était pas tant la Chine qui nous intéressait que le management. Revenir aux concepts, retrouver l'esprit et le souffle, faire émerger des principes fédérateurs de la différence, pour trouver une source de renouvellement de la pensée, tels étaient nos objectifs.

C'est au tour du facteur humain maintenant de nous ramener à la Chine.

Le point de départ de cette troisième partie sera donc la société chinoise ou plus précisément cette part de la société chinoise, encore pétrie de confucianisme et si controversée, aujourd'hui comme hier. Segalen voyait en la Chine le « pays du réel réalisé ». Or, lorsque le réel se réalise, il représente une source d'enseignements.

Nous commencerons ainsi par examiner brièvement ce réel sous l'angle de l'impact du confucianisme sur la société chinoise.

Ce chapitre est à lire de façon neutre et factuelle, en essayant de se débarrasser de toute idée préconçue, qu'elle soit favorable ou non ; étape indispensable, pour éviter que les jugements trop rapides sur le confucianisme et son éventuelle contribution à la noirceur ou à la grandeur de la nation chinoise ne viennent interférer dans les conclusions.

Ceci étant posé, il devient alors possible de mettre en évidence les points de rupture potentiels. « Gouverner, est une chose difficile », constatait

Confucius. « Soyez conscient de cette difficulté ». C'est l'une des premières règles qu'il donnait sur la nécessaire lucidité de toute personne destinée à exercer une activité politique.

Puissante dans sa simplicité, l'expression d'Anne Cheng à propos du gouvernant « Funambule toujours sur le fil du rasoir », s'applique parfaitement au manager.

Elle laisse deviner ce qu'il faut de travail, d'exercice, d'art et de technique, de force de caractère pour ne pas perdre un équilibre si fragile et pourtant si assuré. A quel moment l'idéal se transforme-t-il en un ordinaire du quotidien qui n'est plus tout à fait aussi beau ?

Elle laisse deviner le sort qui attend le funambule s'il échoue dans sa traversée.

Elle laisse deviner le rôle du fil dans l'accomplissement de sa destinée.

Nous allons regarder de plus près ce funambule évoluer sur son fil, nous détachant des textes pour examiner dans quelle mesure la mise en application de leur idéal peut parfois en pervertir l'esprit ou au contraire permettre d'en dépasser les espérances d'efficacité. Le titre de cette partie « Dynamique et perversions du pouvoir confucéen » traduit cette intention.

Perversions ? Sortir des excès d'un amour trop tentant pour un idéal fort séduisant. Nous avions entamé cette démarche dans la seconde partie, en soulignant les limites de certaines valeurs. Nous la prolongeons ici en soulignant dans la réalité chinoise quotidienne quels sont les risques essentiels et les points de vigilance majeurs.

Dynamique ? De l'excès d'amour à l'excès de désamour, il n'y a qu'un pas qu'il faut éviter de franchir.

Cela est vrai pour les Chinois, qui parfois ne retiennent de leur culture que ses défauts. « Protéger le confucianisme, c'est protéger quelque chose de laid ». Voilà une formule entendue lors d'un colloque, forte mais aussi dérangeante par son excès même.

Cela est vrai pour les Occidentaux, pour lesquels certains modes de fonctionnement de la société chinoise, notamment en matière de management, ne sont pas loin de « représenter le diable ». Mais il n'est pas finalement si diable que cela puisque les points de rupture en sont connus.

Et c'est ainsi que la Chine finit par nous ramener au facteur humain dans une boucle potentiellement sans fin, qui se devrait de progrès.

Nous attirons néanmoins l'attention sur certains éléments à garder en mémoire au cours de la lecture de cette partie.

- **Les phénomènes étudiés n'ont pas toujours une origine confucéenne**, en raison du caractère « universel » des situations ou de la sédimentation des cultures dans la Chine contemporaine. Ainsi Pye [1980] parle-t-il de léninisme confucéen lorsqu'il évoque le respect outrancier de l'autorité et l'omnipotence du pouvoir.

- **Les mêmes causes n'ont pas toujours les mêmes effets :** selon la lecture qu'on en fait, le confucianisme peut tour à tour être responsable de l'immobilisme de l'Empire ou de l'incroyable dynamisme des entrepreneurs.

- **Au moment où sont passés en revue les points négatifs, il serait dommage et erroné d'en conclure que la Chine se résume à ces défauts.** Pour s'en convaincre, il suffit de visiter certaines entreprises à la pointe de la Chine côtière, de voir le dynamisme des entrepreneurs chinois et la Chine de l'excellence humaine.

- **D'autant plus que l'hétérogénéité chinoise favorise l'émergence de situations paradoxales, en fonction des lieux et secteurs d'activité** (cf. Partie I, Ch. 1. « Les bases du confucianisme – Son nom a traversé les âges »).

- **Enfin, toute tentative de clarification d'une situation culturelle ou interculturelle porte en elle un biais.** Elle oblige en effet à simplifier, à forcer le trait, à définir des grandes catégories qui ne peuvent que figer une situation en réalité très mouvante et plus complexe. L'Occident et la Chine sont bien évidemment plus multiples que ces écrits ne le laissent transparaître.

Certains trouveront que les situations décrites pourraient se passer en d'autres temps et d'autres lieux et ne sont pas le fait de la seule Chine confucéenne.

Nous laissons à chacun le soin de reconstruire ces parallèles par rapport à sa propre expérience. Ce peut être un enseignement complémentaire sur ses propres forces et faiblesses.

L'impact sur le fonctionnement de la société

实事求是。

《汉书》

Chercher la vérité par les faits.
Le livre des Hans.

- Hiérarchie

- Clan

- Cercles concentriques

- Relations

Quatre mots ou expressions clefs permettent de mieux comprendre le monde chinois et son fonctionnement.

> **Hiérarchie**
> **Clan**
> **Cercles concentriques**
> **Relations**

Hiérarchie

Les cinq relations (supérieur-inférieur, père - fils, frère aîné - frère puîné, mari - femme, amis), que nous avons déjà évoquées sont extrêmement structurantes.

Il n'y a en effet pas d'ordre chinois autre que hiérarchique.

Assorti d'une obligation de protection bienveillante dans le sens descendant et de respect, déférence, loyauté dans le sens ascendant, cet ordre définit les responsabilités et fixe la légitimité des attentes et la nature des devoirs de tout individu, avec des limites claires à ne pas dépasser.

L'observance stricte de ces trois grandes règles dans une conception verticale du pouvoir (responsabilités, attentes et devoirs, limites) est essentielle à la conservation du groupe qui trouve ainsi son équilibre.

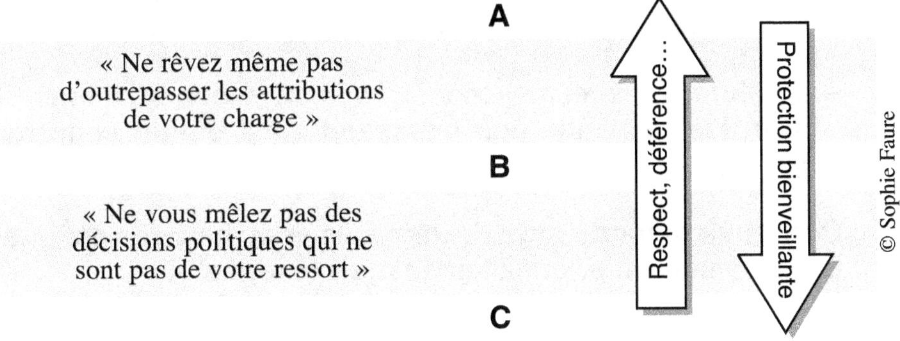

Principes de fonctionnement de la hiérarchie chinoise
Adapté des *Entretiens* [LY, 14.26]

Clan

La famille est la cellule de base de la société chinoise avec le père qui occupe une fonction centrale et rayonne sur son entourage. Elle définit pour chaque individu un référentiel d'appartenance. Les membres sont reliés entre eux par une logique particulière.

« Les membres d'un clan sont convaincus que leur intérêt propre, celui des autres membres et celui de l'organisation convergent dans le long terme. Il n'est donc pas besoin d'acheter leur coopération par des rétributions immédiates ou de les rassurer par des règles. Ils servent l'organisation avec fidélité, dévouement et implication ; ils acceptent des sacrifices pour le bien de la communauté car ils savent qu'elle les récompensera un jour. Un clan est toujours une culture forte. Parfois, il est marqué par une idéologie de « missionnaire », rassemblant ses membres autour de fortes valeurs communes. » [Ouchi et Wilkins, 1983]

Cette définition met en évidence les caractéristiques essentiellement humaines du fonctionnement interne du clan :

– le rôle clef joué par le chef de clan : souvent considéré comme un leader charismatique, il veille paternellement au bien-être de ses membres ;

– l'impératif de socialisation avec une nécessaire solidarité entre ses membres ainsi que la dépendance non à un territoire mais à un cercle de proximité initialement sanguine ;

– la nature fondamentalement coopérative des relations, sur la base d'un échange non marchand ainsi que la convergence d'intérêts, souvent sur le long terme.

Quant aux rapports avec l'externe, ils sont marqués par une certaine méfiance a priori, allant jusqu'à la fermeture.

❶ Rapport chef de clan-membres

   – Bienveillance paternelle et
     loyauté

   – Défense des intérêts

❷ Rapport membre-membre :

   – Coopération, solidarité, esprit de
     corps

❸ Rapport au clan :

   – Rapport non marchand, oubli de
     soi au profit du collectif, fidélité,
     dévouement, attente de récipro-
     cité mais l'échéance de l'échange n'est ni définie, ni à court terme.

❹ Rapport à l'extérieur :

   – Méfiance ou fermeture

Clan, coopération et échange non-marchand

Cercles concentriques

Comment passe-t-on de la famille au reste de la société ? Par élargissement progressif des frontières du clan.

Nous avons évoqué le sentiment comme autre ciment du groupe, mais un sentiment circonstancié au degré de proximité sanguine. C'est ainsi que tout Chinois est avant tout d'une famille, puis d'un district, puis d'un village, puis d'une province, puis d'une région avant d'être Chinois, tandis que le lien se relâche avec l'éloignement sanguin, pour passer de l'émotionnel à l'intérêt.

Ce lien, rien ou presque ne peut s'y substituer, à l'exception d'expériences ou de tranches de vie d'un passé commun. L'idéogramme « *tong* » qui illustre l'idée de partage, d'avoir quelque chose en commun (*gongtong*), forgé au cours des *épreuves et des preuves*, indispensable à la consolidation de la relation a une grande importance en Chine. On parle ainsi de *tongzhi* ou camarade (en politique), de *tongxue* ou camarade d'école. On retrouve ainsi, parmi les caciques du régime communiste des premiers temps de la politique d'ouverture, les vétérans, compagnons de la Longue Marche ; parmi les soutiens de Jiang Zemin, certains camarades d'école ; dans l'entourage des fondateurs d'empire (le milliardaire Li Jiacheng[1] et autres), les premiers fidèles des temps difficiles dont la loyauté est à la hauteur de la richesse de l'expérience commune.

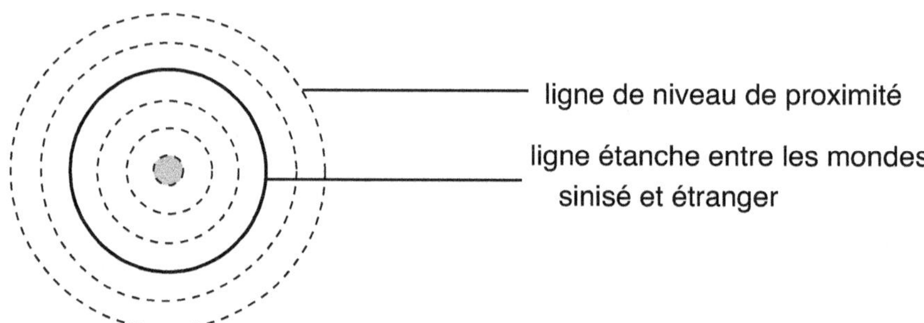

La Chine, un fonctionnement en cercles concentriques

Les cercles symbolisent l'environnement chinois. Concentriques, ils marquent la différence entre les niveaux de proximité de la relation. Ces niveaux sont importants car ils conditionnent le référentiel, le niveau de confiance a priori qu'entretiennent deux personnes ainsi que le degré de devoirs et d'obligation qui les lient.

Les lignes sont en pointillé, car ces niveaux sont perméables par transitivité des « guanxi », mot chinois devenu légendaire utilisé pour décrire les « relations ». Le flou autour de la limite entre deux niveaux en rend difficile l'appréciation.

---

1 Cf. Partie III, Ch.10

Relations

Irriguant les sphères aussi bien personnelles que professionnelles, faites de dépendance et d'influence réciproques, les relations représentent le dernier élément constitutif de la logique de fonctionnement de la société chinoise. Elles en font la force par le caractère potentiellement exponentiel de leur retour sur investissement et la possibilité de couvrir un espace très large par transitivité.

Les *guanxi* – terme chinois pour relation - doivent donc avant tout être considérées comme un capital. Mais ce capital est *hiérarchisé* selon certains principes de durabilité, de stabilité et d'obligations... à géométrie variable en fonction de :

- la nature du groupe d'appartenance (famille, ami ou simple relation), de la proximité (sanguine ou autre) au sein de ce même groupe, ainsi que de l'objectif de l'investissement dans la relation (investissement intéressé ou désintéressé ?) ;

- la nature du service initial rendu car le lien d'obligation est parfois trop faible par rapport au service demandé : « Mais je ne pouvais rien reprocher à cet officiel, ***nous n'avions que des relations de camarades de classe***. Pour quelque chose comme cela, il aurait fallu des liens plus directs » [Wank, 1996], [IChM, 92/02 : 7] ;

- l'efficacité du soutien, du résultat attendu et de son coût d'entretien.

L'investissement, initialement émotionnel, dans un lien familial ou équivalent prend ensuite des formes financières, motivées par l'intérêt et non plus le devoir, tandis que le pouvoir s'exerce de façon plus diffuse. « *Yang mao chu zai yang shen shang* 羊毛出在羊身上 », dit-on. Nous ferions bien de ne jamais oublier que la laine pousse sur le mouton...

C'est la logique très spéciale du business à la chinoise, à laquelle nous attribuons, entre autres, et avec un égal enthousiasme, le succès de la diaspora chinoise, ou les nouveaux développements des abus de pouvoir déjà coutumiers dans la Chine pré-révolutionnaire.

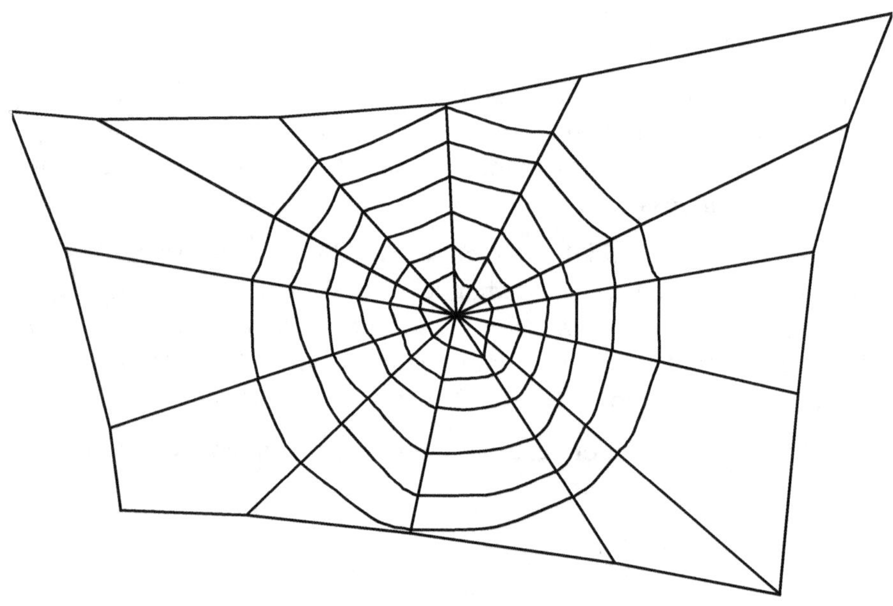

Tissu relationnel et irrigation de l'espace

Perversions de l'exercice du pouvoir confucéen

禹汤罪已，其兴也悖焉；
桀纣罪人，其亡也忽焉。

《左传》

*Quand ils avaient commis une erreur, les rois Yu et
Tang se faisaient des reproches, et c'est la raison pour laquelle
les Etats qu'ils venaient de fonder ont pris leur essor.
Dans la même situation, les rois Jie et Zhou en rejetaient
la responsabilité sur les autres ;
c'est la raison pour laquelle leurs Etats ont périclité.*

Zuochuan

- Du respect à la soumission

- Leader séducteur ou dénaturé ?

- Soif de pouvoir personnel, ploutolâtrie et abus de pouvoir

Hiérarchie, qui donne une conception verticale du pouvoir, clan, cercles concentriques et relations qui permettent au pouvoir d'irriguer l'espace…, cette logique de fonctionnement a des implications à la fois positives et négatives. Implication positive, comme ce concentré d'efficacité pour un souverain en totale harmonie avec ceux dont il a la charge. Mais, en clarifiant les différentes valeurs du confucianisme, nous avons commencé à faire ressortir les points de rupture possibles du système.

Nous allons maintenant préciser quelles sont les facettes de cette philosophie dont on aurait décidé de ne retenir que les forces centripètes, à l'origine des principales critiques dirigées contre elle.

« On y voit une situation qui n'a pas cessé en Asie : admiration pour l'intellectualité, luxe désordonné des possédants, misère et famine de tous ceux qu'un vice détruit, autorité sans frein de tous ceux qui ont la force, indépendance complète de tous ceux que la force n'atteint pas. Les impôts ne sont pas un « devoir fiscal » que l'on se glorifie d'accomplir : on les paye uniquement quand les gardes menacent de tout saisir ; et si on a la force, on lutte. » [Soulie, 1929 : 57]

Ce portrait fort peu sympathique brossé au milieu du XXème siècle, qui décrit la décadence des mœurs de l'époque de Confucius et constate son actualité, est à l'opposé de celui tracé jusque-là : l'ambivalence du personnage chinois, soulignée antérieurement, apparaît à nouveau.

Pour comprendre, il faut approfondir quelques points : difficultés de gestion des limites, glissement progressif et insidieux d'un leader bienveillant vers une manipulation du pouvoir dont il dispose ou mise en œuvre excessive de valeurs pensées différemment.

Le Confucéen :
un homme sous contrainte et sous influence
Leader dénaturé et perversion d'un pouvoir qui se personnalise :
autocratie et omnipotence
Cercles concentriques :
népotisme, factionnalisme et logique de fief
Dualisme homme-processus :
coopération difficile hors du cercle de connaissances

Explicitons chacun de ces points :

L'homme confucéen, un homme sous contrainte et sous influence

- Respect indéfectible des anciens, allégeance à la hiérarchie, droit de remontrance jamais exercé, poids de la famille et du clan : de la non-contestation à l'immobilisme.

- Culte des textes anciens : de l'enseignement à tirer du passé à l'incapacité à la créativité.

- Contrôle extérieur par les rites et intériorisé par la moralité : du respect des règles à la sclérose.

Dénaturation du pouvoir

- Rôle exacerbé du souverain : du pouvoir exercé par influence au despotisme ou à la séduction insidieuse et sournoise, de l'exercice éclairé du pouvoir au détournement à des fins personnelles.

Cercles concentriques

- Impératif de piété filiale et hiérarchisation des préférences : du respect de sa famille au détournement de l'exercice du pouvoir au profit de sa famille (népotisme), de son clan (factionnalisme) jusqu'à la rébellion face à l'autorité de l'Etat (logique de fief).

Dualisme homme-processus

- Place de l'homme, qui plus est de son cercle : de la fluidité des relations à l'incapacité à agir en monde inconnu.

Du respect à la soumission

Sens de la hiérarchie humaine, loyauté, respect des enfants, du cadet ou de la femme au père, au frère aîné, au mari au sein de la famille, déférence vis-à-vis du supérieur, *xiao di* - la piété filiale sont les ciments d'un ordre social qui contribue à la stabilité de la société chinoise, mais le glissement est aisé vers une autorité qui se décrèterait et trouverait plus sa source dans l'exercice de la contrainte et l'interdiction de la contestation que dans le déploiement d'une autorité bienveillante.

Si l'on demande à certains Chinois de s'exprimer sur cette dimension de leur culture, leur réaction trahit des sentiments extrêmement forts contre ce type de valeurs dont ils ont surtout expérimenté les excès. Leur propre expérience leur fait retenir surtout le pendant de ces valeurs : soumission pavlovienne à l'autorité, étouffement des individus par la famille, indiscrétion notoire de l'œil externe et pression sociale excessive jusqu'à l'intériorisation de la contrainte, impossibilité d'initiative... Rappelons l'expression précédemment citée : « protéger le confucianisme, c'est protéger quelque chose de laid ».

Le confucianisme, vu sous cet angle, est essentiellement une philosophie de la domination, servant le rapport dominant-dominé au seul profit du premier et au grand détriment du dernier.

Le confucianisme est en effet très ambigu lui qui enjoint d'un côté, de ne pas contester l'autorité de ses parents et de ne pas outrepasser les devoirs de sa charge, et de l'autre, de ne pas se compromettre avec un pouvoir défaillant, autorisant la remontrance au ministre, auquel il conseille la démission en cas d'échec. Or, l'art de la remontrance est difficile à maîtriser. Il suppose des bases très solides de confiance, car « sans la confiance, la remontrance pourrait être prise pour une insulte ». Et tout porte à croire, que cette partie-là, qui ouvre la porte à une saine contestation s'est perdue en traversant les âges.

« Le seigneur Meng Yi demanda en quoi consistait la piété filiale. Le maître dit : ne désobéissez jamais. » [LY, 2.5]

« Le Maître dit : quand vous servez vos parents, si vous avez des remontrances à leur faire, formulez-les de façon douce et enveloppée ; si vous voyez qu'ils ne vous écoutent pas, redoublez d'égards et ne les contredisez pas ; que votre désappointement ne tourne pas en récrimination. » [LY, 4.18]

Le père est au-dessus du fils, le fils aîné au-dessus du cadet.

Le prince est au-dessus du ministre, le ministre au-dessus du clerc, le souverain au-dessus du peuple.

Le père trône.

La mère s'oublie.

Le fils aîné se sacrifie.

La petite sœur ne peut rien faire si son frère aîné n'est pas d'accord.

L'employé exécute les ordres. Le supérieur exécute les ordres de son supérieur, qui lui-même…

Sans ordre, rien ne se fait ; tout ordre doit être suivi.

C'est donc une double lecture de la valeur qui émerge ainsi, dans deux registres différents d'exercice du pouvoir : l'un potentiellement neutre et aux vertus stabilisatrices, l'autre favorisant aveuglement réciproque et conception descendante de l'exercice de l'autorité, bien loin de l'exercice éclairé et aisé d'un pouvoir « bienveillant ».

Hiérarchie, ordre, clarté de la répartition des responsabilités	Exercice hiérarchique et autocratique d'un pouvoir personnel
Déférence	Relation Top-down
Autorité	Autorité non challengée, exécution des ordres
Respect	Atonie, soumission, obéissance aveugle
Allégeance	Manque d'initiative, de créativité, d'autonomie
	Disparition de l'individu, objet de la réalisation de buts qui lui sont extérieurs

Confucianisme et ambivalence des rapports à l'autorité

Toute valeur a en général son pendant. Quant à la culture chinoise, elle est confrontée, comme toute autre culture à la gestion difficile de limites souvent floues entre deux extrêmes. De même que la gestion d'un rapport équilibré et subtilement dosé entre le *ren* et le *yan (humanité >< sévérité)* est mal aisée, de même la gestion de l'autorité et du recours au respect pour atteindre ses résultats ne se laisse pas facilement apprivoiser.

A quel moment le respect se transforme-t-il en respect outrancier d'une autorité qui devient omnipotence ? A quel moment l'œil social et le respect des conventions mettent-ils le moteur de la soumission hors du champ de conscience ? A quel moment devient-on incapable de dire « non » quand celui qui détient le pouvoir vous ordonne de vous défénestrer ou d'appuyer sur le bouton ? A quel moment se voit-on devenir ce mouton qui sans réfléchir, ni même avoir besoin d'identifier une autorité à laquelle se référer, court se jeter dans le précipice avec le reste du troupeau ?

Les expériences menées par Milgram dans les années 50 et 60 pour étudier le phénomène de la soumission à l'autorité sont intéressantes en la matière. L'idée en est venue pour comprendre les accusés du procès de Nüremberg : tous se déclaraient non coupables. « Ils n'avaient fait qu'obéir aux ordres ».

Sous le prétexte de recherches scientifiques[1], on a donc demandé à des individus lambda (ce pourrait être vous ou moi) d'administrer à d'autres individus lambda des décharges électriques de puissance grandissante. Surprenant de constater comment, suivant les ordres d'une personne en blouse blanche incarnant l'autorité, la moitié des individus, indifférents aux supplications des « cobayes humains », ont fini l'expérience, jusqu'à les laisser pour mort. Ils leur ont ainsi infligé des décharges jusqu'à 450 volts, bien que dès 375 volts une alerte prévenait du caractère extrêmement dangereux du choc.

De plus, il y a dans la conception même de l'autorité descendante du pouvoir, un « inférieur » dont on aiderait l'esprit à s'embrumer. Il y a en effet une égale ambiguïté dans le devoir de pédagogue du souverain et dans la nature même de l'enseignement prodigué.

Nous avons ainsi :

– d'une part, un devoir de pédagogie curieusement pensé : s'il y a bien devoir, Confucius allant jusqu'à suggérer « qu'envoyer en guerre un peuple non instruit, c'est l'envoyer à sa perte » [LY, 13.30], plus on descend dans la hiérarchie, plus la relation est potentiellement tendancieuse et plus s'efface l'impératif d'un enseignement éclairant. Il y a de l'inquiétant dans sa formulation « On peut dire au peuple ce qu'il doit faire, mais on ne saurait lui en faire comprendre le pourquoi » [LY, 8, 9], bien que cette formulation n'apparaisse que dans deux paragraphes des *Entretiens*.

---

1 Il est important de noter la justification scientifique de l'expérience. La science confère d'emblée une légitimité à celui qui s'en réclame.

– d'autre part, un enseignement tout aussi curieusement envisagé. A quel moment croire Confucius ? Lorsqu'il affirme qu'« il transmet, mais n'invente rien » [LY, 7.1]. Ou quand il dit que « celui qui a qualité pour enseigner est celui qui sait extraire une vérité neuve d'un savoir ancien. » [LY, 2.4] ?

Leader séducteur ou dénaturé ?

« La vertu n'est pas solitaire. Mise en pratique, elle ne peut que susciter des voisins. » [LY, 4.25]

Nous avons clarifié la position confucéenne à propos de la bienveillance comme mode de gouvernance et son irrésistible force.

« La vertu est vent, le peuple est herbe. » [LY, 12.19]

Nous avons évoqué la pénétration de cette force particulière, invisible, non perceptible et exempte de tout calcul.

La tradition confucéenne d'un gouvernement par les hommes qui met l'accent sur l'autorité naturelle du sage, cet homme parfait qui gouverne par le simple déploiement du sens de l'humain favorise en réalité une « magnification » ou une « mythification » du leader infaillible jusqu'au culte de la personnalité, qui trouve son écho dans la croyance en la puissance du collectif.

De cette tradition, il reste un goût pour les grands hommes, que les Chinois érigent en modèles [Larre, 1981], personnalités initialement exemplaires, portées par les circonstances. Ils se dégagent des autres membres du **groupe,** qui acceptent alors de subir leur influence. Leaders, ils leur apportent une vision, un idéal, suscitent leur confiance, remportent l'adhésion. Ils incarnent à un moment donné leurs attentes et valeurs, qu'elles soient conscientes ou non.

Le leadership est ainsi cet « art qui consiste à amener des personnes à accomplir une tâche volontairement et avec enthousiasme » [Karp, 1986] ; soit « volontarisme et enthousiasme » de la part du « follower »[2],

---

2 Le terme de « leader » est couramment accepté dans la langue managériale. Pour conserver la symétrie, nous avons choisi de conserver la dénomination anglaise pour le pendant du leader, le follower.

une « influence », « dominante » du leader pour lequel on évoque cet « art » particulier d'aboutir à une direction/acceptation « naturelle ».

Or, c'est précisemment sur ce point que l'art peut dériver vers certaines perversions dans l'exercice du pouvoir : celle du leader séducteur qui utilise sa séduction à des fins plus personnelles ou du leader dénaturé qui impose plutôt que de s'imposer, force l'adhésion plutôt que de l'emporter naturellement.

C'est le leader qui permet à la puissance du collectif de s'exprimer. C'est également le leader qui le maintient dans un état de dépendance.

Et de fait, pas de leader, sans « followers » ; pas de meneur, sans suiveurs, tandis que l'observation de la scène chinoise met en lumière certains particularismes récurrents dans l'exercice du pouvoir.

Le leader séducteur ?

Son influence est telle qu'il ne peut plus être question de volontarisme... pour une fascination qui favorise la passivité et annihile la réflexion. Le danger est bien là. Il opère par séduction naturelle, mais de la séduction à l'hypnose, favorisée par un pouvoir manipulateur, le pas est aisément franchi.

Il est vrai que le temps n'est pas si loin, où la Chine était animée par des Révolutionnaires de la première heure, Vétérans de la Longue Marche, compagnons d'armes de Mao. Leur loyauté s'exprimait au travers d'une déférence, proche de la dévotion, voire de l'obéissance aveugle, celle que l'on doit à tout nouvel Empereur, fondateur de dynastie.

Lin Biao aurait dit de Mao « *Nous pouvons ne pas toujours comprendre ce que dit le Président Mao, mais nous devons toujours faire ce qu'il dit.* » [Lieberthal, 1995 : 185]

Une obéissance que l'on aide à être aveugle au travers d'un charisme autant orchestré que naturel...

Le leader dénaturé ?

Il (ab)use de son pouvoir d'attraction. De plus, disposant de tous les pouvoirs et de tous les instruments d'un pouvoir fort et coercitif, il en détourne les buts tandis que l'action de suivre ne vient plus de l'enthousiasme, ni d'une influence abusivement séductrice, mais de la peur ; fait du Prince pouvant aller jusqu'à une intériorisation de la contrainte, où l'autre en vient à réclamer et aimer cette contrainte, voire à ne plus la sentir... pour une autre forme d'acceptation « naturelle ».

Nous nous trouvons alors face à un leader dénaturé... et à un peuple d'esclaves, les deux éléments clefs de la définition du despotisme : « l'adjectif despotique qualifie le pouvoir d'un souverain dénaturé qui considère son peuple comme un ensemble d'esclaves » ; une relation de domination-soumission, pour un pouvoir dont nous retenons essentiellement l'aboutissement (le caractère déshumanisé), ainsi que le résultat, sans oublier l'habileté des moyens employés (manipulation entre séduction et répression).

« Nous nous laissons trop facilement réduire en esclavage. Et le pire c'est qu'une fois esclaves, nous en tirons une satisfaction considérable », disait Luxun [Leys, 1983 : 213].

Nous retrouvons ainsi deux des caractéristiques principales de la conquête et de l'exercice d'une forme de pouvoir de tradition chinoise :

– individualisation et personnalisation du pouvoir avec leurs effets pervers, despotisme et autoritarisme, qui trouvent leur pendant dans le besoin de modèles identificateurs ;

– répressivité de méthodes manipulatoires sur la base d'un penchant à la soumission.

Luxun, toujours aussi cynique, remarquait ainsi :

« Nos ancêtres si débiles qu'ils fussent, après avoir réfléchi quelques milliers d'années, finirent par élaborer une recette subtile pour contrôler les gens : écrasez tous ceux que vous pouvez écraser et les autres mettez-les sur un piédestal, vous pouvez également les contrôler - il n'y a qu'à leur souffler constamment à l'oreille « obéis-moi sinon je te fais dégringoler de ton perchoir. » [Luxun, in Leys, 1983 : 211]

Narcissique, le leader développe ce sentiment d'invulnérabilité et de toute-puissance, propre à celui qui se pense au centre du monde. Le pouvoir qui a toujours été au-dessus du droit n'a plus de mal à s'ériger au-dessus des lois.

Soif de pouvoir personnel, ploutolâtrie et abus de pouvoir

Il semble que cette déviation ne touche pas que le leadership, mais atteint toutes les couches de la société. Dans un système qui allie la « bureaucratie » à la dimension clanique, elle toucherait une population beaucoup plus large, se traduisant également par une utilisation abusive :

– de la marge de manœuvre, même mince qu'offre la moindre position dans la hiérarchie administrative, et de son « autonomie » en matière d'interprétation des lois. Nous avons alors à faire à de véritables petits « potentats locaux », ces mini-chefs de mini-fiefs qui règnent en maître dans leur périmètre, même restreint ;

– des possibilités que leur offre leur position : un enrichissement personnel certes mais bien au-delà en fait, puisque l'on est riche autant d'argent que de pouvoir, mais encore plus de pouvoir que d'argent ;

– des occasions lucratives de faire marcher les réseaux de relation.

Ces phénomènes (ploutolâtrie et abus de pouvoir tels que corruption et abus de bien sociaux) posent sans doute à la Chine l'un de ses problèmes de société les plus graves : ils provoquent l'exacerbation des comportements, la rupture avec des modèles stabilisateurs et l'apparition de frustrations, dues à des désirs non satisfaits d'identification à un modèle de réussite fondé sur l'apparence de la richesse (les marchands contre les lettrés).

De plus, lorsque marchands et bureaucrates s'allient pour s'enrichir au détriment des fonds publics, développant arrogance et ventres ronds, tandis que d'autres croulent sous les taxes diverses, les frustrations générées peuvent déboucher sur des troubles et une agitation sociale grave dont les journaux se font souvent l'écho et qui font craindre pour la stabilité de la Chine.

Han Feizi disait déjà :

« Ceux qui portent de longues manches excellent à danser, ceux qui possèdent beaucoup d'argent excellent à faire du commerce. Cela veut dire que ceux qui ont beaucoup d'appuis sont aptes à faire bien des choses. »

Or, c'est bien à ce double phénomène d'alliance entre le pouvoir du rang et celui de la fortune que la Chine se trouve aujourd'hui confrontée.

Nous retrouvons là les différents ingrédients qui justifient une des caractérisations centripètes de la culture chinoise qui favorise une forme de contrôle social et s'expriment au travers :

– d'une quête de l'harmonie (*he*) dont les excès peuvent conduire à un besoin prononcé de conformité ;

– d'un rapport maître-élève, où les enseignements du premier ne sont jamais contestés par le second ;

– d'une omnipotence de l'autorité transmise de génération en génération par l'impératif de piété filiale, l'obéissance absolue aux aînés, la déférence à l'autorité selon les cinq relations.

Ce contrôle est alors intériorisé de façon :

– formelle et visible par l'instauration de règles sociales strictes, ces Rites (*li*) confucéens qui régulent la vie en société[3], dont le respect est d'autant plus nécessaire qu'il en garantit la reconnaissance par le groupe d'appartenance. Levi parle de « byzantinisme protocolaire ». Le formalisme qui en découle est en effet souvent jugé comme excessif. Tout est codifié tandis que les rites finissent par ne plus rien avoir avec une quelconque intériorisation de la conscience d'un nécessaire ordre social ;

– informelle et invisible, par la survivance de la morale confucéenne. La nature du contrôle exercé est souvent d'ordre psychologique, à la fois par les modalités de l'exercice du contrôle (pression insidieuse et détournée, sorte de « guerre d'usure » pour laquelle le vaincu est désigné d'avance) et par le caractère presque inéluctable du processus d'intériorisation du contrôle. En effet, il est assuré, certes, par le besoin de conformité et la crainte de l'exclusion, mais surtout par un lent processus (comparable au processus de transformation culturelle) qui met ce besoin de conformité en dehors du champ de conscience. L'œil social est un phénomène « terrible » en Chine.

---

3 Il n'est en effet pas donné à tout un chacun d'être un Yao ou un Shun. L'instauration et la préservation d'une société harmonieuse nécessitent donc une forme de contrôle social extériorisé nommée « Rite ».

Manager-managé, un vécu parfois difficile

Les situations que nous venons de décrire pour lesquelles le fil du funambule se transforme en fil du rasoir, trouvent leur pendant en entreprise :

Manque d'initiative, d'autonomie et de créativité

Abus de pouvoir et résurgence du féodalisme d'entreprise

– Chef omniprésent, développant arrogance et ventre rond

– Soif de pouvoir personnel et abus de pouvoir

– Maintien sous tutelle des ressources (humaines)

Manque d'initiative, manque de créativité, respect outrancier de la hiérarchie du côté de l'employé… manque d'autonomie et/ou apathie font donc partie du panorama de la vie des entreprises chinoises, ce constat visant d'ailleurs autant le manager que le managé.

N'obéissez plus suggère ce livre [Albert & Nguyen Nhon, 2001]. *Savoir et oser dire non* recommande cet autre [Famery, 2001]. *First, break all the rules* (*shouxian, dapo yiqie changgui*), ce best-seller américain traduit en chinois en 2002 devrait avoir le même destin que l'original.

Toutes ces injonctions vont dans le même sens et sont encore loin d'être suivies[4]. Soulignons-en néanmoins toutes les ambiguïtés et modulations chinoises.

En effet, si certains se montrent vraiment capables de briser les règles, ce sont bien les Chinois, à voir la façon dont sont sinisés les emprunts (adaptation du marxisme, socialisme aux caractéristiques chinoises, orchestration de la politique d'ouverture…). De plus, dans l'ambivalence chinoise, une règle serait faite pour être contournée dès que celui qui la contourne

---

4 Les doutes sont tels qu'un article titre « It's true. Asians can't think. Until it abandons its twisted Confucianism, the region will trail the West » [Shaw, 1999] … en réponse à cet autre interrogation « Can Asians think ? » [Mahbubani, 1998]

est hors du champ visuel et sensoriel de la société. Nous avons suggéré les différences culturelles en Chine même. « Pas vu, pas pris… » pourrait-on dire. Une blague circule au Fujian sur les différences de rapport à l'autorité. Le Guangdong détiendrait la palme de l'irrévérence en la matière. « A Canton, quand ils voient un feu vert, ils passent très rapidement ; nous, nous passons lentement. Quand ils voient un feu rouge, ils le contournent ; nous, nous battons en retraite. Quand ils ne voient pas de feu, ils se dépêchent d'avancer ; nous, nous n'osons pas avancer. »

Nous pourrions également souligner l'attitude des gouvernements provinciaux, qui savent se faire compensateurs des conditions objectives, prenant parfois de la distance avec les orientations du gouvernement central, les interprétant à leur façon. Ainsi de certaines taxes, considérées comme des freins au développement local, dont le gouvernement provincial décide d'exempter les entreprises, ce qui aboutit à des situations de tensions avec Pékin.

Mais lorsque l'on parle de briser les règles, de quelles règles s'agit-il exactement ? Le débat né à propos de la traduction du mot *rules* illustre bien la spécificité chinoise de la question.

« *Changui* » ou « *guize* » ? *Changui* signifie « conventions sociales », mais aussi routine tandis que « règles, règlements » sont à mettre en relation avec l'entreprise [ZGJYB, 01.07.2002]. Il s'agit ainsi d'être en mesure de résister autant à l'œil social qu'à des rites sclérosants. Il semble qu'il soit plus facile de briser les règles d'entreprise que les conventions sociales, si prégnantes dans ce pays. Mais, quelles que soient les nuances, passivité et soumission face à l'autorité ainsi que leur conséquence, l'insuffisante créativité, restent parmi les premières préoccupations des DRH locaux.

Elles sont constatées dans les ECM sino-étrangères, tandis que les orientations des plans de formation s'efforcent de trouver des solutions pour permettre de les dépasser[5].

---

5 Pour les Chinois, un objectif de développement de l'initiative, de l'autonomie, une indépendance par rapport au chef, ainsi que se sentir aussi à l'aise dans un environnement non connu (hors de son cercle).

Exemple : Le marché du livre et de la formation

Le marché du livre et celui de la formation représentent deux bons indicateurs de tendance.

Dans les librairies, si les livres de management occidental ont fait leur apparition depuis quelques années, les rayons de développement personnel, « d'extériorisation de son moi » à la rubrique « psychologie » (xinli xue) ou, littéralement, « management de la nature humaine » (renxing guanli) occupent une bonne place.

Les sociétés de formation ont, quant à elles, trouvé là un marché porteur, au niveau des objectifs et des méthodes, qui font appel aux ressorts les plus profonds de la personnalité.

Dans l'apprentissage de la langue anglaise par exemple, une entreprise fait recette avec une méthodologie particulière : elle en scénarise l'apprentissage avec fond musical décapant dans des « grand-messes », incite à crier, plutôt qu'à parler l'anglais pour libérer l'apprenant non seulement vis-à-vis de la langue, mais aussi vis-à-vis de lui-même et de ses blocages éventuels dans son rapport à soi et aux autres. Forte de son succès, cette entreprise est en train d'élargir son approche pédagogique à d'autres domaines.

Mais les excès en la matière ne sont pas loin de rappeler le « scandale des sectes ». Une autre société a fait l'objet, l'été 2002, d'une saga journalistique[6] et d'une attaque en règle du Yangcheng Wanbao, quotidien cantonnais. Cette société dont le journaliste s'étonne des prix pratiqués (17000 Rmb la session hors frais hôtelier, pour un prix moyen de journée de 1700 Rmb, ce qui représente la fourchette très haute), aux filiales implantées dans tout le Guangdong, est active dans le développement personnel. L'objet de la formation ? « Détruire son moi pour mieux le reconstruire, se libérer, développer l'individu ». Quant à l'approche pédagogique, qui n'est pas toujours clarifiée ni dans les documents de l'entreprise, ni avant le démarrage des sessions, elle relève de l'auto-suggestion et de l'hypnose. Les débats, virulents, sont ouverts. « Cette entreprise et ses méthodes sont nuisibles à la morale », « présentent un risque pour la société » commentent les journaux.

---

6 Environ un article par jour à la Une pendant plusieurs jours. Cf. [YCWB, 29.06 au 02.07.2002].

Mais il n'y a pas de follower sans leader, la figure du « petit tyran » qui ne s'ignore pas toujours, se trouve aisément. « *Ban jun ru ban hu* », on retrouve le tigre, symbole peu valorisé du pouvoir coercitif, dans cette expression qui signifie « être en compagnie d'un Prince revient à être un compagnie d'un tigre ».

Le tigre en entreprise a, quant à lui, plusieurs figures ; la figure de celui qui :

– est toujours en recherche de pouvoir pour soi, vise toujours plus haut, atteint de folie des grandeurs ;

– ne supporte aucune contestation de ces décisions, isolé au sommet pour toutes les décisions, des plus simples aux plus importantes, personnage central par qui tout doit passer ;

– entretient une relation de domination/soumission avec ses employés, allant jusqu'à se penser au-dessus des lois.

Certaines expressions chinoises illustrent bien le premier point et les types de comportement qui constituent des freins à la croissance des entreprises. Ainsi de : « en Chine, tout le monde veut être chef » (*ren ren dou xiang dang laoban*) ; « on regarde toujours vers le haut, on méprise vers le bas » (*kan zhu xiang jia, fang zhu xia jia*) ; « il vaut mieux être devant la poule, que derrière le bœuf » (*ning wei ji shou, bu wei niu hou*). Les capitaines d'industrie sont craints, et pas toujours dans le sens d'une sévérité éclairée. Le surnom de « tigre » rappelle à chacun les limites à ne pas franchir.

Pour le second point, nous pouvons citer deux phénomènes symptomatiques. Il y a d'une part encore peu de sociétés de consultants à part quelques grands cabinets internationaux sur les thèmes de la stratégie[7]. Les top managers ne ressentent pas le besoin, ou ne sont pas prêts à laisser quelqu'un d'autre penser sur le devenir de l'entreprise, comme le remarquait un diplômé de MBA qui avait envie de créer sa propre société. En outre, la tactique, pour des entreprises « caméléon », capables de s'adapter très rapidement à toutes les circonstances, correspond plus à la conception chinoise de l'efficacité que la stratégie elle-même. Un autre

---

7 En général, les sociétés de ce type sont plutôt sur les études de marché.

Chinois nous livrait un jour cette réflexion « Trop sûrs d'eux-mêmes, pour savoir se remettre en question ».

L'autre phénomène tient à la capacité d'acceptation de la phase d'analyse des forces et des faiblesses du processus stratégique lui-même. Et si l'on considère les côtés parfois outrancièrement conservateurs de cette culture, on comprend la difficulté à passer outre le « politiquement correct » sur les faiblesses d'une entreprise, et le caractère parfaitement adapté de la « stratégie inversée du sandwich[8] ».

Quant à la relation domination-soumission entre managers et managés, son émergence ou sa survivance est favorisée par la conjonction de deux tendances : le dévoiement de l'exercice du pouvoir accentué par un paternalisme proche du féodalisme, et la rare application d'une législation sociale, souvent encore en cours d'élaboration. Cela donne l'impression d'être revenu aux rapports sociaux des premiers temps de la révolution industrielle avec un patron tout puissant et des ressources corvéables à merci.

Pour l'orchestration du charisme, rien ne manque, grosse voiture, fenêtres noires, airs supérieurs, arrogance et débauches de signes extérieurs de pouvoir et de réussite, tout est conçu pour tracer une frontière définitive entre deux mondes, donnant l'idée de cette sacralité terrestre de celui qui est au-dessus. Le pouvoir se personnalise et le système se totalitarise. Si le vocabulaire est un peu fort, nous entrons bien dans cette spirale.

A propos du *yan* (sévérité), nous avions déjà pointé le doigt sur des règlements intérieurs qui pouvaient nous faire « bondir » avec leurs retraits sur salaire ou licenciements pour avoir mangé sur les lieux de travail. Dans la bouche d'un dirigeant, nous avons entendu l'expression « mushroom management » que nous n'osons pas traduire[9], et qui laisse un goût amer.

Dans la même veine, étonnant ce courrier des lecteurs qui interroge le juriste d'un journal sur son cas personnel : « Je travaille 15 heures par jour. Je n'arrive pas à me réserver une seule journée de repos. Il m'est arrivé d'avoir une semaine de 97 heures, sans paiement d'heure supplémentaire. Y a-t-il une loi qui puisse obliger mon employeur à me payer des heures supplémentaires ? [GDLDBZ, 13.06.2002]

---

8 La stratégie du sandwich consiste en général à enrober les critiques entre deux tranches d'appréciation positive.
9 « You put them in the dark, every morning you shit on them, when one is getting off, you cut if off. » Quant au droit social, il est encore à construire.

Un autre article se fait l'écho d'un licenciement abusif pour des raisons surprenantes : à l'occasion de la Fête des Femmes, dans une entreprise du Guangdong, tout le personnel féminin se voit offrir un bouquet de fleurs. Mais une des jeunes femmes, « absorbée par son travail, réserva un accueil assez froid à cette initiative. Elle accepta le présent, dit merci du bout des lèvres et s'en retourna à son ordinateur immédiatement. » Le lendemain, elle avait perdu son travail, pour avoir fait perdre la face à son interlocuteur, qui n'était autre que le PDG de l'entreprise. « La face est-elle supérieure à la loi ? » est le titre de l'encart qui accompagne l'article. La justice a tranché. « *Bu zunzhong lingdao bu neng cheng wei kaichu liyou* », « ne pas marquer de respect[10] à son hiérarchique ne peut être une cause de licenciement ». La personne a été réintégrée, mais ne restera sans doute pas très longtemps dans cette entreprise.

Ces exemples, qui illustrent la question chinoise, peuvent servir de point de départ à une réflexion sur le mode gestion de nos propres relations au travail.

En effet, même si l'on peut pointer du doigt ces pratiques dans la Chine contemporaine, partout la frontière est mince entre une pression exercée volontairement pour dynamiser un résultat et un management exercé par la pression sous la tension du quotidien, sans doute efficace sur le court terme, mais qui enclenche cette peu glorieuse spirale du dévoiement du pouvoir.

La question devient d'actualité, alors que l'écart se creuse entre la théorie et certaines pratiques, et que le sujet est évoqué avec récurrence dans la presse économique et managériale, autour du thème du mal-être au travail.

La lecture ou relecture de classiques de management ou d'ouvrages généraux est utile pour approfondir le sujet. En effet, l'apport de théoriciens qui ont analysé en profondeur les mécanismes de fonctionnement et les points de rupture du rapport de l'individu au pouvoir ne peut que nous aider à mieux en éviter les écueils.

Nous avons déjà cité les études de **Milgram** sur le processus d'exercice et d'acceptation de l'autorité.

---

10 « *Zunzhong* » ou « respecter » est un terme confucéen par excellence encore très souvent employé aujourd'hui. Le non-respect de l'autre apparaît souvent dans les dissensions internes. « *Ni bu zunzhong wo* », « vous ne me respectez pas », est une critique grave.

Un détour par les lectures

Nous pourrions citer également l'analyse du Phénomène bureaucratique par **Crozier**.

Regardons aussi du coté de **La Boétie et de sa « servitude volontaire »**, de **Max Weber**, dont on sait qu'il n'était pas un grand ami de la Chine confucéenne, et qui s'intéresse au fondement de la légitimité dont la légitimité charismatique comme « fondée sur un dévouement hors du quotidien et justifiée par le caractère sacré ou la force héroïque d'une personne ou de l'ordre révélé ou créé par elle ».

Foucault dans Surveiller et punir [1975] dissèque le processus d'intériorisation de la contrainte, présentant de façon très claire les présupposés d'efficacité de la prison de Bentham.

L'habitus de Bourdieu nous familiarise avec un type de conditionnement insidieux.

Hannah Arendt analyse l'idée de domination comme indissociable de l'exercice du pouvoir. « Le problème politique essentiel est, et a toujours été, de savoir qui domine et qui est dominé. Pouvoir, puissance, force, autorité, violence : ce ne sont là que des mots indicateurs des moyens que l'homme utilise afin de dominer l'homme ; on les tient pour synonyme alors qu'ils ont la même fonction », disait Hannah Arendt d'un pouvoir, moyen au service d'une cause, pensé en termes de domination. Rappelons-nous le sens de dominus, en latin le « maître » de la maison. [Arendt, 1972 & 1972a]

Quant à la psychanalyse, elle s'est intéressée au pouvoir d'influence, mettant en scène des rapports d'origine pulsionnelle. Au-delà de Freud (fantasme du maître tout puissant et idée du grand homme), il en est ainsi d'Adler (sentiments d'infériorité et surcompensation), de Reich (ses études sur l'Autorité l'amènent à penser le pouvoir en termes de soumission, résultant d'un besoin d'identification narcissique, de la peur de la liberté, trait psychologique dominant des masses) ou de Fromm (soumission et reproduction des dépendances de l'enfance, enracinées dans un conditionnement social).

Un petit clin d'œil enfin à Amélie Nothomb pour sa description goûteuse dans Stupeur et tremblements [1999] d'un rapport à l'autorité particulier dans une entreprise japonaise à la fin des années 1990. Ce n'est certes pas la Chine et cela ne lui ressemble pas tout à fait. Mais nous retrouvons quelques traits de caractère communs. Jeune embauchée, elle découvre la raideur de l'autorité descendante. Alors qu'elle n'était déjà pas très haut placée dans la hiérarchie et supposée servir d'interprète, elle se trouve progressivement dégradée au rang d'inspectrice, nettoyeuse des toilettes, et changeuse de rouleaux des toilettes homme et femme du seul 44ème étage.

Savoureuse la cohésion de la hiérarchie pour ne pas désavouer un chef qui manifestement peut rentrer dans le box office du harcèlement moral ; difficilement imaginable la sclérose des rites ; intéressantes, les formes détournées que peut prendre la désapprobation quand la révolte signifierait l'arrêt de mort de son auteur ; éducative, la façon dont le jeu de la soumission ou cette capacité à être lisse, comme l'eau coule sur la pierre, à ne donner prise à rien, peut énerver le « tortionnaire » sans qu'il puisse vous en faire le reproche et forcer l'admiration des autres.

Nous trouverons ci-dessous quelques extraits qui feront mieux comprendre la perversité de certaines situations :

Entre Fubiki, la responsable et Amélie Nothomb, le temps n'est pas au beau fixe ...

1. « Votre intelligence a besoin d'être sollicitée, que c'est excentrique. »

2. « Et aggraver votre cas comme vous le faites, vous trouvez que c'est une preuve de maturité ? Je suis votre supérieure. »

3. « Elle m'en voulait tant de ne pas avoir démissionné que tous les prétextes lui étaient bons de venir me narguer. »

4. « J'ai reçu des ordres à votre sujet. Essayez quand même, au moins faites semblant. »

5. « Je pourrais en parler au Président M. Haneda. Quel genre d'hommes est-il ?

– Monsieur Haneda est un homme remarquable. Il est très intelligent et très bon, hélas, il est hors de question que vous alliez vous plaindre à lui.

Elle avait raison et je le savais. Il eut été inconcevable, en amont, de sauter même un seul échelon hiérarchique – a fortiori d'en sauter autant. »

C'est à Fubuki de subir à son tour les foudres de son supérieur hiérarchique dans une diatribe publique. Personne ne bronche.

6. « Par bonheur je ne fus pas assez stupide pour me laisser aller à ce qui, en pareille circonstance eut été de l'ordre du réflexe : intervenir. Nul doute que cela eût aggravé le sort de l'immolée, sans parler du mien. Cependant il me serait impossible de prétendre être fière de ma sage abstention. L'honneur consiste le plus souvent à être idiot. Et ne vaut-il pas mieux se conduire comme un imbécile que se déshonorer ? Encore aujourd'hui, je rougis d'avoir préféré l'intelligence à la décence. Quelqu'un eut dû s'interposer, et puisqu'il n'y avait aucune chance pour qu'un autre s'y risquât, c'est moi qui eusse dû me sacrifier. Certes ma supérieure ne me l'aurait jamais pardonné, mais elle aurait eu tort : le pire n'était-il pas d'assister sans broncher à ce spectacle dégradant – le pire ne résidait-il pas dans notre soumission absolue à l'autorité ? »

Ou comment résister à l'autorité et manifester sa désapprobation, tout en respectant l'ordre.

7. « Il apparut qu'une fois encore M. Tenshi avait trouvé la solution noble, sa manière à lui de manifester sa désapprobation quant à mon sort était de boycotter les commodités du quarante-quatrième étage. [...] Je compris très vite qu'il avait prêché la bonne parole autour de lui ; bientôt aucun membre de sa section ne fréquenta plus mon antre. »

8. « En vérité, depuis ma nomination, aller aux toilettes de l'entreprise était devenu un acte politique. L'homme qui fréquentait encore les toilettes du quarante-quatrième étage signifiait : « Ma soumission à l'autorité est absolue ». [...] Celui qui refusait d'y aller exprimait cette opinion : « Respecter mes supérieurs ne m'empêche pas de conserver mon esprit critique vis-à-vis de cette décision ». [...] Jamais lieux d'aisances ne furent le théâtre d'un débat idéologique aussi essentiel. » [Nothomb, 1999]

Dedans / dehors : des critères forts de différenciation

Ziji ren/wai ren 自己人/外人 : les hommes à soi, les hommes extérieurs

Nei wai you bie 内外有别 : intérieur/extérieur, une différence

Nous avons précisé la nature de l'organisation de l'espace relationnel chinois, par cercles concentriques (le premier des cercles étant la famille et assimilés, les cercles s'élargissant pour finir par couvrir potentiellement tout l'espace) et réseaux (forme plus diffuse du phénomène précédent).

Les deux expressions ci-dessus sont l'illustration effective d'une différenciation fondamentale *je suis dedans ou je ne le suis pas* (dans le clan ou non, **dans le cercle ou non, dans le réseau ou non),** avec des nuances, malgré tout, en fonction de ma proximité ou de mon éloignement de l'épicentre et quelques difficultés de gestion à la frontière quant à l'identification de mon appartenance ou non au cercle, ainsi qu'à celle de mon interlocuteur.

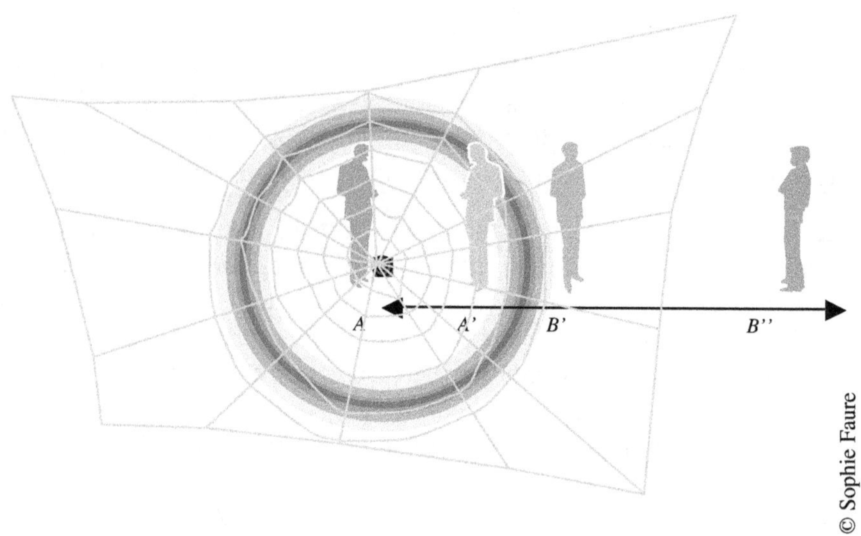

Un mode de fonctionnement par inclusion/exclusion

Il y a eux et moi, moi et eux. A moi alors les avantages et les inconvénients de la situation, inhérents à tout fonctionnement de ce type. Inclusion – exclusion… et ceci est applicable aussi bien à l'étranger qu'au Chinois, tandis qu'en fonction du niveau de proximité dans la relation, les droits et les devoirs sont de nature et degré différents.

La position en Occident vis-à-vis de ce type de fonctionnement est ambiguë. Nous sommes en effet très tentés par la puissance de l'approche relationnelle. La maîtrise démontrée par les Chinois dans l'art des « guanxi » nous impressionne et les littératures fleuve sur le sujet en font l'un des poncifs les plus couramment rencontrés (avec la face). Malgré cela, pratiquement aucun ouvrage sur les réseaux n'extrapole la situation chinoise, ou n'analyse les conditions et les risques de leur puissance pour en tirer des enseignements.

Cette démarche serait intéressante, non en raison de son exotisme, mais parce que la culture chinoise en a totalement intériorisé le fonctionnement et peaufiné l'art et les techniques jusque dans les moindres détails.

Néanmoins, mis à part cet aspect que nous n'utilisons sans doute pas autant que nous le pourrions, nous avons plutôt tendance à vilipender les défauts du système, en l'occurrence tout ce que les notions de *réseaux de pouvoir*, de *clan*, d'*affect* et d'*homme à soi* peuvent véhiculer de sulfureux et/ou de présupposé d'inefficacité. Nous rentrons également avec ce sujet au cœur du débat sur les dualités homme-processus, affectivité-rationalité, que nous n'avons pas totalement résolues, vivant ces dualités, malgré les apparences, plus dans l'opposition que dans la composition.

Notre objectif n'est pas de traiter de cette problématique dans son entier, mais, d'utiliser le phénomène chinois pour avancer dans la compréhension des difficultés posées par le caractère inclusif/exclusif d'un fonctionnement par cercle d'appartenance qui parfois se transforme en clan.

Renforcement de la relation domination-soumission

– Poids du leader, ressources humaines sous tutelle

Arbitrage en faveur de la famille

– Népotisme et favoritisme

– Pouvoir réservé au cercle

– Référentiel de loyauté différent de l'entreprise

Rapport à l'extérieur, fermeture

– Préservation du groupe et factionnalisme

– Intégration difficile d'éléments extérieurs

– Coopération difficile avec l'extérieur

Evaluation réciproque difficile de l'appartenance ou non

– Frontière floue, réseau imbrications, grille de lecture

– L'étranger par définition « extérieur à »

Référentiel et modes de management

La famille est la cellule fondatrice de la société chinoise, s'illustrant jusque dans la structure du capital, s'il n'est pas d'Etat :

– soit par l'importance des *getihu*, micro-entreprises d'une ou quelques personnes qui emploient presque exclusivement la famille. Quand vous déambulez dans les rues, tout le commerce de détail est constitué par ces échoppes, au commerce florissant. En général, ce sont 20 m^2 donnant sur la rue, un local avec un faux plafond et la famille qui loge au-dessus.

– soit par l'importance des entreprises familiales (*jiazu qiye*) dans le tissu d'entreprises de taille conséquente.

C'est vis-à-vis de ces dernières et de leurs pratiques, dont nous supposons qu'elles sont à l'origine des difficultés de ces entreprises, que les critiques sont les plus vives :

– sur-représentation de la famille au sein du personnel, que l'entreprise nourrit, parfois abondamment (dans le double sens de nombre de personnes concernées et d'abondance de la nourriture fournie) ;

– relâchement du lien recrutement-compétences, souvent associé dans notre esprit à l'embauche de progénitures qui ne sont pas à la hauteur ;

– tensions intestines au sein des familles débordant sur l'entreprise ;

– concentration du pouvoir dans les mains des membres de la famille et découragement de ceux qui sont en dehors : postes réservés, poids mineurs dans les décisions, peu d'espoir de développement de carrière ;

– gestion de la croissance et difficultés d'intégration d'éléments nouveaux ;

– place prépondérante du fondateur et effondrement de l'entreprise à son retrait des affaires, puis gestion difficile de la succession (cf. critiques 2 & 3).

Ceci n'a rien de bien chinois. Ce sont les reproches essentiels que l'on ferait à toute préférence aveugle et excessive.

Ce qui est plus chinois, c'est l'importance accordée au groupe de référence dans la morale, dimension que l'on retrouve aussi, à un moindre degré dans les cultures latines. Quelles sont en effet les implications profondes d'une sentence aussi peu neutre que « le fils respecte le père ; le père protège le fils » ou l'application stricte du devoir familial ?

C'est le poids du capital familial dans le tissu économique, dans un pays où chacun est en train de retrouver cet esprit entrepreneurial qui a valu aux Chinois d'Outre-mer leur réputation.

C'est la place des « enfants de » dans les grands groupes industriels émergents, dont la puissance initiale provient, entre autres, de l'origine de ses dirigeants, en général membres ou proches de cadres politiques influents. La hiérarchie du pouvoir s'allie à celle de la fortune pour un renforcement réciproque. C'est le cas du groupe Huaneng qui comptait encore, parmi ses vice-présidents en octobre 2002 Li Xiao Peng, fils de Li Peng. [Bobin, 2002]

C'est également la référence à un mode de management préférentiel, quel que soit le stade de développement des entreprises et qu'elles ont du mal à dépasser. Les grands groupes de Chinois d'Outre-mer sont ainsi constitués en holding, avec le capital concentré dans les mains d'une famille, un organigramme en forme d'étoile de mer, avec autour du fondateur, les combattants de la première heure qui ont fait leurs preuves. Il y a de l'éthique du quotidien et du courage dans la formulation confucéenne « Il ne congédie pas ceux qui l'ont servi longtemps » [LY, 18.10], sans oublier la confiance en ceux qui ont démontré leur capacité à relever les défis et leur loyauté indéfectible.

C'est enfin la référence à un type de management dit « clanique » par élargissement du sens, bien que le lien ne soit plus familial. Dans l'énumération ci-dessus, il suffit de remplacer famille par clan et le fond reste valable.

Sont alors aussi visés par la critique :

– l'accentuation ou le regain d'un mode de fonctionnement subjectif ;

– le renforcement des relations de domination-soumission au sein de l'entreprise. En effet, si le manager est ce chef de tribu, détenteur de l'autorité suprême, la nature des relations qu'il entretient avec les membres de sa tribu débouche sur une autorité incontestée du premier et une dépendance outrancière des seconds, enclenchant ainsi la spirale déjà évoquée[11] ;

– une gestion financière parfois chaotique, aboutissant au financement de filiales déficitaires pour raison personnelle.

Dans la relation employé-employeur, nous sommes confrontés à un phénomène en miroir, celui d'une loyauté fragilisée par la prédominance et le poids du référentiel familial qui n'est donc plus l'entreprise.

---

11 Pye parle de léninisme confucéen.

> ### Exemple : Les ouvriers d'une entreprise textile au moment du Nouvel An chinois
>
> Aujourd'hui, que constate-t-on en effet ? Qu'au moment du Nouvel An chinois, il est parfois difficile de retrouver ces ouvriers qui sont rentrés dans leur lointaine famille, alors que la période des congés autorisés est terminée.
>
> C'est l'expérience d'une entreprise du textile. Seules des ouvrières qualifiées étaient susceptibles de terminer un travail délicat : la soie, entrant dans la fabrication du vêtement, était en effet trop précieuse pour que d'autres la travaillent.
>
> Or, celles-ci n'étaient pas rentrées sans donner de raisons valables... et pour cause, personne dans l'usine n'avait été prévenu.
>
> À l'époque les périodes légales de congés étaient très courtes. La Chine, elle, est extrêmement grande, en termes géographiques et en termes financiers, pour ceux dont les moyens sont limités. Un voyage, onéreux, doit être « rentabilisé ». Pour peu que leur famille leur ait demandé de prolonger leur séjour, leur maigre salaire et leur conscience professionnelle « amoindrie »[12] n'ont guère pesé dans la balance.
>
> L'entreprise a donc dû les accepter à leur retour, sans remontrances particulières et sans levier d'actions « répressifs » possibles (rappelons la pénurie d'ouvriers qualifiés en RPC), lorsque leurs devoirs familiaux ne les retenaient plus.
>
> Coût direct pour l'entreprise ?
>
> – Celui des semaines non travaillées au prix d'ouvriers qualifiés.
>
> – Le montant élevé des pénalités de retard (la VPC ayant en général des clauses contractuelles drastiques), les « Nouvels Ans » hongkongais et chinois s'additionnant alors.
>
> Coût indirect ? La perte d'image, difficilement rattrapable, en termes de services auprès du client final.

---

12 C'est-à-dire passé au filtre du réalisme de Han Feizi, alors qu'elle est conforme à la morale confucéenne. Souvenons-nous des deux citations qui mettaient en évidence des différences fondamentales entre Han Feizi et Confucius (cf. p. 106), à propos du vol d'un mouton. Devait-on ou non dénoncer le père qui avait commis cet acte ? Han Feizi se prononçait pour une condamnation du forfait, car il allait à l'encontre du bien collectif tandis que Confucius condamnait le fils qui avait dénoncé son père enfreignant la morale familiale.

Cette constatation peut être élargie au réseau personnel de l'individu.

Dans une étude comparative sur la nature des relations aux autres et à l'organisation, sur la loyauté à l'entreprise des Japonais et des Chinois, White et Nakamura [2002] ont interwievé des employés dans des filiales d'entreprises japonaises en Chine. Ils ont fait le constat d'une différence fondamentale entre les deux types de population.

Les Japonais se plaignent que les Chinois ne tirent pas le même type d'avantages qu'eux-mêmes tirent de leur entreprise (sentiment d'appartenance, prestige, qualité de la relation avec les collègues). Ils pensent que les Chinois recherchent uniquement le chèque en fin de mois, sans un quelconque sens de la loyauté à l'entreprise et, que contrairement à eux, ils ne font pas d'heures supplémentaires pour le bien de l'entreprise.

White et Nakamura attribuent ces comportements différents à deux types de sens du collectif, le collectif organisationnel et le collectif de réseau.

Le premier, à rattacher à l'attitude des Japonais, considère l'entreprise comme un partenaire auquel on donne loyauté et effort et dont on reçoit des bénéfices tangibles et intangibles. Les employés poursuivent un but collectif, allant jusqu'à sacrifier leur intérêt personnel au collectif. Le second, relié au comportement chinois, définit l'entreprise comme une collection d'individus réunis par un lien arbitraire à l'organisation, considérée comme une entité légale et non comme un partenaire.

Dans ce cas, l'individu ne donne son soutien au collectif que dans la mesure où les intérêts de l'entreprise peuvent le servir lui (et non la collectivité) et les membres de son réseau.

Ainsi voit-on augmenter la corruption active ou les abus de biens sociaux par la frontière très mince qui peut exister entre l'entreprise - quand elle est à soi, et soi ; quant aux détournements, ils se font plus amples car c'est la famille dans son ensemble qui en profite. Collectif restrictif quand il s'agit de distinguer qui peut en être bénéficiaire, mais généreux et débordant quand il s'agit d'en faire bénéficier les « ayant-droits ».

Il est de pratique courante, quoique de plus en plus controversée, d'inviter ses meilleurs clients à participer à des voyages luxueux, « habillés » autour d'un symposium. Il arrive que les conjoints soient conviés. Plus rarement la progéniture. Le palais de justice attend ceux qui acceptent ce genre d'invitations.

Exemple : Abus de biens sociaux

L'ex-responsable adjoint des parcs et jardins a été jugé en juillet 2002 pour abus de biens sociaux : entre autres (mais ce n'était pas le seul chef d'accusation et les autres pesaient sans doute aussi lourds dans la balance ; de plus, il n'y avait pas de symposium pour servir d'excuse), il a accepté un voyage à Xian au moment du Nouvel An chinois, avec ses proches (plus de 20 personnes), pour un montant total de 50.000 Rmb, auxquels on peut ajouter 50.000 Rmb d'argent de poche. Son fils avait fait ses études à l'étranger pour 200.000 Rmb [YCWB, 28.06.2002]

Une double lecture de cette « immoralité latente », assez partagée mais pas seulement en Chine, est intéressante, non pour l'excuser, mais pour comprendre la difficulté de gérer la frontière entre le moral/immoral, le légal/illégal, sachant que les référentiels de moralité sont très mouvants suivant les cultures.

« A quoi cela sert-il d'être maire d'une ville si on ne peut même pas loger son fils ? », se demandait un officiel chinois lors d'une affaire connue en France. Il y a un peu de vrai dans cela, notamment dans une culture pour laquelle la prospérité ne peut se vivre comme une aspiration individuelle mais seulement comme un devoir collectif, tandis qu'une aisance qui ne servirait qu'à l'individu est une faute sociale grave et un manquement à ses devoirs familiaux. Le problème réside dans la forme et les moyens pour l'atteindre.

Rapport avec l'extérieur : collectif restrictif et confiance restreinte

Collectif – mais restrictif et confiance – mais réduite au cercle, sont sans doute les deux termes qui permettent de comprendre le mieux les moteurs de cette dynamique humaine.

Collectif restrictif

Nous préférons ce terme à collectif de réseau, car il y a une gradation dans la nature de la relation, collectif restrictif signifiant *restreint à* un clan, un cercle, un réseau selon l'étendue de la restriction. Le caractère restrictif est beaucoup plus marqué dans le cas du clan que dans celui du réseau aux contours plus flous, mais au champ d'action plus vaste. Le point décisif d'inclusion/exclusion délimite une frontière, parfois difficile à tracer, entre ceux pour lesquels les règles et obligations réciproques qui cimentent le groupe, en modèlent la puissance et en garantissent le bon fonctionnement s'appliquent et ceux auxquels elles ne s'appliquent plus.

Pour l'externe, il existe plusieurs cas de figure, que nous allons illustrer par quelques exemples.

Vous êtes en dehors, vous n'existez pas, on ne vous doit rien.

C'est un sentiment de soulagement que cette neutralité indifférente peut faire naître chez l'autre, eu égard aux pressions internes au groupe ou aux difficultés rencontrées dans le cas de rapports tendus.

Mais les corollaires qui sont la difficile intégration d'éléments extérieurs, voire le rejet a priori et la « non-application des codes de bonne conduite » dans les relations avec ces derniers, conduisent à des nuisances importantes.

A propos de l'intégration chaotique d'éléments extérieurs, la nuisance est réciproque : pour l'élément non intégré, c'est le découragement, pour l'entité intégrante, c'est l'asphyxie.

Nous avons évoqué ce point à propos d'entreprises familiales. Les entreprises à capitaux mixtes sino-étrangères en souffrent également.

Une des particularités des ECM est le « shadow management », la co-existence de lignes managériales parallèles, l'une chinoise, l'autre étrangère. La tentation est grande parfois, face à la difficulté des relations et à l'importance du gap culturel de renvoyer l'autre dans « sa partie », les Chinois gérant les Chinois (sous le prétexte que l'étranger ne comprendra jamais rien à la Chine), les étrangers gérant les étrangers. Chacun ignore l'autre, l'étranger est isolé et s'isole, l'ensemble débouchant sur une séparation de l'entreprise en deux sous-ensembles déséquilibrés menant des vies indépendantes dans des relations tantôt d'indifférence tranquille, tantôt d'affrontement[13].

La non-application des « codes de bonne conduite », quant à elle, dans un premier temps nuit essentiellement à l'autre.

Exemple : Un fabricant de lessive

Citons cette mésaventure arrivée à un fabricant de lessive. Il avait signé un accord avec un fabricant de vêtements. Il avait payé une somme conséquente et le fabricant de vêtements s'était engagé à apposer sur les vêtements une mention selon laquelle il préconisait sa lessive. La somme fut encaissée, mais l'étiquette jamais apposée.

Il a fallu l'intervention d'un médiateur reconnu par la partie chinoise, pour que le différend puisse se régler.

Au-delà du seul soupçon d'intention malhonnête, nous pouvons avoir une double lecture de cet exemple :

– même « bandit », jamais un Chinois n'aurait eu ce genre d'attitude vis-à-vis d'une de ses connaissances ;

– l'intervention d'un tiers, dans le réseau relationnel de la partie chinoise a eu sans doute une efficacité supérieure à un recours coûteux aux tribunaux.

---

13 C'est l'occasion de préciser « la stratégie du sandwich » soit deux tranches de positifs qui encadrent une garniture négative. Le pain n'est là que pour respecter les règles de bienséance. Du côté chinois : « Nous sommes très contents de vos suggestions. Mais certaines de ces méthodes avancées ne sont pas adaptées à la situation chinoise. Malgré cela, vous serez toujours le bienvenu de soutenir le développement de notre entreprise », un refus poli certes, mais en règle quoique détourné, de voir l'autre collaborer, avant même que les conflits sino-étrangers n'apparaissent.
Du côté étranger : « Nous avons été appelés pour notre savoir-faire dans notre métier. Laissez-nous donc faire. »

Si vous existez, vous risquez de représenter une gêne potentielle : pression/éviction, logique de fief et factionnalisme.

Si le référentiel déterminant est « les gens à soi », nous avons sur la scène politique, économique et entrepreneuriale chinoise, trois exemples intéressants de relations avec l'externe.

Suivons cet élément étranger au cercle dans l'entreprise. Le fait de ne pas exister, décourage les meilleurs potentiels. Se sentir invisible reste difficile à supporter pour l'ego de celui qui en est victime. Cela peut également ment être considéré comme un gaspillage de talent toujours dommageable, mais c'est également salutaire.

Etre invisible protège des pressions destructrices.

Exemple : Renvois, promotions et démissions

Dans la mission de cette nouvelle embauchée est précisé la contribution au contrôle qualité. Elle fait ses remarques au chef d'atelier, qui la rabroue. S'en suivent des tensions qui finissent par déborder le cadre de l'équipe et montent jusqu'au directeur général, qui contre toute attente soutient le chef d'atelier. Ce dernier était son beau-frère. Elle n'a pas le temps de finir sa période d'essai qu'elle est déjà renvoyée.

Cet autre, extrêmement compétent, est promu au poste de responsable technique, tandis que son collègue moins compétent ne bénéficie d'aucune promotion. Deux mois après les deux démissionnent. Le second qui n'avait pas eu de promotion était le fils d'un cadre de la ville. Ne pas avoir de promotion alors qu'il briguait la place lui a fait perdre la face ainsi qu'à sa famille. Il démissionnera pour cause d'œil social. Mais, la pression exercée par ricochet sur l'ingénieur promu grâce à sa compétence devient vite insupportable. Il démissionnera pour cause de pression sociale.

Prenons maintenant une autre manifestation de cette distinction dedans – dehors.

La logique de fief

Par *logique de fief,* nous entendons la résistance à toute autorité extérieure au groupe de référence, l'impénétrabilité du groupe par cette même autorité, la préservation des positions acquises, voire souvent l'agrandissement du territoire au détriment des autres, dans une attitude souvent belligérante.

La structuration de l'espace chinois et l'histoire des relations gouvernement central – autorités locales ou entre provinces qui se vivent concurrentes, est un bel exemple de logique de fief.

Dans le cadre d'une logique de fief verticale (relations centre-provinces), les difficultés sont de tradition ancienne... « Le ciel est haut et l'empereur est loin », a-t-on l'habitude de dire. Cette expression reflète la propension, malgré le centralisme d'Etat, à la non-ingérence plus ou moins voulue (souvent moins que plus) de la bureaucratie chinoise, dans les affaires locales, qui trouve un écho dans la puissance des potentats locaux. Cette considération pourrait s'appliquer à toute entité à laquelle l'Etat central aurait pu octroyer une autonomie planificatrice, financière ou législatrice.[14]

La cellularisation

La « cellularisation[15] » de la société est le pendant horizontal (relations province – province) du phénomène précédent, renforcée par l'immensité d'un pays au relief difficile et aux infrastructures déficientes, une structure industrielle encore cloisonnée dans l'esprit de « Yanan »[16] avec un

---

14 Pour suivre les bargaining « centre – province » et mesurer leur poids respectif pendant la période de transition on pourra se référer à Susan L. Shirk [1993] *La logique politique de la réforme économique en Chine.* Elle examine notamment les délégations successives du Parti au gouvernement, l'équilibre des pouvoirs entre le Bureau Politique et le Comité central au sein duquel sont bien représentées les provinces.

15 [Donnithorne, 1972], même si cette position a été controversée [Lardy, 1976] depuis. Selon Lieberthal [1992 : 11], l'accroissement du pouvoir des localités par la décentralisation qui s'opère, a, semble-t-il, renforcé ce caractère cellulaire.

16 *Yanan,* base de Mao lors de la conquête armée du pouvoir. « *Ziligengsheng* » ou *compter sur ses propres forces* est un des leitmotivs du pouvoir maoïste.

morcellement de la souveraineté qui n'est pas sans rappeler la période des Seigneurs de la Guerre[17].

Il y a une sorte d'inclinaison naturelle chinoise vers le régionalisme et l'autosuffisance de chaque région[18], dont témoignent de nombreuses expressions chinoises : « *geben qianchen* 各奔前程 », « chacun poursuit sa course » ; « *gexian shentong* 各显神通 », « chacun décide de son propre processus » ou bien « *ge zi wei zheng* 各自为政 » « chacun selon son bon vouloir sans référence à l'intérêt général ». Les localités ont tendance en effet à protéger leurs propres intérêts économiques face à la concurrence des autres, renforçant la fragmentation du territoire en de multiples sphères économiques qui pourraient être baptisées « Shanghai Inc. », « Wuhan Inc. ».

Le pouvoir de ces provinces dépend, outre de leur soutien (parapluie) éventuel au niveau national et de la stature politique des leaders provinciaux, de leur éloignement géographico-politique, de leur indépendance financière et de leur poids économique, conforté par le dynamisme d'autorités locales qui privilégient l'intérêt général de la province à l'intérêt général du pays.

De plus, elles disposent de moyens à leur actif qu'elles manient avec plus ou moins de brio. Les autorités locales se sont ainsi intronisées, notamment dans les années 90, « compensatrices des conditions objectives », avec la manipulation des règles au profit des entités qui dépendent d'elles. Selon l'angle de vue adopté, le jugement porté n'est pas le même.

Cette attitude facilitatrice dont finalement personne ne se plaignait (encore moins les investisseurs étrangers) a favorisé le décollage économique de certaines régions, portées par un tissu d'entreprises florissantes, et permis à certaines ECM de ne pas trop souffrir du poids de ce que l'on appelait à l'époque la bureaucratie administrative.

---

17 Après la Révolution de 1911, avec la place occupée par le plus ambitieux Yuan Shikai jusqu'à sa mort en 1916 et le maintien d'un pouvoir par des Généraux sur certaines provinces comme le Shanxi, le Sichuan ou le Xinjiang, malgré l'apparente unification par le Guomindang en 1928 [Roux,1980 : 42]. Cela pourrait également être comparé à la détérioration du pouvoir pendant la période contemporaine de Confucius.

18 Certains font remonter ce type de réflexe de repli sur soi-même à la Chine maoïste [Holton, 1990] – guerre contre le Japon dans les années 30, retrait vis-à-vis de l'URSS dans les années 60-70. En effet, si le pays est partagé en des zones auto-suffisantes, la perte de l'une d'entre elles ne pourrait affecter l'économie du pays dans son entier.

Mais cette compensation peut aboutir à une distorsion des règles de la concurrence, ce dont la bureaucratie administrative ne se privait pas lorsque le local signifiait non pas développement de la province mais développement de l'industrie de la province, arrivant par là à exclure l'étranger. L'ECM se voyait alors en but à des tracasseries administratives sans fin qui entravaient son développement.

Fédéralisme diffus [Deron,1997], féodalisation, éclatement, cellularisation [Donnithorne, 1972], autant de termes pour illustrer le résultat des dissensions entre l'Etat central et les autorités locales, aux velléités d'indépendances de plus en plus marquées et à l'esprit de corps très prononcé.

Le factionnalisme

Quant au factionnalisme, servant la satisfaction d'intérêts que nous avons qualifiés de restrictifs, l'observation de la scène politique chinoise, donne la mesure de l'intensité du phénomène chinois. Une première lecture en surface de l'histoire chinoise conforte l'impression du poids dominant d'un leader tout puissant (l'Empereur, Mao, Deng Xiaoping, puis Jiang Zemin). Néanmoins, cela cache une autre complexité de la scène politique chinoise. Au fur et à mesure que l'homme chinois s'élève dans la hiérarchie, l'ego semble libéré d'un nécessaire conformisme, tandis que le pouvoir se partage entre des « vedettes » de plus en plus provinciales et quelques autres dirigeants[19]. Or, même s'il peut exister en apparence un accord officiel sur les orientations en matière politique, les particularismes engendrent des clivages importants [Pye, 1980 : v].

Ces clivages sont l'occasion de développement de factions tandis que le pouvoir finit par se répartir entre un leader, chef d'une faction qui devient dominante, aux termes de luttes parfois féroces sous des apparences consensuelles, et une élite restreinte (moins de 10 personnes pour le premier cercle et de 25 à 30 personnes pour le second)[20], sans contraintes (ni loi, ni institution qui ne soit façonnable au gré des orientations données

---

19 Dans les premiers temps de l'ouverture, le pouvoir se partageait avec les vétérans survivants. Yang Shang Kung, le dernier vétéran est mort le 14 septembre 1998.

20 Cette élite restreinte se retrouve au sein d'un organe aussi petit que le Bureau politique (premier cercle), issu du Comité Central du PCC (deuxième cercle).

par le pouvoir en place), élite souvent hétérogène dans ses convictions et changeante dans ses alliances.

Le pouvoir du chef de faction se mesure en fonction de son degré de générosité, conditionné par la facilité d'accès et la nature des ressources. Le revers de la médaille ? Il devient souvent difficile de résister à la pression de followers, dont les exigences croissent avec l'habitude et le temps. Ne pas céder à leurs exigences revient en effet à se priver de leur soutien. Tout cela contribue à alimenter la corruption.

Ainsi, l'accent est mis sur les potentialités de nuisances et le calcul n'est pas seulement celui d'un simple gain mais aussi celui de l'évitement d'une destruction réciproque [Pye, 1980 : 234-237].

La multiplicité des dépendances et la réciprocité des conséquences représentent ainsi un ciment extrêmement fort des réseaux officiels. Ce ciment est renforcé par la nature fondamentalement personnelle des relations, servant de ciment au collectif, entre amitié et intérêt mutuel, quelle que soit la nature de cet intérêt [Pye, 1980 : 6-7].

L'histoire de la réforme chinoise nous pousse à souscrire à l'analyse de Pye qui identifie dans les jeux politiques agitant la République Populaire Chinoise, deux formes dominantes, clairement enracinées dans un héritage culturel que le communisme n'a pu annihiler.

Ces formes dominantes sont :

– **l'importance attachée au consensus** (l'harmonie confucéenne), à la conformité comme moyen pour maintenir un ordre social, à une solidarité au sein de l'élite dirigeante ;

– **sous ce vernis consensuel, l'intensité des tensions et dissensions entre factions**, qui témoigne de la difficulté de concilier l'obligation d'effacement personnel au profit du collectif avec le besoin de se sentir exceptionnel [Pye, 1980 : 54-55] ; paradoxe qui rend l'action difficile : prompts à se réclamer du consensus, les Chinois dans leurs actions, intensifient les polarisations [Pye, 1980 : 67].

Émergent alors des phénomènes de « vendetta », accentués par des réseaux d'intérêts difficilement identifiables et fragiles car tous mus par un intérêt extractif. Cette fragilité s'accentue au fur et à mesure que l'on séloigne de l'épicentre, la fermeté du soutien se relâchant. Le ciment d'hier peut être la cause des dissensions d'aujourd'hui et représenter un facteur d'implosion de la faction.

232

On rentre alors dans des jeux de pouvoir sans fin, parfois sanglants.

Laissons sur ce sujet s'exprimer le réalisme cynique de Luxun :

*« Les révolutionnaires se font massacrer par les contre-révolutionnaires. Les contre-révolutionnaires se font massacrer par les révolutionnaires. Les non-révolutionnaires sont tantôt pris pour des révolutionnaires et se font alors massacrer par les contre-révolutionnaires ou sont pris pour ces contre-révolutionnaires et sont massacrés par les révolutionnaires, ou encore ils ne sont pris pour rien du tout, mais se font quand même massacrer par les révolutionnaires et par les contre-révolutionnaires. **Révolution ; révolutionner la révolution, révolutionner la révolution de la révolution, rév... »***

Une chose est sûre, il est préférable de ne pas se trouver pris dans cette spirale. Ce n'est en effet *« pas tout fait la même chose si nous nous massacrons les uns les autres ou si nous nous faisons massacrer par des étrangers. Ainsi par exemple, si un homme s'administre des gifles à lui-même, il ne se sentira nullement outragé, tandis que si quelqu'un d'autre le gifle, il en éprouvera de la colère. »*[21]

Il y des filières cantonaise, pékinoise, shanghaïenne. Peugeot Canton a fait les frais de dissensions centre-province. D'autres entreprises ont vu leur accord taxé d'illégalité[22].

Pendant la réforme, certaines institutions gouvernementales se disputaient vigoureusement la tutelle des entreprises lucratives.

Les Chinois d'Outre-mer en perdent leur légendaire réputation de discrétion et de solidarité.

« Espèce de chrétien ! » ; « Sans le sou ! »... La polémique fait rage en 1991 entre Vincent Tan et Khoo Kai Peng, deux hommes d'affaires chinois qui se disputent le contrôle de Malaysian United Industries, un des principaux groupes malais. [...] Ce conflit est loin de l'éthique tradition-

---

21 Même si la fin de la remarque est d'un cynisme du meilleur cru : « toutefois, quand un homme est devenu crétin au point de pouvoir se gifler lui-même, il est mûr pour se faire gifler par le premier venu ». Cf. [Leys, 1983]

22 Il y a des seuils qui définissent les zones de pouvoir entre gouvernement central et provincial, que les gouvernements provinciaux manipulent en « découpant » la commande ou en mettant le gouvernement central devant le fait accompli.

nelle qui règne entre les familles chinoises, dont réputation, discrétion et solidarité sont les maîtres-mots. »

Ainsi commence l'un des sous-chapitres de *L'épopée du capitalisme chinois* sur les « guerres fracticides » entre clans rivaux d'entrepreneurs chinois en Malaisie. [Bouteiller, 1997]

Quant aux triades, elles ont perdu l'esprit des temps de leur fondation et les conflits inter-clans sont souvent mortels.

La situation est encore plus difficile à vivre lorsque la manipulation se fait dans un esprit de vengeance.

Manipulation et esprit de vengeance

Ce grossiste en vêtements a vu son centre fermé pour des raisons totalement fallacieuses.

Une des clientes a voulu échanger un vêtement abîmé en invoquant un défaut de fabrication. Mais, il paraissait évident que la détérioration du vêtement ne provenait pas d'un défaut de fabrication mais de son exposition dans une échoppe qui subissait intempéries et pollution, faisant vite perdre aux vêtements leur apparence neuve pour les transformer en oripeaux poussiéreux. Le grossiste a donc refusé l'échange, mais la femme qui bénéficiait de relations dans la bureaucratie locale a obtenu la fermeture du centre, arbitraire d'un pouvoir qui n'a pas de limites.

Confiance naturelle, mais restreinte au groupe

Une des clefs de compréhension réside dans le terme « homme à soi », car cet homme à moi, me comprend. Il me connaît. Il est fiable. Il ne me trahira pas. Je peux me reposer sur lui. Une expression intéressante a été employée par l'une des PDG que nous avons rencontrée. Elle appelle son « chef de cabinet », « *fangxin mishu* 放心秘书 », soit… *le secrétaire qui permet d'avoir le cœur tranquille* ; *fangxin*[23], et ce « mauvais jeu de mot » que nous pourrions inventer « *fang xin* » mettre de la confiance. Un

---

23 *Fangxin*, dans ce cas est une reprise d'une expression utilisée par Mao à l'attention de son successeur désigné Hua Guofeng : « *ni ban shi, wo fangxin* ». (avec toi aux affaires, j'ai confiance). Aujourd'hui, elle est devenue irrespect et sarcasme acceptable à l'égard de Mao.

peu de ce prolongement ectoplasmique évoqué précédemment à propos de la confiance, devoir de la mériter et capacité à la donner[24] (cf. Partie 2, Ch. 4). Avec des hommes à soi, quoi de plus simple ? D'autant plus que le fondement culturel impose cette fiabilité et le respect de soi et des autres, sans lesquels il y a risque d'exclusion du groupe.

Ceci implique cependant, qu'en dehors des gens à soi, la confiance n'est plus un attribut mais un pari initial et une donnée à construire. Or ce pari est d'autant plus difficile à gagner que le caractère restrictif du collectif donne, comme nous l'avons vu, les limites géographico-affectives de l'application des règles. Tout un chacun se trouve alors dans l'impossibilité d'enclencher la spirale vertueuse mais plutôt en situation d'enclencher la spirale destructrice de valeur :

Confiance dans le cercle ⇔ méfiance a priori ⇔ pas d'accord hors du cercle

Accord hors du cercle ⇨ si non-application des règles ⇨ justification de la méfiance, généralisation d'un cas particulier ⇨ méfiance accrue vis-à-vis de l'externe et repli sur soi.

Il en résulte une certaine répugnance à signer des accords de coopération hors du cercle, car il y a, a priori, méfiance (malaise) pour tout ce qui n'est pas familier, voire doute sur l'intégrité de l'autre[25].

La distribution représente un des nombreux casse-tête chinois, chaque entreprise allant jusqu'à préférer construire son propre réseau de distribution que de s'allier.

Dans les ventes, il s'agit d'apprendre aux vendeurs à sortir de leur réseau de connaissances, à travailler plutôt sur les processus.

Dans les achats, nous avons évoqué déjà les traitements préférentiels réservés aux « amis », qui ne facilitent pas le lancement d'appels d'offres.

L'aspect festif, en Chine, c'est aussi cela, mieux connaître l'autre, le mettre sur le chemin de cette amitié qui le rapproche de l'extrême périphérie du cercle.

---

24 C'est l'un des avantages non négligeables de la dimension clanique du management.
25 Parfois avec raison, conséquence de règles de bienséance qui ne s'appliquent pas en dehors du cercle. Ainsi du lessivier qui a eu du mal à faire respecter l'accord qui le liait à son « partenaire ». Ainsi de ce fabricant de meuble. A peine avait-il donné son produit en licence, que deux ans après, le licencié créait sa propre marque, en concurrence directe.

Dedans / dehors : des difficultés d'évaluation

Mais on se heurte là à une autre difficulté, celle de la réalité de l'appartenance au cercle et des modalités d'inclusion. S'il est intéressant de tenter de rentrer dans le cercle pour bénéficier des avantages de la position, c'est une entreprise délicate et de longue haleine (quelques repas ne suffisent pas), d'autant plus que les apparences sont souvent trompeuses.

Certains sont décontenancés lorsque, le lendemain d'un repas, ils se retrouvent en face de personnes qu'ils ne reconnaissent plus. Ceux de la veille étaient dans un rôle social qui impose l'hospitalité et le respect de son hôte.

D'autres ont eu des lendemains amers, lorsque bluffés par les lumières d'une amitié factice, ils se retrouvent dépouillés par leurs faux amis, ceux que l'on appelle les « amis de mahjong » *(da majiang* 打麻将*)*, les amis de jeux de cartes *(da puke* 打扑克*)* ou les amis « vin/viande » *(jiurou pengyou* 酒肉朋友*)*, dont la sincérité dépend des intérêts particuliers ou de contraintes externes supérieures.

Même sans rôle social, ni velléité d'escroquerie, l'appartenance ou non au cercle reste difficile à évaluer. Au milieu des années 90, un bar-restaurant américain (recommandé d'ailleurs dans des guides) a ouvert ses portes à Canton. Lorsque la propriétaire décide d'emménager à Shanghai et d'y ouvrir un autre restaurant, elle laissa les clefs à sa plus fidèle collaboratrice, celle des premiers temps. On dit souvent qu'une des marques de confiance les plus révélatrices est de prêter une grosse somme d'argent sans même faire signer de papier. Or, elle a tout laissé, la clef du restaurant et la clef des comptes, sans jamais rencontrer aucun problème. Un jour, elle reçoit un coup de téléphone de sa collaboratrice, lui demandant si l'un de ses amis qui voulait monter son propre bar pouvait la rencontrer. Ce qu'elle fit en même temps qu'elle posât quelques conditions… qui ne furent pas respectées. Un peu déçue par la trahison de celle en qui elle pensait pouvoir avoir confiance, elle rappela son amie pour avoir des explications. Aucune volonté de trahison dans sa réponse, seulement une gestion des référentiels différente : « Tu es mon amie, je t'ai aidée quand tu me l'as demandé. Je suis son amie, je l'ai aidé quand il me l'a demandé. C'est normal, non ? »

Vu dans la presse, l'exemple de Hyundai : la controverse entre management confucéen et anglo-américain

En 2001, Lee Chang-sup dans un article du *Korea Times* [Lee, 2001] évoque le management de Hyundai, par son fondateur, Chung Ju-Yung puis la révolution interne récente connue par l'américanisation du management sous la houlette de la nouvelle équipe dirigeante.

Son article est intéressant à double titre :

– Il pointe fort justement certains des défauts du management confucéen.

– En parallèle, le style de rédaction sous-entend, d'une façon que nous trouvons un peu partielle et partiale, que le management confucéen est la source de tous les maux. Il n'est en effet rien dit de réellement positif quant à cet héritage, tandis que l'association avec un féodalisme d'un autre âge est implicite. C'est, entre autres, cette forme de présentation qui a attiré notre attention et que nous souhaitons relever.

Reprenons cet article à la fois pour mettre en évidence les errances manifestes du confucianisme, rappelées avec raison, mais également certaines des condamnations rapides qui sont prononcées à son encontre[26] parallèlement à une apologie du système anglo-américain.

Chacune des phrases est précédée d'un sigle indiquant la conception de l'autre telle qu'elle transparaît de l'écriture :

☺ Vision positive

☺ Vision neutre   **C** Modèle confucéen

☹ Vision négative   **AG** Modèle anglo-américain

Ainsi le sigle « ☺ C/AG » signifie-t-il « interprétation neutre possible des systèmes confucéen et anglo-américain. Pas de conclusion tirée par l'auteur, à l'avantage d'un des deux systèmes.

Ou encore le sigle « ☹ C » signifie-t-il présentation d'un défaut du confucianisme et appréciation négative, par l'auteur de l'article, du système confucéen.

---

26 Nous verrons dans le chapitre suivant l'autre lecture qu'il est possible de faire du confucianisme agissant.

Quant au sigle « ☺ AG ☹ C », il signifie appréciation positive du système anglo-américain, dépréciation du confucianisme.

☺ C/AG : « La mort du fondateur de Hyundai sonne le glas en Corée de la première génération des capitaines d'industrie, ses fils dirigeant l'empire sous un système de management anglo-américain.

☺ C/AG : Les résultats ne peuvent être compris sans une clarification du fonds confucéen qui peut expliquer toutes ses actions.

☺ C : Aîné de neuf enfants dans une famille pauvre, il prit soin de sa famille.

☺ C : Il aida ses frères à fonder leur propre mini-groupe.

☺ C : Il partage sa fortune avec ses fils, appointant chacun à la présidence de compagnies du groupe. La famille gère une entité pesant 130 trillions de won, soit un montant supérieur au budget annuel de la Corée. »

Jusque là, rien de bien méchant, c'est par la suite que le style s'acère.

☹ C : « Il manage l'empire dans l'esprit d'une relation supérieur – subordonné. Une allégeance sans faille, ne supportant aucune remise en cause est exigée des employés.

☹ C : Les idées du dirigeant à la tête de l'entreprise représentent le repère essentiel. Au début de l'entreprise, il était ainsi impensable qu'un manager rentre chez lui avant que ses supérieurs n'aient eux-mêmes quitté le bureau.

☹ C : Comme une grande famille, les entités bénéficiaires aident les autres filiales en difficulté et non-performantes du conglomérat[27].

☹ C : La confiance mutuelle est plus importante qu'un contrat signé.

☹ C : Le personnel du royaume de Hyundai est en costume bleu, comme des soldats en uniforme militaire.

☺☹ C : Chung insiste également sur la localisation de la technologie. Au lieu d'acheter de la technologie étrangère, il n'eut de cesse de promouvoir le savoir-faire coréen. Les moteurs Hyundai en sont le premier exemple.

---

27 Une façon également de mieux gérer son fonds de roulement. Cf. sur le fonctionnement de ce type de capitalisme [Bouteiller, 1997].

☺ **C** : Frugalité, diligence et croyances religieuses sont importantes. Pendant ses 86 ans de vie, il fut un parangon de ces « vertus ».

☺ **C** : Il contribue toujours au développement de son pays natal (Construction de la route express « Séoul – Pensan », Jeux Olympiques de 88 à Séoul, initiation du projet du Mt Kumgat pour tenter de faciliter la réunification des deux Corée).

☺☹ **C** : Il y a deux ans, il retourne à son village natal avec 500 têtes de bétail pour en faire don et montrer qu'il avait fait fortune.

☺☹ **C** : Tant que les employés sont diligents et s'investissent dans l'accomplissement de leur mission, ils ont la garantie de l'emploi à vie.

☹ **C** : Il regarde ses employés comme des membres de sa famille et ne toléra jamais de contestation de son autorité par des grèves.

☹ **C** : A la différence du management anglo-américain, où l'on privilégie l'individualisme et la performance, il manage son entreprise en cohérence avec le corporatisme communautariste est-asiatique, où les managers ne font qu'appliquer les décisions prises à la tête. »

De façon assez inattendue, sa première conclusion intermédiaire est positive.

☺☺ **C** : « La cause de son succès dans la construction navale et l'industrie lourde est celle d'un système de management familial, car dans ce type d'industrie, travail en équipe et efforts solidaires sont des facteurs clefs de succès. »

Mais le reste du texte retrouve vite son ton initial et décrit l'heureuse transformation.

☺☹ **C** : « Au contraire de Daewoo, il n'achète que très rarement des compagnies et crée ex nihilo la plupart de ses filiales.

☹ **C** : Qu'il l'aime ou non, il est un des maillons de la collusion « monde des affaires-politique », l'un des traits majeurs de la culture est-asiatique.

☺☹ **C/AG** : Mais maintenant, la Corée a grandi et s'est sortie de ces traits de caractère confucéen pour rentrer dans l'âge de la globalisation et du néo-libéralisme. La Corée se dirige vers un modèle économique anglo-américain.

☺ **AG** ☹ **C** : Sous des règles du jeu « fairs », une filiale n'a pas le droit d'être subventionnée. Contrats légaux et transparence ont la priorité sur les engagements verbaux non-écrits. Les fusions-acquisitions sont monnaie courante. La maximisation du profit de l'actionnaire est la priorité numéro un du management. L'emploi à vie est remplacé par la flexibilité du travail. Le management centralisé dans une conception descendante de l'autorité à un mode décentralisé et un processus de décision démocratique.

☺ **AG** ☹ **C** : Individualisme et performance sont plus importants que l'allégeance et la non-contestation absolue de l'autorité ainsi que le respect unique d'ordres venant d'en haut. La loyauté aveugle est détestée. Ce sont les investisseurs de Wall Street et de Yoido Street, non les propriétaires de l'entreprise qui prennent les décisions importantes.

☺ **AG** ☹ **C** : La diversification pieuvre avec ses tentacules dans toutes les directions est devenue un poids plutôt qu'un capital. Enrichir une compagnie et la rendre compétitive sont plus importants que rendre un pays riche et puissant. Le transfert de la fortune du père au fils n'est plus une réalité. La collusion monde politique – entreprise est devenue un crime. »

Quant à la conclusion, elle est claire.

☺ **AG** ☹ **C** : « Les dissensions entre les deux fils ne sont pas les causes originelles des errances actuelles du groupe Hyundai. Le groupe est maintenant dans une période de transition douloureuse vers le modèle de management anglo-américain, se défaisant d'un management sous influence confucéenne. Les succès futurs de l'empire Hyundai dépendent de la rapidité et de l'efficacité avec lesquelles ils réussiront à éradiquer l'héritage négatif des éléments confucéens. »

Tableau bien noir que celui-là, tandis que l'avertissement introductif à cette partie prend tout son sens (caractère humain ou absence de spécificités chinoises de certaines situations, sédimentation des cultures dans la Chine contemporaine avec le léninisme confucéen ou modulations des phénomènes suivant les régions et les secteurs d'activité).

D'autant plus qu'il s'agit de bien différencier les phénomènes qui sont en lien direct avec le confucianisme, bien que renforcés par l'histoire chinoise du milieu du XXème siècle, de ceux qui émergent indirectement par glissement progressif et insidieux.

Si nous insistons sur la piété filiale agissant comme élément majeur de la structuration de l'espace social dans le sens d'un respect outrancier de l'autorité qui devient omnipotence, la sclérose est bien là, tandis que le confucianisme porte en lui une ambiguïté sur ce point.

Si nous regardons la corruption et les abus de pouvoir, ils proviennent bien d'une déviation du comportement du leader, alors que ce ne sont pas, et loin s'en faut, des concepts confucéens. Au contraire, ce sont précisément ces phénomènes que le confucianisme voulait combattre (société décadente, corrompue, oppressive, avec une perte de la souveraineté, cf. Partie I « Les bases du confucianisme – Repères »). Mais comme le confucianisme fait reposer sa logique sur le leader, il s'en trouve fragilisé.

C'est ainsi que nous nous trouvons devant le paradoxe d'avoir à évoquer des phénomènes comme résultant du pouvoir confucéen alors qu'ils sont fondamentalement a-confucéens ou anti-confucéens.

On aurait peine à croire que la philosophie de l'excellence humaine se réfère aux mêmes textes fondateurs qu'un confucianisme considéré comme « bigoterie (athée) de la piété filiale et de la vacuité du rythme, byzantinisme protocolaire, attention vétilleuse sur des détails protocolaires, catéchisme de la gestuelle », « savoir poussiéreux et ranci », « synonyme d'arriération, d'oppression et d'obscurantisme » [Levi, 2002 : 296][28]. Levi utilise un vocabulaire presque aussi fleuri que les insultes du Capitaine Haddock.

---

28 Commentant les reproches faits par l'intelligentsia chinoise lors du Mouvement du 4 Mai 1919, mouvement de remise en cause de la culture lettrée portée par la jeunesse chinoise, dont le slogan réformateur était « A bas la boutique Confucius ».

RÉSUMÉ

Source : [IchM, 1994/09 : 24-27]

La crainte et la terreur

Mode coercitif direct : Le tigre est considéré par les Chinois comme le roi des animaux sauvages. Brodée sur les robes de cour des officiers sa tête représente un symbole de dignité, mais sur les portes en bois des villes fortifiées pour terrifier l'ennemi ou sur les boucliers des soldats, elle illustre la discipline et la sévérité, le courage et par extension, la férocité implacable. Une expression chinoise traduit ce danger qu'il y a à s'opposer à l'autorité. « *Ban jun ru ban hu* – la compagnie d'un prince équivaut à celle d'un tigre ». « Il est dangereux de s'approcher de la queue d'un tigre » précise la caricature. [IchM, 1994/09 : 24-27]
Cf. p. 142 « tigre et leadership. »

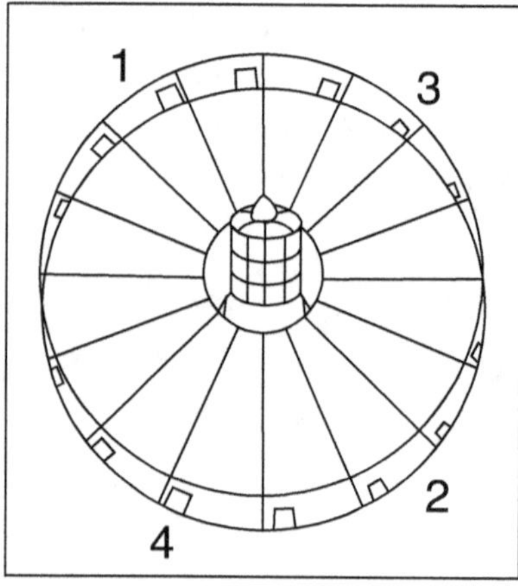

Source : Zhao Chen Jianyuxue. Shanghai Huiwentang Xinzi shuju - 1933, p.150 in [Dutton, 1992]

Le panopticon de Bentham : Intériorisation de la contrainte et mode coercitif indirect

Le modèle panoptique de Bentham est le modèle architectural des prisons du XIXème siècle. À l'extérieur le bâtiment de cellules en cercle, au centre une tour de surveillance avec des fenêtres en vis-à-vis inondant de lumière. Chaque prisonnier seul est ainsi constamment visible du maton dans la tour. La surveillance est alors permanente dans ses effets, par l'état de visibilité constante, alors qu'elle peut être discontinue dans son action. Le système tire son efficacité non pas de la surveillance en elle-même, mais du conditionnement insidieux du prisonnier. « Cette machine sert à créer et à soutenir un rapport de pouvoir indépendant de celui qui l'exerce. Les détenus sont pris dans une situation de pouvoir dont ils sont eux-mêmes les porteurs. » [Foucault, 1975 : 233-234]

Source : [IChM, 94/08 : 69]

Source : [IChM, 94/03 : 7]

Source : [IChM, 96/01 : 25]

Conformisme, manque de créativité et sclérose de la société

Le caractère dans cette caricature représente le verbe « agir » tandis que sortent de son crâne les flux ininterrompus des « cadres » uniformes de sa pensée qui ont été fermement enracinés par des décennies d'endoctrinement communiste, sur un esprit confucéen habitué à s'incliner devant l'enseignement du maître. [IChM, 94/08 : 69]

Collusion du pouvoir et de l'argent

Ceux qui sont familiers de la culture et de la calligraphie chinoise reconnaîtront sans peine l'idéogramme *shang* signifiant « business » ; calligraphie pour le moins originale si nous examinons sa décomposition caricaturale.

Le dessus du caractère est constitué du bouton de chapeau de la classe mandarinale sous la dynastie des Qin (ou du sceau des bureaucrates).

Les contours sont ceux d'un coffre-fort.

L'intérieur du signe est une ancienne pièce percée chinoise. [IchM, 94/03 : 7]

Clin d'oeil culturel efficace pour exprimer cette « complémentarité » qui frise la collusion entre pouvoir politique et milieux d'affaires. Tout devient alors possible et l'échange « pouvoir/argent/service » est courant, chacun servant de levier pour augmenter le pouvoir de l'autre.

Népotisme et favoristisme, de la priorisation des référentiels

Hier, le manager reçoit le contrat pour l'usine. Aujourd'hui, les membres de la famille sont récompensés : le beau-frère peut être le directeur, la cousine est le chef de département, la petite sœur tiendra les relations publiques et la femme, la comptabilité.

Si l'un a de la chance, que chacun puisse en profiter.

Si l'un a un poste officiel, chacun a son tour pourra être le patron.

Les bénéfices sont distribués autour et équitablement. Chacun obéit au patron de la maison.

« Stabilité et unité » (*anding tuanjie*) sont les choses les plus importantes. Détournement habile du sens d'un slogan politique. [IChM, 96/01 : 25]

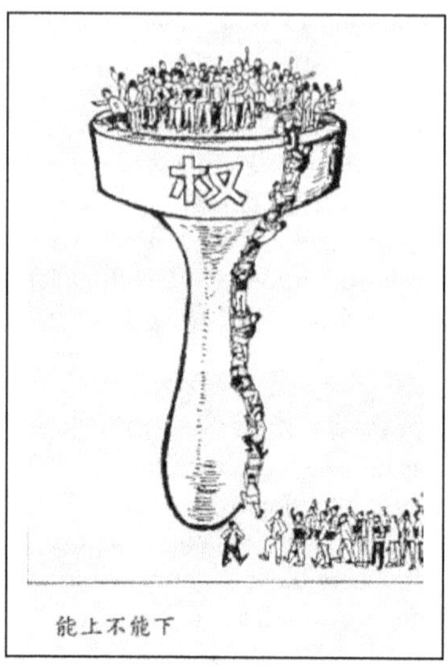

Source : [IChM, 94/06 : 76]

Quête de pouvoir personnel

Beaucoup se pressent et peu désirent quitter les positions. [IChM, 94/06 : 76]

Vous pouvez monter mais pas descendre, souligne cette caricature représentant un sceau sur lequel est inscrit l'idéogramme du « pouvoir ». Le sceau est le signe du pouvoir officiel.

Source : [IChM, 94/04 : 80]

Ploutolâtrie

Les temps ont bien changé : après les « Trois grandes mutations », les « Trois grands buts révolutionnaires », les « Trois grands styles de travail », voici venu le temps des « Trois grandes Vanités » (intégrer la théorie et la compensation, maintenir des liens étroits avec le pouvoir, flatter et s'auto-flatter, donner et se donner de l'importance...). [IChM, 94/04 : 80]

EXERCICE II : LE CONFUCIANISME CHEZ HYUNDAI

MANAGEMENT EN RISQUE ET STÉRÉOTYPES

Documents de travail : article de Lee Chang-sup, Korea Times, March 28, 2001

Exercice 2/1 : Mise en évidence des perversions du confucianisme à partir du cas Hyundai

A partir de l'exemple de Hyundai, donner la liste des perversions du confucianisme, telles qu'elles sont décrites :

....

....

....

....

....

....

Exercice 2/2 : Compréhension des faits et déconstruction des stéréotypes

Toujours à partir de l'exemple précédent, remplir le tableau ci-après selon les indications suivantes.

Reprendre la liste précédente, expliciter les raisons qui justifient la vision négative, mettre en évidence les concepts de management occidentaux qui sous-tendent la critique, trouver des contre-arguments à la fois pour le confucianisme et le management occidental et les illustrer par des exemples.

Perversion du confucianisme	Aspect négatif	Concept de management occidental Qui sous-tend la critique	Contre-arguments			
			Confucéen	Exemple	Occidental	Exemple
Conception descendante de l'autorité	Allégeance aveugle, non-contestation	Autonomie, initiative	Ordre La contestation peut être source de désordre et non pas seulement de créativité		L'autonomie peut devenir ingérable, l'initiative prise à contre-courant, alors que le contexte n'est pas connu	

Perversion du confucianisme	Aspect négatif	Concept de management occidental Qui sous-tend la critique	Contre-arguments			
			Confucéen	Exemple	Occidental	Exemple

CHAPITRE 10

Confucianisme et dynamique managériale

不闻不若闻之，闻之不若见之，
见之不若知之，知之不若行之。

《荀子》

Il vaut mieux entendre une chose que ne pas l'entendre.
Il vaut mieux la voir que l'entendre ;
la comprendre plutôt que la voir,
la mettre en pratique plutôt que la comprendre.

Xunzi

- Du multiculturel qui reste chinois
- De la forme : calligraphie, documents et citations
- Du fond : l'homme, cible et levier du management, les valeurs en entreprise sous influence confucéenne

Nous avons évoqué la triple lecture possible du confucianisme. Une lecture neutre qui s'attache à mettre en évidence les ambitions confucéennes et les moyens associés à ces ambitions, puis des lectures critiques et souvent partisanes, à partir d'une observation de la culture confucéenne en action, retenant soit les défauts, soit les qualités de l'idéal confucéen.

C'est sur ces bases que nous avons structuré l'ouvrage, adoptant non pas un angle de vue philosophique mais managérial.

Nous avons ainsi d'abord analysé, sur la base des textes fondateurs, l'esprit confucéen de la gouvernance d'Etat, philosophie pensée comme théorie de l'excellence humaine en réponse à une époque décadente. Notre objectif était non seulement de clarifier le fond, mais également de le présenter dans sa « pureté » originelle (Partie I).

Puis nous avons transposé cet esprit au management, toujours à partir des textes, retrouvant de nombreuses convergences avec certaines approches occidentales, mais surtout avançant dans la compréhension de la dynamique humaine, notamment quant aux apports d'une philosophie qui a pensé la relation humaine jusque dans ses moindres détails. Cette étape nous a permis également de commencer à mettre en évidence les points d'enclenchement des cercles vicieux ou vertueux du pouvoir (Partie II).

Nous éloignant résolument de la position philosophique, l'analyse du fonctionnement de la société chinoise confucéenne et d'entreprises chinoises « sous influence », nous permettent maintenant d'approfondir ce point (Partie III). Après avoir clarifié les principaux impacts du confucianisme sur la société – chapitre à lire de façon neutre (Ch.8), nous avons ainsi commencé par préciser les origines possibles d'un confucianisme pensé comme rétrograde et conservateur, source d'obscurantisme et d'asservissement, justifiant la position tranchée des détracteurs (Ch.9).

C'est la même Chine, mais vue sous un angle différent, en miroir de celui du chapitre précédent, qui va nous permettre de mieux cerner l'autre vision, positive cette fois, de l'influence confucéenne sur le management. Nous pourrons ainsi également finaliser les analyses menées en amont sur l'ambivalence chinoise et les points d'inflexion du pouvoir confucéen, entre perversions et concrétisation des idéaux confucéens. Ce sera l'objet de ce chapitre.

Dans un premier temps, nous allons donc éclairer le contexte et donner une idée plus précise de cette capacité d'absorption des héritages et de digestion des expériences extérieures. Il est intéressant de constater combien la Chine réconciliant histoire, présent et futur, s'accommode facilement des différences culturelles importantes en son sein, ainsi que du différentiel résultant du contact avec d'autres cultures tel qu'il est imposé par la politique volontariste d'ouverture et l'entrée dans l'OMC, et ce, tout en gardant son intégrité culturelle.

Nous allons ensuite concentrer notre attention sur la prégnance du confucianisme dans la Chine contemporaine d'un point de vue positif, à la fois dans le fond (survivance des concepts et influence sur les comportements en entreprise) et la forme (utilisation directe ou indirecte de citations confucéennes dans les documents internes d'entreprise).

Nous réitérons cependant l'avertissement précédent. Les points d'inflexion, positifs cette fois, ne peuvent être, uniquement et avec certitude, attribués au confucianisme.

Confucianisme et dynamique managériale

- De l'interculturel au quotidien (intra-chinois et mondialisation) qui conserve intacte l'intégrité chinoise.

- De la forme.

- De la survivance des concepts confucéens et de leur influence sur l'entreprise.

Les exemples seront tirés d'expériences concrètes d'entreprises :

- Haier est un bon exemple de dynamique chinoise. Entreprise initialement exsangue dans le début des années 1980, aujourd'hui numéro un de l'électroménager en Chine, elle a ces dernières années, non seulement diversifié sa gamme de produits investissant jusque dans la téléphonie mobile, mais elle s'est également déployée dans de nombreux pays à l'étranger. Le postulat qui a servi de base à son développement est l'exploitation d'une image de marque patiemment construite de qualité, de fiabilité et de service au client. Lorsque l'on connaît les problèmes de qualité des produits chinois, ce point n'est pas négligeable.

Elle bénéficie en ce moment de rumeurs positives « en boule de neige » en Chine comme à l'étranger[1].

– Quelques empires connus, bâtis par des Tycoons, en Asie du Sud-Est et du Nord-Est ou à Hong Kong, tel celui de Li Jiacheng, Hongkongais, originaire d'une province du sud de la Chine, parti de rien et devenu numéro un du plastique, présent également dans d'autres secteurs d'activité (cf. tableau ci-après[2]).

Nous avons ainsi deux types d'entreprises de structure très différente mais, malgré tout sous « influence » confucéenne :

– Haier menée par un leader charismatique sur la route du succès, mais plutôt proche des grandes entreprises multinationales, avec néanmoins une présence du Parti.

– Les empires des Chinois d'Outre-mer, qui ont conduit leur entreprise au sommet, tout en conservant le capital dans les mains de la famille et le pouvoir dans les leurs.

Zhu Rong Ji a pour habitude de dire qu'il y a *les Confucéens commerçants*[3] (*Ru Shang* 儒商 soit les entrepreneurs qui ont étudié la culture confucéenne comme Zhen Hongbiao ou Xu Zhantang) et *les commerçants confucéens* (*Shang Ru* 商儒, soit ceux qui, devenus chefs d'entreprise, continuent à puiser dans le fonds culturel confucéen une partie de leurs inspirations et aspirations sans pour autant l'avoir particulièrement étudié). Zhang Ruimin, PDG de Haier et Li Jiacheng ont un point commun : tous deux font partie de la catégorie des commerçants confucéens.

– D'autres moins connus, mais tout aussi représentatifs d'un état d'esprit et de façons de manager très influencés par le confucianisme, tout ce tissu anonyme d'entreprises qui contribue au dynamisme économique de la Chine côtière dont le gouvernement chinois voudrait transférer l'expérience au service du développement du « Grand Ouest ». Ils n'ont

---

1 La rumeur occupe une place très importante en Chine peut-être encore plus qu'ailleurs, pouvant porter des entreprises au firmament en un temps record ou détruire leur réputation tout aussi rapidement.
2 On pourra se référer à l'ouvrage de Hou Shulin [HSL, 2001] ou d'Eric Bouteiller [1997].
3 C'est la même association d'idées qui nous a conduit dans cet ouvrage, alors que le confucianisme est réputé a-commerçant, voire anti-commerçant, rangeant cette catégorie de la population dans les classes inférieures de la société.

pas renié leur fonds confucéen bien que n'en ayant pas toujours une conscience aussi marquée, plus préoccupés par le développement de leur entreprise que par l'étude de leur fonds culturel (on peut le comprendre).

Ces entreprises courent certains risques (dominance familiale, népotisme, fermeture sur l'extérieur, corrosion du pouvoir, survivance ou retour des phénomènes de domination - soumission…). Si elles savent les éviter ou se remettre sur les rails, elles pourront maximiser le potentiel de leur héritage.

Nom du tycoon	**Résumé**
1. Gao Qingyuan	1. Président du Groupe Tongyi de Taiwan, dans l'agro-alimentaire.
2. Guo Henian	2. Malaisien, propriétaire du groupe Shangri-la et actionnaire du quotidien South China Morning Post, plus connu sous le nom de Robert Kwok.
3. Li Jiacheng	3. Né en 1928 à Chaozhou (Guangdong), connu surtout pour ses activités dans le plastique et l'immobilier, plus connu sous le nom de Li Kashing.
4. Li Sinqi	4. D'origine chinoise, ayant émigré au Canada à 44 ans. Fait fortune sur le tard dans l'immobilier.
5. Wang Yongqin	5. Né en 1917, Taiwanais, secteur de la pétrochimie, « roi du plastique ».
6. Wu Sunwen	6. Née en 1912, Taiwanaise, originaire de la province du Jiangsu, secteur automobile, plus connu sous le nom de Viviane Wu.
7. Wu Yaoting	7. Né en 1927, à Taïwan, dans la distribution, 400 millions de dollars de fortune personnelle
8. Xu Zhantang	8. Né en 1941, à Hangzhou. Emigre en 1950 à Hong Kong. Parcours universitaire. Fait fortune dans l'immobilier.
9. Zeng Xianzhi	9. Né en 1934, originaire de la province du Guangdong, Meixian. Emigre en Thaïlande au début des années 60 avant de revenir sur Hong Kong et faire fortune dans la fabrication de cravates. Ses activités ont été diversifiées dans les accessoires en cuir.
10. Zhao Yifu	10. Né en 1910, originaire de Shanghai. Part pour Singapour en 1927, à la tête de l'empire cinématographique des frères Zhou (Show brothers) à Hongkong depuis 1957.
11. Zhen Hongbiao	11. Né en 1930 à Singapour, originaire de Chaozhou. A reçu une éducation universitaire à Singapour et en Angleterre. Banquier.

Chinois d'Outre-mer, fondateurs d'empire cités
Source : [HSL, 2001]

Ces exemples reposeront, pour la plupart, sur des sources premières, documents d'entreprises ou publications et textes chinois dans les quotidiens ou revues spécialisées en management.

Une partie des exemples proviendra de notre expérience personnelle dans des entreprises chinoises ou des entreprises à capitaux mixtes et de l'observation sur plus de quinze ans[4] des particularités chinoises du management.

Ce qui a retenu notre attention en tant qu'Occidentale ? La sédimentation des cultures pour une culture d'entreprise puissante, l'importance attachée à l'homme et à la capacité du management de l'entreprise, le degré de « confucianisation » possible du management avec certains traits renforcés par l'histoire chinoise récente (difficile à croire tant que l'on ne l'a pas vécu), une cohérence de l'ensemble assez exemplaire, soutenue par la caractéristique de la langue chinoise, à concrétiser des valeurs finalement hautement abstraites.

C'est ce que nous allons nous attacher à retranscrire.

Du multiculturel qui reste chinois

Paradoxalement, alors qu'existe une forme de fascination pour la supériorité de l'approche occidentale en gestion et parfois une certaine facilité dans le rejet *a priori* de l'apport extérieur une tranche croissante de la population a recours de façon volontariste à des emprunts sélectifs.

Ils visent autant l'absorption des héritages culturels chinois autres que le confucianisme que la capacité à absorber le meilleur des expériences étrangères, mais en insistant sur la nécessité d'adaptation au contexte chinois.

---

4 En postface, nous avons détaillé notre méthodologie, « l'observation participante », qui suppose une présence physique de longue durée et, comme son nom l'indique, une participation active de celui qui la mène. Cette méthode est différente de la méthode des interviews qui en général sont dirigées par des personnes totalement extérieures à l'entreprise et ne peuvent donc se baser que sur le seul témoignage des interviewés.

Nous trouvons ainsi des références explicites :

– d'une part, aux Américains et Japonais, aux Américains pour leur système et aux Japonais, malgré la crise, pour la solidarité interne et externe des entreprises.

– d'autre part, à Confucius et aux auteurs confucéens, à Sun Zi ou aux *36 stratagèmes* et autres traités de stratégies ou tactiques militaires, à la combativité et à la dynamique guerrière, à la puissance de l'élan révolutionnaire, le tout parfois sous la direction du Parti Communiste Chinois (avec Mao en tête, qui a d'ailleurs souvent puisé dans la sagesse confucéenne et l'intelligence stratégique des auteurs militaires, de même qu'il reprenait les poèmes antiques en les paraphrasant).

C'est la sédimentation des cultures dans la Chine contemporaine ou la dynamique spongieuse des Chinois qui finissent toujours par siniser toute influence.

Prenons quatre cas de figures différents :

– **Wu Yao Ting**, Chinois d'Outre-mer : sédimentation des cultures et emprunt à l'étranger.

– **Haier,** numéro 1 de l'électroménager en Chine : sédimentation des cultures et emprunt à l'étranger.

– **Hebdomadaire chinois** pour les PME chinoises : inspiration chinoise pour une publicité de type « révolutionnaire ».

– **Une entreprise familiale chinoise** : sédimentation des cultures chinoises.

Ainsi, pour **Wu Yaoting**, « l'alliance de l'Extrême-Orient et de l'Occident doit se faire au travers d'un recours équilibré aux sentiments en usage dans notre pays, au système américain, et à l'amour du détail des Japonais ».

Haier, avec des résultats qui ne déméritent pas (80 % de croissance annuelle depuis 15 ans) se compare volontiers à General Electric (GE) qui suscite son admiration. **Zhang Ruimin**[5], PDG de Haier, n'en insiste pas moins sur la nécessité de « rester chinois », tout en s'engageant dans le grand mouvement de la mondialisation.

Dans son esprit, que veut dire rester chinois ? C'est savoir se référer à l'héritage culturel chinois, notamment le confucianisme et les stratèges militaires, rester sous la direction du Parti Communiste chinois (PCC), tout en intégrant le meilleur des systèmes étrangers, essentiellement américains et japonais.

Nous avons traduit ci-dessous une partie de son allocution au forum tenu par Fortune à Shanghai en 1999.

« Pour être sincère, si nous voulons apprendre des pays développés étrangers, il faut tenir compte à la fois du fait que nous sommes très proches, mais également que nous sommes très différents. **L'objectif de Haier est d'emprunter à l'Occident et au Japon**[6] **ses expériences en matière de gestion ET de les adapter à la réalité chinoise ; de créer une marque à rayonnement mondial, mais chinoise**[7].

---

5 Il n'en souligne pas moins une différence fondamentale entre les deux entreprises, celle des stades de développement, mature pour GE, en croissance pour Haier. Effectivement la formidable croissance vient aussi de conditions extérieures favorables d'un marché en pleine expansion.

Dans les années 50 : les trois Grands Articles (*san da jian* 三大件) étaient stylo plumes, montres-bracelets et radios.

Dans les années 60-70 : vélos, montres et machines à coudre.

Dans les années 80, la même phrase est toujours utilisée mais elle fait référence aux télévisions, réfrigérateurs et chaînes Hi-Fi (ou télévisions, réfrigérateurs et machines à laver). Les années 90 étoffent la liste à laquelle nous sommes susceptibles de faire référence tandis que le fossé se creuse entre les régions.

La fin des années 90 voit apparaître téléphonie mobile, automobile personnelle et ordinateur particulier. [IChM, 96/10 : 38-43]

Imaginez le potentiel que représente le marché chinois d'équipements des ménages, correspondant aux années 50 et 60 en Occident, sur une assise beaucoup plus large.

Sans ôter aucun mérite à Haier, il sera vraiment possible de juger de la qualité de l'ensemble à la pérennité de l'entreprise quand le marché arrivera dans sa phase mature.

6 A noter que la crise traversée par l'économie japonaise ne représente pas une raison suffisante pour en rejeter l'expérience.

7 Un relent de fierté nationaliste qui replace bien l'étranger dans son rôle utilitaire éternel : « *yi yi zhi yi* » soit utiliser les Barbares pour mieux les contrôler, était déjà en vogue au XIXème siècle, bien qu'avec moins de succès lorsque les puissances étrangères se sont progressivement arrogé le pouvoir sur des pans entiers de l'économie et du territoire chinois justifiant par la suite l'expression de Segalen décrivant cette « grosse orange chinoise à la peau grouillante de vers européens ».

Pour manager une entreprise chinoise, on ne peut qu'adopter un mode de gestion chinois. C'est ma conception du management de mon entreprise. »

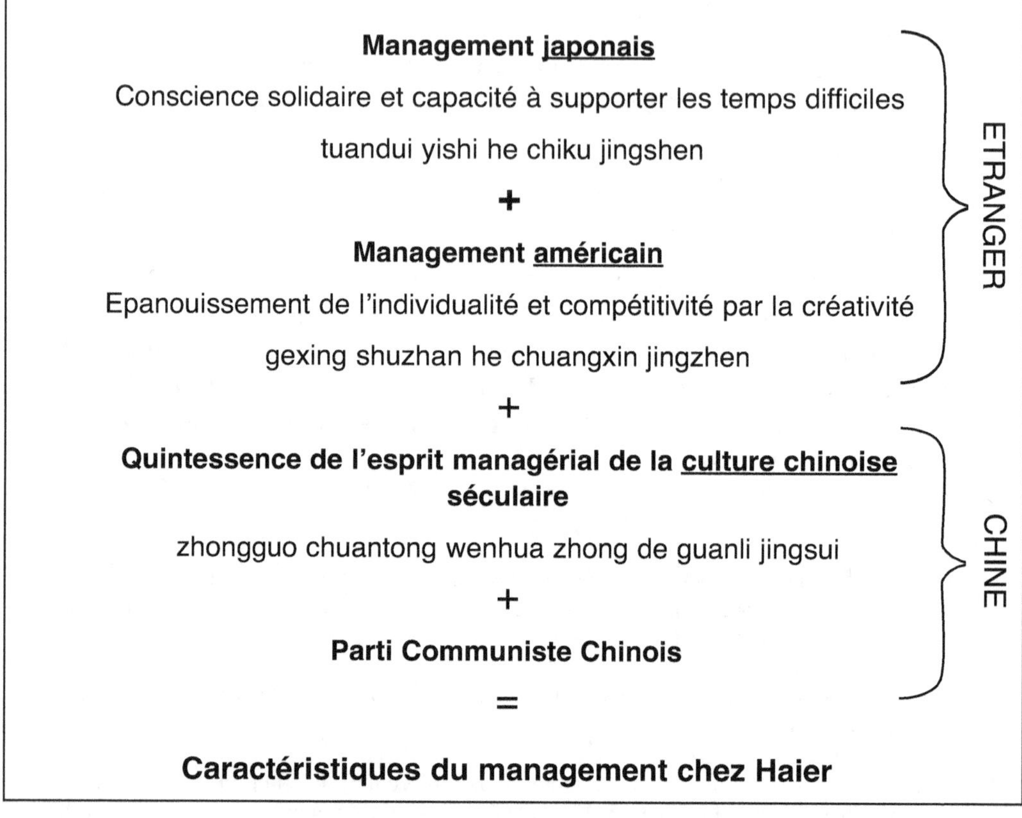

L'absorption des influences chez Haier.
Allocution de Zhang Huimin son PDG au forum Fortune, Shanghai-1999

Il continue ainsi :

« Quelles voies doit donc suivre le management des entreprises chinoises ?

Je rappellerais l'allocution en 1986 de Zhu Rongji à l'Université de Qinghua. Ce dernier a souligné le point suivant : notre pays manque d'une connaissance exhaustive du passé et du présent (*bo gu tong jin* 博古通今), c'est-à-dire de gens érudits et bien informés, capables de comprendre à la fois les modes managériaux occidentaux et de comprendre « la stratégie militaire de Sun Zi », tout en ayant intégré l'expertise en gestion au travers « des déclarations du Parti Communiste ». Nous devons apprendre des qualités de chacun, et sous la direction du Parti Communiste Chinois, suivre une voie managériale aux caractéristiques chinoises. » [Yan et Hu, 2001 : 54-55]

Pour illustrer l'inspiration de l'esprit révolutionnaire, cette publicité pour l'hebdomadaire « Gagner », dont la cible est les petites et moyennes entreprises est éloquente.

Elan révolutionnaire et publicité,
exemple de l'hebdomadaire « Gagner »

A gauche (❶), nous voyons effectivement le graphisme typique des affiches de propagande, datant de la révolution culturelle, époque forte en terme de création d'images et de slogans et dont on retrouve certains protagonistes à la tête aujourd'hui des agences de publicité. De plus, la couleur originale est le rouge pour renforcer cette ressemblance.

A droite (❷), le slogan est de la même veine :

« *Vous tous qui êtes au service des petites et moyennes entreprises Unissez-vous ! »*

On retrouve en effet :

– Dans la première partie du slogan (❷a), le « au service du peuple » du Parti Communiste que l'on voit encore souvent sur les bâtiments officiels (*wei renmin fuwu* 为人民服务), transformé en « au service des petites et moyennes entreprises » (*yiqie <u>wei zhongxiao qiye fuwu</u> de renmen* 一切为中小企业服务的人们).

- Dans la seconde partie du slogan (❷b), le « Prolétaires, de tous les pays, unissez-vous » (*lianhe qi lai* 联合起来).

Dans cette autre entreprise d'une taille qui commence à être conséquente (1000 personnes), nous avons été confrontée à une entreprise fondamentalement multiculturelle bien que très chinoise, où se rencontrent socialisme, esprit combattant révolutionnaire et confucianisme agissant, que nous trouvons résumés dans le tableau p. 262.

Leur communication externe est également associée *aux grands moments de la Chine socialiste*.

De l'esprit combattant, ils ont l'énergie et la volonté d'aller toujours plus avant :

« Jamais le second, toujours le premier. »

« Sans jamais s'arrêter. »

« Nous sommes des soldats sans treillis. » « La vie est un combat ; seul la persévérance et la ténacité permettent d'obtenir des résultats. »

« L'œil toujours fixé au loin, ne craignons pas d'avoir de grandes ambitions, recherchons les challenges de grande envergure, osons les grandes ambitions. A petits objectifs, petits résultats. »

…qui leur permettent de surmonter les temps difficiles, ensemble (la calligraphie ci-contre est accrochée au mur de l'entreprise) :

« Je perds mon sang, je perds ma sueur, mais je ne laisse pas couler mes larmes ; je me laisse écorcher, je me laisse arracher ma chair, mais je ne laisse pas tomber mon équipe. »

« Il faut se souvenir des réussites des hommes, oublier leurs échecs. »

… ou de ne pas craindre les obstacles :

« Que notre entreprise soit en mesure de nous rassembler et de nous transformer en une équipe de héros. »

« Je perds mon sang, je perds ma sueur …»

Quant aux fondamentaux de la culture confucéenne, ils sont respectés dans leur intégralité, avec en premier lieu l'importance du souverain dans un pays où tout procède de la tête, pour une philosophie dans laquelle, sans l'homme, il n'y aurait rien ni personne à gérer.

Tout s'articule en effet autour de l'homme, non seulement comme levier de réussite de l'entreprise (qualité du management), mais aussi comme cible (compte tenu du cœur de métier de l'entreprise, il s'agit « d'assurer la santé et le bien-être de l'humanité »), avec un impératif de dévouement à la collectivité[8].

L'ensemble est d'une cohérence assez exemplaire, soutenue non seulement par cette capacité de la langue à concrétiser des valeurs abstraites, mais aussi par une symbolique puissante et une rythmique entraînante. Ce qui, dans une autre langue et avec une autre tournure d'esprit, demanderait un effort, est assez naturel en mandarin.

Quelques phrases clefs que nous retrouvons notamment dans les colonnes 2, 4 et 5 du résumé, reviennent de façon récurrente dans les discours et documents, faisant partie intégrante du vocabulaire de l'entreprise. Les limites étant difficilement identifiables, on notera que la colonne 5 peut également refléter « l'obligation socialiste de retour à la société des bienfaits reçus » et la colonne 3 présente une légère connotation confucéenne, notamment dans le premier paragraphe, « pas à pas, sans jamais s'arrêter ».

---

8 Du pur « maoïsme confucéen » : cette association est surprenante, lorsque l'on sait que Mao était l'un des plus grands détracteurs de Confucius. Nous avons précisé certaines similitudes (en apparence seulement) entre les ambitions confucéennes et les ambitions du communisme. Un des slogans préférés de la propagande chinoise est « *wei renmin fuwu* » au service du peuple. D'autres convergences possibles existent : la propagande chinoise glorifie les héros populaires comme Lei Feng qui – outre son attachement au Parti Communiste et à sa patrie, « travaille dur et vit simplement, aide les autres dans la joie et sert le peuple corps et âme, fait de bonnes actions sans se mettre en avant, étudie avec application et développe ses capacités. »
Dans la même veine, les expressions en quatre caractères qui mettent en évidence l'impératif de dévouement au bien public sont nombreuses. Ainsi de la signification de « *ke ji feng gong* 克己奉公 » de *ke* – être strict ; *ji* – vis-à-vis de soi, *feng* – entièrement dévoué ; *gong* – bien public.

Discipline Militaire et résistance guerrière (1) ER++ EC++	Excellence humaine (2) C++	Dynamisme & ténacité Réalisme & action (3) EC++ C	Le sentiment – ciment interne & externe (4) C++	Dévouement Au bien collectif (5) C+ S
« Nous sommes des combattants sans treillis. »	« L'homme au cœur. »	« Pas à pas, sans jamais s'arrêter. »	« Le client et nous, sommes dans le même bateau, contre vents et marées. »	« Contribuer à la prospérité et à la santé de l'humanité. »
« Perdre sa sueur, son sang, mais ne pas laisser couler de larmes ; se laisser écorcher, perdre sa chair, mais ne pas laisser tomber son équipe. »	« Pour gérer les hommes, il faut savoir s'occuper du cœur. »	« Le système interne de compétition. »	« Progressivement faire grandir un sentiment d'amitié chez le client. »	« Rendre à la société ce qu'elle nous a donné. »
« La guerre de libération de 3 ans ; le grand meeting des 90 jours, le grand meeting des 120 jours. »	« D'abord accomplir l'homme, seulement après accomplir des choses. »	« Oser le challenge, oser la compétition. »	« Parler d'abord d'amitié ; après seulement d'affaires. »	« Le bon médecin de famille. »
« La vie est un combat ; seuls, persévérance et engagement dans le travail nous permettent de réaliser quelque chose. »	« Chacun doit se connaître, doit pouvoir se maîtriser, savoir s'auto-évaluer. »	« Toujours le premier, jamais le second. »	« Nos sentiments vis-à-vis d'un client sont les mêmes que pour un membre de notre famille. »	« L'expert en maladies chroniques. »
	« Mesurer ses défauts à l'aulne des qualités des autres et non le contraire. »	« Ceux qui restent sont les héros. »	« Son propre amour, il veut pouvoir le communiquer à son entourage. »	« Opération « maman sans travail », 100 embauches. »
	« Les « 4 cœurs » (sincérité, loyauté, vigueur et compréhension), les « 6 maximums » (dévouement +, tolérance +, jalousie -, mensonge -, laisser aller -, narcissisme -). »	« Les échecs sont des expériences qui forgent les héros. »	« Les clubs de clients ont pour dénomination « lier les cœurs ». »	Actions de dispense de « soins », création de petites équipes de services en matière de santé, mini services aux personnes âgées et aux bons clients.
	« Notre entreprise est une « grande école ». »			

Influences multiples et héritage confucéen dans l'entreprise chinoise « X »
Extraits de documents d'entreprise et de citations de discours

ER : Elan Révolutionnaire   C : Confucianisme   EC : Elan Combattant   S : socialisme   + : prononcé   ++ : très prononcé

De la forme : calligraphie, documents et citations

L'influence de la culture s'exprime au travers du fonds, mais aussi de la forme, sur un mode très personnalisé et impliquant. La référence au confucianisme se retrouve en réalité en toutes occasions, dans les règlements intérieurs, dans les documents fondateurs de la culture d'entreprise, dans les allocutions publiques ou réunions internes. Elle est également à la base des politiques institutionnelles, des publicités et de la communication interne.

Des calligraphies affichées au mur rappellent les fondamentaux en matière de dynamique commerciale ou de principes managériaux. La calligraphie ci-après est de pure inspiration confucéenne.

Nous trouverons aussi des règlements intérieurs ou des chartes de comportement ou d'éthique, qui donnent de façon claire et précise, ce que « l'homme est au centre » veut dire[9].

Par comparaison, certains documents internes d'entreprises occidentales qui investissent argent et créativité pour traduire leurs valeurs et ambitions, peuvent paraître sibyllins. C'est ce qui attire plus particulièrement l'attention des interlocuteurs en séminaire, surtout les responsables de la communication interne, toujours à la recherche de leviers pour favoriser l'adhésion des salariés. Or, en sus des autres particularités déjà évoquées, la langue chinoise est une langue fédératrice qui s'organisait déjà autour de phrases clefs, bien avant la propagande moderne[10].

---

9 Cf. Partie III « Sur la traduction des principes confucéens dans des chartes internes d'entreprise ».

10 Il y a les idiomes en quatre caractères ou *chengyu*, les aphorismes, les *duilian* ou calligraphies aux portes d'entrée ou dans les salles de réception qui accueillent les visiteurs par des messages de bienvenue, de double bonheur, de santé et prospérité. Aujourd'hui, ce sont également les slogans de publicité ou les marques qui bénéficient de cette facilité. Comment se dit Coca Cola en chinois ? *Ke kou ke le* 可口可乐 (littéralement pouvoir – soif – pouvoir – plaisir, soit « si vous avez soif, vous aurez du plaisir »). Danone ? *Da neng* 达能 (Atteindre – pouvoir). Carrefour ? *Jia le fu* 家乐福 (maison, plaisir et prospérité). Volkswagen a gardé son nom de « Voiture du peuple » (*Da zhong* 大众). Cf. également le « cœur » au service de la publicité dans le chapitre 10 « Management du et par le cœur ».

Et surtout, il est assez surprenant de voir les mêmes citations de Confucius que celles retenues pour nos interventions ou dans ce livre, utilisées directement ou par allusions très claires.

Nous avons vu précédemment comment Zhang Ruimin, PDG de Haier ou Wu Yaoting se référaient explicitement au confucianisme.

C'est également ce numéro 2 d'une entreprise chinoise, érudit au sens classique du terme, qui, à chaque réunion de vendeurs ou de directeurs de filiale[11], distille une éthique, conforte des valeurs profondément humaines et contribue à insuffler l'idée de la nécessité d'un esprit sain dans un corps sain, au travers de citations et d'explications des textes classiques.

Ces réunions ont pour principal objectif de mettre en avant les résultats commerciaux, de comparer les performances des vendeurs, de pointer les mauvais élèves, non pour les condamner mais pour leur permettre de mieux se reprendre[12], et ce, avec un rythme qui ferait pâlir d'envie les meilleurs directeurs commerciaux occidentaux.

Effet de surprise garanti donc, quand en clôture des trois heures de réunion, le quart d'heure poétique (plutôt une demi-heure) vient rappeler qu'en ce « monde de brutes » où les chiffres sont roi, il doit toujours pouvoir subsister un océan d'humanité.

Pour appuyer son discours, la calligraphie ci-contre affichée au mur de pure inspiration confucéenne, rappelle la nécessaire consistance de l'attitude du manager et ce qu'il recevra du managé : « *Les ministres ne m'obéissent pas parce que je suis sévère mais parce que je suis intègre. Le peuple ne m'obéit pas parce que je suis compétent, mais parce que j'ai le sens de l'intérêt public. J'ai ce sens et ainsi je crée de la clarté. Je suis intègre et ainsi je gagne le respect du peuple* ».

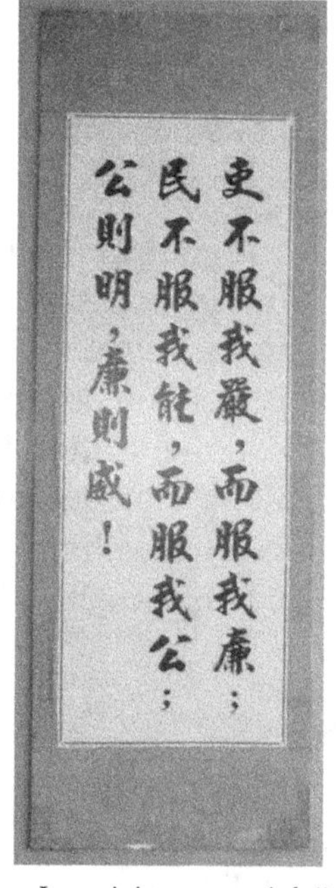

« Les ministres ne m'obéissent pas parce que je suis sévère, mais… »

---

11 Les *Entretiens* de Confucius ou la *Grande Etude* ou le *Voyage en Occident* (histoire de l'introduction du bouddhisme en Chine) ou Sun Zi, le stratège miliaire…
12 L'échec est un événement normal de la vie professionnelle, que tout un chacun connaîtra un jour. C'est de ne pas savoir surmonter un échec qui est rédhibitoire.

Du fonds : l'homme, cible et levier du management, les valeurs en entreprise sous influence confucéenne

Souvenons-nous du point de départ de notre réflexion sur le confucianisme dans la Partie I Chapitre 3 : « Un bon gouvernement repose sur l'homme » (*wei zheng zai ren*), soit l'homme comme cible et levier du gouvernement.

Pour la cible et l'objet du gouvernement, nous avions l'expression « dans l'intérêt du peuple, pour sa prospérité et sa sécurité » (*li min, fu min, an min*), une politique « favorable au peuple » (*hui min*).

Pour le levier du gouvernement, nous avions l'homme au centre (*yi ren wei ben*), ses qualités humaines, et le souverain au sommet de la pyramide.

Dans l'esprit confucéen, nous allons ainsi préciser quelques-uns des éléments de fonds particulièrement récurrents dans cette forme de « management à la chinoise », que nous avons commencée à explorer dans la première partie, mais à partir des textes confucéens et non de leur transposition chinoise :

– Sens de la responsabilité sociale.
– Résilience, persévérance, industriosité et frugalité.
– Talents et valeurs morales.
– Etude et auto-perfectionnement.
– Management du cœur et management par le cœur.

Sens de la responsabilité sociale

C'est donc au travers de cette expression confucéenne « dans l'intérêt du peuple, pour sa prospérité et sa sécurité » (*li min, fu min, an min*) que s'exprime, de façon générale et assez spontanée, le sens de la responsabilité sociale (*shehui zerengan* 社会责任感) des Chinois d'Outre-mer en situation de management.

En Chine Populaire, on retrouve ce même sens social, qui trouve un écho dans l'intention communiste d'être « au service du peuple » (*wei renmin fuwu*).

Il s'agit d'être au service de la société, de faciliter la vie du peuple, de rendre le pays prospère et puissant[13] (*fuwu shehui, bianli renqun, fuqiang guojia* 服务社会, 便利社会, 富强国家). Des termes comme contribution (*fengxian* 奉献) ou des expressions comme « rendre à la société ce que la société vous a donné » (*huibao shehui* 回报社会) reviennent très souvent dans le vocabulaire usuel. La prospérité se partage, c'est un devoir. La fortune n'est pas un but en soi, elle s'accompagne d'un nécessaire désintéressement dans sa jouissance.

Il y a en réalité plusieurs façons de concevoir cet impératif de partage de la prospérité et d'en cibler le destinataire.

1. Naturelle, spontanée et sincère : distributions de fonds, implication personnelle et fondations sont monnaie courante, reflétant les convictions personnelles de chacun.

- Rendre à la société dans son ensemble, sous forme d'actions en faveur des régions en difficultés (inondation, sécheresse, incendies…) ou défavorisées (visite gratuite de médecins et distribution de médicaments, construction de petits hôpitaux de quartier ou de dispensaires de campagne…).

- Valoriser des équipements sportifs, éducatifs (stades, centres de recherche, universités), de santé (hôpitaux).

- Revenir à son village natal et contribuer à son développement (infrastructures).

- Recentrer l'action sur son propre secteur d'activité par participation active à la formation, voire le financement de centres de recherches ou celui de mise à niveau des équipements.

- Aider d'autres Chinois d'Outre-mer à démarrer ou à rebondir en cas de difficultés.

---

13 La prospérité (*fu*) est dans le vocabulaire confucéen. La force, la puissance du pays (*qiang guojia*) n'est pas la préoccupation du philosophe mais celle du militaire, au contraire de la force des hommes (*qiang ren*), non pas dans le sens de la seule puissance, mais comme nous l'avons évoqué, dans celui de la cohésion qui renforce la capacité d'une équipe.

2. Un peu forcée

– Rappeler à l'ordre quelques oublieux ou indifférents.

3. Devoir ou gestion de sa propre face ?

– Devoir : Tenir ses engagements malgré les revers de fortune.

– Face : Revenir en ayant réussi dans son pays natal et y investir.

Naturelle, spontanée et sincère

« L'objectif à poursuivre est de servir le peuple. Le profit n'est que ce que le peuple nous donne en retour », dit-on chez **Songxia** (National), fabricant entre autres d'appareils de climatisation et d'électroménager.

Exemple : Le point de vue de trois dirigeants

Lin Siqi, Canadien, Chinois d'origine, affirme cet ordre de priorité haut et fort. « Lorsque que j'ai choisi mes activités, a toujours été en filigrane le profit pour le peuple. Après seulement, cela m'a servi à moi […] Je gagne de l'argent, mais je n'aime pas parler haut. Ce que j'aime, c'est construire. Il y a un vieil adage chinois qui précise que l'argent vient de la société, et qu'il doit être utilisé au service de la société. J'estime que l'argent doit effectivement contribuer à la société. Particulièrement quant à la formation des gens dans le même secteur d'activité ainsi que la montée en puissance des équipements. »

D'ailleurs, il donne tous les ans plus d'un million d'US $ pour aider d'autres Chinois en difficulté, lui-même ayant bénéficié dans ses temps difficiles de l'appui financier et de la confiance d'un ami, qui lui ont permis de sortir enfin vainqueur de son épopée de la fortune au Canada. En 1987, il a été élu, au sein de la communauté canadienne chinoise, philanthrope exceptionnel de l'année (cishan jia).

Wang Yongqin est tout imprégné de cet esprit. Voilà sa réponse à la question : « Pourquoi travaillez-vous autant alors que vous avez de l'argent ? »… « C'est parce que mon développement et celui de la société taiwanaise sont étroitement liés. J'ai une responsabilité sociale, et non pas seulement celle de gagner ou de faire gagner de l'argent ».

En 1970, dans le cadre de la fondation Ming De (Morale Eclairée), il avait ainsi créé un Centre de Recherches sur la Qualité de la Vie. Il pensait en effet que, malgré l'augmentation du niveau de vie à Taïwan et la croissance de l'île, qualité de vie et état sanitaire de l'île restaient insuffisants pour beaucoup ; que le but d'une entreprise devait être celui d'une contribution au développement de la société[14]. « Ne penser qu'à son bien personnel est une idée vide et sans sens aucun. »

Dès que **Li Jiacheng** a eu une fortune suffisante, il a consacré des sommes conséquentes à l'atteinte de ce même objectif.

Pour ne citer que ces actions que, dans notre vocabulaire nous qualifierions aujourd'hui de « solidaires » et hier de « charitables », et sans recherche d'exhaustivité :

Pour son pays natal, il a versé en 1978, 5,9 millions HK$ pour la construction de 250 logements sur 12500 m^2. En 1980, il a fait construire, pour 4,5 M HK$ un pont et a fait don pour la construction d'un hôpital, d'un stade, d'un centre de recherche, d'une fondation…, de 100.000 à 1,5 millions de HK$ pour chaque ouvrage.

En 1984, il a donné à la fondation chinoise pour les handicapés 1 million. En 1991, à nouveau 5 millions et de 92 à 96, ce sont 60 millions cumulés qui ont été versés.

En 1988, ce sont 1 million aux Beaux Arts de Pékin et la même année, 2 millions, pour des équipements sportifs dans la ville de Shantou, qui sont distribués, puis 10 millions à Pékin pour soutenir les Jeux Asiatiques.

En juillet 1991, il entend que de graves incendies d'une ampleur historique ont enflammé l'Est de la Chine. Il procède immédiatement à une levée de fonds de 50 millions avec quatre grandes compagnies hongkongaises.

Sans compter toutes ses actions en faveur de Hong Kong ou de la province du Guangdong.

A noter également, le don de 500.000 HK$ en 1987 à la fondation Confucius. [HSL, 2001]

---

14 On retrouve l'idée du développement durable.

Nous retrouvons ce même esprit au sein de cette autre entreprise, à la fois dans son cœur de métier (médical et paramédical) et dans son mix de distribution et de communication.

« Créer le bonheur et la santé de l'humanité » (*zaofu renlei de jiankang*) est « notre quête sans fin et notre mission glorieuse ». Quel que soit le lieu, quel que soit le moment, cette mission s'impose à tous, qui se doivent de consacrer leur énergie au bien-être du peuple.

« Rendre un service public[15] avec chaleur, rendre à la société ce qu'elle nous a donné avec amour » (*rexin gongyi fuwu, yong aixin huibao shehui* 热心公益服务，用爱心回报社会) est leur credo. Cette mission est déclinée avec imagination dans bon nombre de leurs actions et notamment dans ce qui aurait pu être regroupé dans une fondation.

Ainsi de cette opération de recrutement de « Mamans licenciées »[16] (*xiagang de mama* 下岗的妈妈) lancée en 1998, au moment de la fête des mères et renouvelée l'année suivante, aboutissant à 10% de l'effectif[17] avec ce type d'expérience.

Ainsi des « mini-commandos de service médical » (*jiankang fuwu xiao fendui* 健康服务小分队) qui sillonnent les campagnes pour assurer des soins gratuits, apporter santé et chaleur (*song qu le jiankang he you yidian wennuan* 送去了健康和有一点温暖), et ce plus particulièrement dans les coins reculés et pauvres, en carence de soins médicaux et médicaments.

---

15 Comprendre non pas entreprise de service public, mais service à la collectivité, à la société, au peuple.

16 *Xiagang* est l'expression utilisée pour qualifier les licenciements des entreprises d'Etat ou les sureffectifs. Le gouvernement tente de s'atteler avec régularité au redressement de ces entreprises qui fonctionnent encore sur un mode de propriété publique des moyens de production. Elles souffrent de la maladie des trois fers (salaires, position et statut garantis). Leur redressement reste un des challenges majeurs du gouvernement, qui craint des troubles sociaux si les vagues de licenciement sont mal gérées alors que le système social n'est pas encore stabilisé. Les personnes licenciées sont ainsi souvent dans des situations personnelles extrêmement difficiles.

17 Décidée dans un esprit de cohérence avec leur credo de « service public », ils continuent à s'en féliciter aujourd'hui car ces nouvelles recrues ont démontré, depuis, une efficacité certaine. Celle-ci repose sur leur expérience des temps difficiles, sur leur loyauté à une entreprise qui leur a remis le pied à l'étrier ainsi que sur leur adhésion aisée à cette culture d'entreprise particulière.

Leurs forces de vente, auxquelles leurs clients reconnaissent un dévouement sans égal, sont appelées par ces mêmes clients (dans un mélange d'affection et d'admiration) « le bon médecin de famille », « l'expert en maladies chroniques ». Un lien particulier est ainsi né et alimenté entre l'entreprise, ses employés et ses clients, profond et très affectif, que l'entreprise assume comme tel et qui semble sincère.

Les nouveaux embauchés doivent pouvoir adhérer à cet esprit. C'est l'un des premiers points qui leur est présenté lors de l'entretien de recrutement.

Un peu forcée, sous forme de rappel à l'ordre

Nous avons noté une forme de sincérité, mais elle peut parfois être « forcée » en raison de certaines exacerbations du comportement, chez tous ceux qui, maintenant, « regardent vers l'argent » (*yi qie xiang qian kan*[18] 一切向钱看).

L'argent fait parfois oublier le devoir supposé le plus ancré dans la culture chinoise. Fini l'amour, la famille et l'amitié, vous ne risquez plus de pouvoir vivre avec de grands sentiments. C'est ce qui guette le pêcheur de droite, qui s'est trompé d'appât pour attirer les poissons d'or du Fleuve Amour [IChM, 94/02 : 80].

Evolution des valeurs

---

18 En référence à un slogan maoïste, où l'on joue sur l'homonymie des appellations. Le slogan maoïste est « *xiang qian kan* 向前看 » (soit regarder vers l'avant, toujours regarder devant soi). Le slogan actuel, ironisant sur l'évolution des valeurs étant « *xiang qian kan* 向钱看 » (soit regarder vers l'argent).

Exemple : Une opération de retour au pays natal

C'est un peu pour cette raison que la ville de Zhanjiang, située au sud de la province du Guangdong (environ 1 million d'habitants) et qui se trouvait en grande difficulté économique et sociale a lancé l'opération « Retour au pays natal et renaissance du sentiment » (xiangqing huigui jiaxiang 乡情回归家乡). Elle avait en effet connu des fermetures en chaîne d'entreprises au management obsolète et aux produits dépassés ainsi qu'une « désertification » de son territoire, beaucoup ayant quitté leur ville pour « faire fortune » ailleurs.

La première étape de l'opération consistait donc à chercher à réveiller le sentiment pour leur pays natal chez ces « émigrés » et à les rappeler à l'ordre de façon détournée, en allant sillonner les grandes villes du Guangdong et les provinces avoisinantes, organisant des séminaires, des rencontres, des événements...

La seconde étape avait pour objectif de nourrir cet intérêt et de leur donner envie de revenir dans leur pays natal en les conviant à des festivités, spécialement organisées en leur honneur, à Zhanjiang même pour le Nouvel An chinois.

Puis, se faisant de plus en plus « facilitatrices » et conciliantes, les autorités locales instaurèrent un « service dragon » (yitiao long fuwu 一条龙服务) pour accélérer les démarches administratives. L'un des premiers à en bénéficier fut un certain M. Liang, dirigeant d'une importante entreprise de matières premières pour l'industrie textile, et qui plus est, très influent au sein de cette communauté que les autorités locales voulaient attirer. Il put ainsi, en 90 jours, installer son usine de production.

Résultat : la même année, il contribuait déjà pour 300.000 Rmb aux recettes fiscales de la ville.

De nombreux autres suivirent son exemple, dans des domaines aussi variés que l'agroalimentaire, le petit électroménager, la fabrication de chaussures, s'installant dans le parc industriel aménagé à cet effet. Les anciennes usines trouvèrent une nouvelle jeunesse. Ils se redécouvraient un sentiment pour leur ville natale, s'occupaient d'elle, l'aimaient « chaleureusement », la « construisaient » (guanxin jiaxiang, reai jiaxiang, jianshi jiaxiang 关心家乡，热爱家乡，建设家乡).

Pour améliorer l'environnement, des millions de Rmb furent également dépensés (soit par financement des autorités, soit par dons) pour construire des bâtiments culturels, un centre commercial et un stade, ainsi que pour éclairer la ville.

Par effet « boule de neige » dans les districts alentours se construisirent infrastructures routières et écoles, transformant le visage de l'ensemble et consolidant les assises de son développement.

Résultat :

– En juillet 2002, il y avait déjà 43 entrepreneurs revenus à Zhangjiang, qui de plus avaient fait don chacun a minima de 500.000 Rmb pour contribuer au développement de leur ville.

– Quant à deux des districts de Zhanjiang, ils reçurent le titre tant recherché de « campagne éclairée » (wenming cun 文明村). [YCWB, 11.07.2002]

Le sens de la responsabilité sociale peut également avoir été forcé par l'administration fiscale. C'est ainsi que *Wang Yongqin*, rendu intouchable à Taiwan par la réussite de Formose Plastics, accusé de fraude fiscale n'a pas eu à subir de redressement. Il lui a été proposé d'offrir un complexe sportif à Linkou, lieu d'implantation de son usine la plus importante. [Bouteiller, 1997 : 223]

Devoir ou gestion de sa propre face ?

Tout geste généreux n'est pas toujours gratuit, et les Chinois oscillent souvent, une fois encore, entre deux extrêmes.

On peut en effet soupçonner le geste d'être porté par un orgueil à assouvir et une face à entretenir.

Le don est un signe de prospérité et de réussite. Quant au montant des dons et à leur régularité, ils donnent une indication sur le niveau de la réussite et conditionnent le degré de l'admiration reçue en retour, qui lui-même conditionne l'éventail des gens concernés et le niveau de face obtenu, qui lui-même…

A l'inverse, Li Jiacheng est connu et reconnu pour le respect de ses engagements, quelles que soient les circonstances (*yi nuo qian jin* 一诺千金). On cite parfois cette anecdote : alors qu'il voulait construire l'université de Shantou, l'économie de Hong Kong entra en crise, crise qui se répercuta sur la situation des entreprises, tandis que le gouvernement réduisait les fonds alloués à l'éducation. Contrairement à d'autres dirigeants d'entreprises, il ne modifia pas ses intentions et maintint son projet en l'état. « Je peux rencontrer des difficultés, faire faillite ou perdre de l'argent, l'échec n'est jamais important, au contraire de la construction de l'Université de Shantou qui est, elle, très importante. »

Il vendit donc son immeuble de bureaux et le projet se réalisa. [HSL, 2002 : 119]

Résilience, persévérance, industriosité et frugalité

Démontrant une capacité exceptionnelle à surmonter une enfance souvent difficile et/ou des débuts laborieux dans une vie parsemée d'embûches, à se remettre des échecs sans drame, persévérant et travailleur inlassable, exigeant envers soi, mais large et tolérant envers les autres, il gère son capital dans le sens d'une parcimonie non mesquine. C'est ainsi qu'est en partie décrit le grand dirigeant chinois ou le fondateur d'empire ; il est apprécié pour ces qualités.

Il est la preuve vivante de certains arguments avancés par Boris Cyrulnik quant à la « résilience » des personnes en situation difficile [Cyrulnik, 1999].

Exemple : La résilience de deux dirigeants

On voit ainsi **Xu Zhantang**, dont la mère décède quand il avait 14 ans. Pour subvenir à ses besoins, il travaille à la banque la journée, étudie le soir ainsi que pendant tous ses loisirs (qin lao hao xue 勤劳好学)[19]. Après cinq ans, il se sent prêt. Avec des économies qu'il jugeait suffisantes, il décide donc de créer sa propre entreprise dans l'immobilier, mais se heurte au refus de sa famille, qui craint des difficultés en raison d'un manque de fonds, d'une concurrence féroce et d'une crise économique sérieuse à Hong Kong. En 1967, il subit en effet les contrecoups de la Révolution Culturelle chinoise et de plein fouet la crise de l'immobilier. Il en profite néanmoins pour investir tout son capital dans l'achat d'appartements à bon prix. C'est une classique spéculation immobilière qui s'est bien finie pour lui, mais avec une touche d'intelligence personnelle. « Les gens s'en vont, j'y vais ; les gens reviennent, je m'en vais » (Ren qi wo qu, ren qu wo qi 人弃我去，人去我弃). Par la suite, il continuera de suivre cette politique « inversée », lors de toutes les crises immobilières. A l'approche de la réintégration de Hong Kong, s'est produite une fuite importante de capitaux vers les USA, le Canada et l'Australie. Lui, au contraire, achète. [HSL, 2001 : 22 & 367]

Il en est de même pour **Lin Siqi**, qui ne réussit qu'à près de 50 ans, après bien des difficultés. C'est en 1967, que cet érudit[20] décide de rentrer à Hong Kong, où, tout en enseignant, il travaille dans la banque JiaHua dont il devient PDG. Il a déjà 44 ans.

C'est alors qu'il veut créer sa société. Mais, rencontrant l'opposition de sa famille, il décide finalement d'émigrer au Canada, avec sa femme et ses trois filles, avec seulement 40.000 HK$ en poche.

Au Canada, il rencontre de grandes difficultés à trouver du travail. Très vite, avec cinq bouches à nourrir, il dépense plus de la moitié de son capital déjà maigre.

Il décide donc de se remettre à l'étude en cours du soir, dans l'immobilier. Il a près de 50 ans, pas d'argent, peu de travail, toute la pression sur lui et continue à étudier.

---

19 A noter que les formations en Chine ne sont pas souvent prises sur le temps de travail, ni payées par l'entreprise.

20 Il fait partie de ce que nous avons appelé les Confucéens commerçants. Son parcours universitaire le mène de Hong Kong à Canton, puis aux USA, avant d'obtenir le titre de docteur.

Mais, c'est ce qu'il a toujours fait, toute sa vie, alors, pourquoi pas ?

Avec son background, il finit par retrouver du travail, mais très mal payé et poursuit son chemin d'un quotidien difficile.

Nous arrivons dans les années 70, qui voient déferler une vague d'immigration chinoise au Canada et sonnent le début d'un dénouement tardif, mais heureux.

Cette vague amène en effet au Canada, un de ses amis qui le connaît bien et lui fait confiance (fiabilité – qualité – étude, parcours universitaire et cours du soir sur les bases de l'immobilier – persévérance – puissance de travail – compétences professionnelles notamment financières acquises à la banque et dans ces dernières fonctions même mal rémunérées). Il veut s'associer avec lui pour fonder une compagnie dans l'immobilier. Le principe adopté est celui de la parité. Chacun fournit la moitié des parts, mais la première moitié de Lin Siqi, dont il ne disposait pas, c'est cet ami qui la lui a prêtée, lui donnant ainsi l'occasion de se lancer et de démontrer ses compétences.

En dix ans, il avait déjà gagné 500 millions US$. [HSL, 2001 : 85]

Plus généralement, ces qualités sont valorisées dans de nombreuses sociétés chinoises.

Exemple : La légende des temps difficiles du début

Dans cette autre entreprise, les temps difficiles du début - et surtout le fait de ne pas les craindre, de persévérer et d'atteindre son but, font partie de la légende. Pas de capitaux, des combats de tous les instants, un environnement peu stabilisé (en 1989, la politique d'ouverture avait à peine plus de dix ans et Tian An Men avait déclenché une crise économique), des conditions de travail difficiles (périodes sans salaire, météo peu favorable, dans le Guangdong, typhon, chaleur, pluviosité, humidité, rien ne manque).

« Douloureux et fatigant, mais ceux qui restent sont des héros » fait partie du vocabulaire couramment employé pour donner en exemple les vendeurs modèles (attitude et performance) et inciter l'ensemble du personnel à les suivre dans cette voie.

Quant à l'image de la persévérance, elle se reflète dans la symbolique des stalagmites. Les Chinois aiment à communiquer par symbole. Les stalagmites en sont un exemple puissant.

En effet, œuvres de la nature, elles représentent d'une part une référence à la culture médicale chinoise en correspondance avec le cœur de métier de l'entreprise.

D'autre part, leur processus de formation donne une idée de la conviction managériale des fondateurs et de l'importance qu'ils attachent à la persévérance et à la fiabilité, sur le long terme, de leurs équipes.

Dans cette entreprise, pas un bureau, pas un couloir, où ne trônent ces formes imposantes. Là, derrière le bureau du PDG, une main de bouddha ; ici, ce nuage bondissant ; ailleurs, un cheval ; là bas, une aile ou un arbre.

Voilà en résumé, ce qui est expliqué au personnel et décliné partout.

« Les stalagmites ne gagnent que quelques centimètres en 100 ans - la légende dit 1000 ans – mais toujours s'élèvent. Comme elles, l'homme se doit d'être droit – *zheng* 正, se doit de privilégier l'harmonie – *he* 和, le pouvoir de la réalité – *shi* 实, se doit de s'impliquer et toujours persévérer *jing* – 敬 (de la bouche, de la tête, des jambes, de la main et du cœur) » [DINP].

Le DG conclut de la façon suivante :

« Ainsi toujours nous cherchons à nous élever.

Toujours nous créons, évoluons, étudions, apprenons des qualités des autres, concilions les théories les plus avancées et la pratique.

Pas à pas, sans jamais nous arrêter, fuyant les paroles vides, privilégiant solidité et réalité.

Nous avançons. »

Les stalagmites,
symbole d'engagement et de réalité

Cette entreprise prolonge la symbolique avec « les trois pragmatismes » (*san shi* 三实)[21], *utilisés dans un autre discours.*

En étroite correspondance avec la symbolique des stalagmites, les « trois pragmatismes » portent bien leur nom :

– Rechercher la réalité (*qiu shi* 求实).

– Faire la réalité (*wu shi* 务实).

– Concrétiser (*luo shi* 落实).

C'est ainsi que sont expliqués à l'ensemble du personnel ces trois concepts :

« *Rechercher la réalité* (*qiu shi*), c'est d'abord parler de façon réaliste, partir de la réalité, rechercher la vérité en partant du fait, ne pas s'engager dans des actions qui n'ont pas de réalité économique.

Faire la réalité (*wu shi*), c'est lorsque l'on fait quelque chose ; lorsque l'on travaille, se montrer sincère (*shixin shiyi* 实心实意), honnête (*laolao shishi* 老老实实), solide (*shishi zaizai* 实实在在), avoir les pieds sur terre (*tata shishi* 踏踏实实). Chaque voyage de mille lis commence par un pas. Ainsi pas à pas, il faut soigneusement éviter les choses fausses, grandioses ou vides.

Concrétiser (*luo shi*), c'est en toute chose, commencer et bien finir, rester soi-même. » [DINP]

Rechercher la réalité : être pragmatique et réaliste.

Faire la réalité : être sincère, honnête, solide et avoir les pieds sur terre.

Concrétiser : aller jusqu'au bout en restant le même.

« *Les trois pragmatismes* »

---

21 Le pragmatisme n'est pas une invention du pouvoir chinois actuel. Deng Xiao Ping a emprunté aux Anciens l'expression « chercher la vérité par les faits » (*shishiqiushi* 实事求是) pour justifier les adaptations au dogme au début de la politique d'ouverture. Malgré cela, tout ce passage a des allures de propagande plus que de confucianisme. Et pourtant...

Etude et auto-perfectionnement

Nous avons vu les uns s'épuiser pour apprendre, le soir, pendant leurs loisirs, tout au long de leur vie professionnelle. Nous en avons vu d'autres encore se comparer à une « grande école » dans laquelle tout un chacun apprend de ses échecs, de ses expériences et de celles des autres.

Exemple : Le symbole des stalagmites

Nous voyons l'entreprise précédente prolonger le symbole des stalagmites, continuant « l'explication de texte » sur le sens profond du symbole, comme représentation souveraine de qualités sur lesquelles il est conseillé de prendre exemple. Il faut « prendre la pierre pour maître ». C'est le fil conducteur d'un discours dont nous trouverons un extrait ci-dessous.

✳ ✳ ✳ ✳ ✳ ✳

« Ce sont des symboles très usités dans la culture chinoise. A Dalian par exemple s'élève fièrement une stalagmite au centre d'une des places principales avec ces deux idéogrammes calligraphiés « shi shi 石师 » (littéralement pierre - 1er shi 石 et maître - 2ème shi 师, soit prendre la pierre comme maître) et au-dessous une inscription qui complète le symbole.

« Sincère et honnête, modeste sans être hypocrite, élégant, sérieux et fiable ; celui qui a toutes ces qualités, celui-là est mon maître (shixin shi yi, pu shi wu hua, duan zhuang, wen zhong, wo zhi shi ye 实心实意，朴实无华，端庄稳重，我之师也), ce maître qui possède les qualités essentielles chères à Maître Kong. Ren, yi, li, de xin, zhi… vertu d'humanité, équité rituelle, rites, morale, confiance et connaissance. » [DINP]

Nous voyons Haier également exiger de son personnel qu'il se remette en question chaque jour, corrige ses erreurs, pour aller toujours plus haut. Ce sont les opérations OEC et EEE.

Lors de l'accord passé entre Haier et les Japonais (Mitsubishi – Sanling) qui contenait des clauses de transfert de savoir-faire en management, Zhang Ruimin commença par leur faire remarquer que leurs méthodes ne convenaient pas. « Vous êtes à un carrefour et vous regardez. Le feu est au rouge. Or, ici, on passe au rouge. On le regarde sans le voir, allant toujours de l'avant, sans craindre de mourir. A quoi vous servent donc tous ces règlements ? » Les Japonais déclinèrent une première fois le conseil.

Trois mois plus tard, ils revinrent néanmoins vers Zhang Ruimin et lui demandèrent s'ils pouvaient adopter les formes de management de Haier. Il leur fut répondu :

« Si vous demandez à un Japonais de nettoyer six tables, il nettoiera six tables. Vous demandez la même chose à un Chinois, au début, il en aura bien l'intention, puis pensera n'en nettoyer que cinq ; puis quatre, et finira par n'en nettoyer aucune. »

L'analyse de Zhang Ruimin reposait sur certains défauts actuels de la main-d'œuvre chinoise quant à l'implication dans le travail et la précision et la minutie avec laquelle celui-ci est réalisé. C'est pourquoi il leur proposa d'instaurer une méthode appelée OEC, complétée par les 3E, en cours chez Haier depuis 1989. Cette méthode, selon les dires des Chinois, est inspirée de la sentence de Confucius en appelant à l'auto-discipline « il faut chaque jour s'examiner trois fois »[22] (*wu ri san xing wu shen* 吾日三省吾身) ; ce qui représente une façon d'introduire une pression détournée dans le management, une source de motivation par la constatation des progrès réalisés ainsi qu'un processus en boucle pour l'amélioration au quotidien de la production comme de la vente ou de la gestion.

O pour **O**verall (partout, globalement - *quanmian*).

E pour **E**veryone, **E**verything, **E**veryday (Chacun, Chaque chose Chaque, jour – *mei ge ren, mei yi jian shi, mei yi tian* 每个人，每一件事，每一天）soit **EEE**

C pour **C**ontrol and **C**lear (Contrôler et « Nettoyer » - *kongzhi he qingli*).

---

22 Les sinologues ne sont pas d'accord sur la traduction et la réelle signification du chinois ancien. Nous avons choisi de conserver le sens donné par les Chinois tel que précisé par Haier.

Le slogan de l'opération OEC se traduit par « chaque jour terminer, ce que l'on a entrepris, tous les jours, se corriger, tous les jours plus haut » (*ri shi, ri bi, ri qing, ri gao* 日事日毕，日清日高). Il est donc demandé à chacun, dans l'ensemble de l'entreprise, de prendre sa part de responsabilité, d'examiner son travail de la journée et de s'auto-évaluer, de mettre en œuvre les correctifs nécessaires, et d'augmenter ses résultats de 1%. Il est de plus demandé à chacun de formaliser l'ensemble dans un formulaire appelé du nom de l'opération « les 3E »[23] et dans un formulaire spécial « le nettoyage quotidien » (*ri qing lan* 日清栏), non seulement dans la constatation des difficultés mais également dans la façon de les résoudre.

Les points essentiels de cette opération sont « l'examen personnel » (*sikao* 思考) et « la révision du jugement » (*fushen* 复审). Chacun remplit ses feuilles quotidiennement et il est demandé aux managers qu'ils s'y réfèrent toutes les deux heures. Si des difficultés sont constatées, elles doivent être retranscrites ainsi que la façon dont elles ont été résolues. Si pendant un temps, aucune difficulté n'est notée, il est alors demandé de relever les objectifs[24]. [Yan & Hu, 2001 : 80-96], [SJ, 2002 : 13-51]

---

23 Le résultat final repose sur des formules mathématiques complexes et des calculs rigoureux.

24 Nous sommes au cœur de la problématique soulevée dans la Partie II sur la difficile gestion des limites entre un reporting utile et un reporting qui finit par perdre son sens, soit le cas présent, la répétitivité et le rythme des contrôles (quotidien, toutes les deux heures). Sur cette question, il est nécessaire de prendre en compte le niveau de départ, les départements auxquels les contrôles s'appliquent (atelier de production, ventes ou administration / gestion), ainsi que la hiérarchisation des priorités au final. Il est facile en effet de perdre de vue l'objectif pour transformer ce moyen en objectif lui-même ; on passe alors d'un contrôle utilisé comme levier de management à un contrôle qui devient un but en soi et perd toute sa plus-value, finissant par contenir beaucoup d'informations manipulées, se faire au détriment de l'activité principale ou grossissant les rangs des services non directement reliés à l'activité.

Talents et valeurs morales

Nous avons évoqué antérieurement deux questions en termes de management et de dilemmes qui peuvent se poser :

– le nécessaire équilibre entre talents et valeurs morales, à propos de la connaissance des choses et des hommes (*zhi*) et le sens de l'humain (*ren*)[25] ;

– la hiérarchisation des priorités entre l'intérêt personnel et l'intérêt collectif.

Or, mises à part les perversions du pouvoir constatées précédemment, il semble que la convergence soit forte entre le fonds philosophique et la position des managers chinois, presque unanimes sur le sujet.

Exemple : L'exemple de Haier et de Tong yi

Ainsi de **Haier** qui insiste sur le fait que l'on ne doit pas se laisser aller à cet autoritarisme (renge shi guanli, bu gao minglingzhuyi) très confucéen, en réponse à certaines tentations du « pouvoir que s'arroge le pouvoir. » [Gogol, 1993]

Gao Qingyuan précise que le recrutement repose sur la capacité à employer les vrais talents humains (zhen cai 真才). Mais qu'est-ce qu'un vrai talent humain dans son esprit ? C'est « celui qui est solide dans l'action et dont on peut juger de la haute valeur morale » (shigan). Il y a un jeu de mots : le talent humain fait la fortune de l'homme (rencai jiu shi rencai 人才就是人财) le premier idéogramme – cai 才[26] – étant celui de la capacité et du talent ; le second - cai 财 - étant celui de la richesse.

Citons quelques-unes de ses phrases célèbres : « Les diplômes ne valent pas la capacité à faire, faire des choses ne vaut pas la capacité à faire l'homme » ou encore « Un homme avec talent mais sans morale, son talent ne vaut rien. Un homme avec une haute valeur morale mais sans capacité, sa morale est toujours utile… […] Ce dont une entreprise a besoin c'est de loyauté et de fiabilité (zhongshi 忠实), de chaleur et de sincérité (recheng 热诚). »

Il croit en l'efficacité de l'exemplarité, influençant en positif le moral et l'ardeur des troupes.

---

25 Cf. Partie II, Ch. 7

26 Nous préférons ce terme au mot le plus souvent employé en Chine maintenant, qui est calqué sur la traduction littérale de ressources humaines (*renli ziyuan*).

Il y a non seulement une hiérarchisation des priorités affichées (valeur morale et compétences sont toutes deux nécessaires, mais s'il y a à choisir, la valeur morale reste le critère de sélection prioritaire) mais nous retrouvons également, en filigrane de ces appréciations, l'idée d'une morale agissante, dans l'esprit de l'exercice confucéen du pouvoir : jouant sur l'homonymie des mots, la morale (*de* 德) est cette qualité qui permet d'obtenir ou de faire quelque chose (*de* 得). Confucius affirme ainsi *wei zheng yi de* 为政以德 (soit littéralement pour gouverner - dans la morale).

D'autre part, la valeur morale est considérée comme le cadre d'action. « Il faut considérer l'équité rituelle (*zhong yi* 重义), non l'intérêt personnel (*qing li* 轻利). La formulation confucéenne vis-à-vis de la richesse et du gain peut prêter à confusion, pouvant être comprise comme un rejet de l'enrichissement.

Or, il ne s'agit pas tant de renvoyer du côté du laid la richesse ou de penser que les Chinois confucéens n'aiment pas le profit, mais plutôt de ne pas se compromettre dans cette quête, c'est-à-dire ni d'en faire un but en soi, ni d'accepter d'employer des moyens détournés ou douteux pour satisfaire son envie.

En effet, si « prospérité et richesses sont ce que tout un chacun désire » (*fu yu gui shi ren zhi suo yu de* 富与贵是人之所欲的) [LY, 4.5], « quand on voit le profit, il s'agit de penser *yi* » (*jian de si yi* 见得思义). [LY, 14.12]

Il ne s'agit donc pas tant d'une question d'interprétation de la relation (équité rituelle, intérêt personnel) sous l'angle d'une contradiction inhérente à la relation elle-même, mais plutôt d'un jugement quant au niveau de « moralité » exigé. Et c'est ce degré de moralité qui fait la différence entre le « prince » et les « petits sires » chez Confucius : « le prince voit l'équité rituelle, les petits sires voient le profit. » [LY, 4.16]

Cet ordre de priorité dans la combinaison du talent et du sens moral donne au management le sens de son efficacité : penser *yi* ? Alors, on ne peut pas ne pas obtenir ce que l'on veut, toujours dans l'esprit d'un rapport de condition à conséquence (*yi ranhou qu* 义然后取).

Laissons à Zeng Xianzhi le mot de la fin sur ce point particulièrement sensible : « tout investissement dans les sentiments en matière de business (*ganqing touze* 感情投资), ne doit pas être réalisé seulement dans l'intention d'en tirer un bénéfice *(li)*, mais aussi avec celle d'être en harmonie avec l'équité rituelle *(yi)* [...] si l'on s'éloigne de ces principes, toute action est certes superbe, mais sans aucun sens. » [HSL, 2001]

Management du et par le cœur

Nous avons vu la place qu'occupe le cœur dans la culture chinoise d'hier et d'aujourd'hui[27].

La référence au cœur ou à la chaleur des sentiments qui y est associée est également courante dans les relations externes ou internes à l'entreprise.

Relations externes

– Relations (vendeurs, clients) : un lien affectif.

– Publicité commerciale ou institutionnelle : référence à la tradition culturelle chinoise et au cœur.

Relations internes

– Relations managers – managés, dirigeants – dirigés.

---

27 Cf. Partie II, Ch 5 « Connaissance par le cœur, management talent par les sentiments ».

Exemple: La promotion du lien affectif

Conforté par l'approche relationnelle, qui repose en premier lieu sur l'affectivité, avant de servir l'intérêt personnel, le leitmotiv de cette entreprise chinoise est la promotion d'un lien affectif qui doit naître entre clients et force de ventes. Nous avions déjà constaté comment leurs vendeurs étaient estimés, presque « chéris » par leurs clients.

Nous voyons maintenant cette entreprise encourager volontairement ses équipes à suivre cette voie. « D'abord parler de sentiment, après seulement parler affaire ». « Nos sentiments vis-à-vis d'un client sont les mêmes que pour un membre de notre famille ». « Il faut émouvoir le client au plus profond de lui-même. »

Quant aux clubs de clients mis en place pouvant aller jusqu'à plus de 1000 personnes, ils ont pour nom « Lier les cœurs » (lianxin) avec un mode de fonctionnement particulier qui certes se rapproche du mode des réunions tupperware, mais… sans rémunération de l'intermédiaire, qui poussé par le même élan est ravi de pouvoir contribuer à son tour au bienfait de l'humanité et « d'être en mesure de pouvoir communiquer son propre amour, à son entourage » (verbatim de clients).

Nous sommes en réalité dans le même type de rhétorique que dans le paragraphe précédent sur la hiérarchisation des priorités entre morale et intérêt personnel. Il s'agit <u>d'abord</u> de créer un lien réellement affectif <u>avant</u> de se préoccuper de vendre, mais c'est ce lien affectif qui permet de vendre mieux, de mieux convaincre le client, de le fidéliser et de le transformer lui-même en levier de développement des ventes.

Nous sommes également dans le même type de dynamique et d'efficacité en miroir du pouvoir, entre sincérité et utilitarisme :

– J'aime le client, il ne peut pas ne pas m'aimer en retour.

– J'aime le client, et je ne peux pas ne pas finir par ne pas vendre.

– Mais seule la sincérité me permet d'aboutir à ce résultat.

Relations externes : publicité commerciale ou institutionnelle

Les entreprises ou commerçants puisent souvent dans ce fonds culturel pour leur dénomination sociale. Les uns s'appellent « sens de l'humain, confiance » (*renxin* 仁信), « amitié, harmonie » (*youhe* 友和) ; les autres, « sens de l'humain, amour » (*renai* 仁爱), « paix et sécurité » (*pingan* 平安). Lorsque l'on flâne dans les rues commerçantes ou les quartiers d'affaires, l'on se croirait plongé dans un océan d'amour et de vœux de bonne fortune. Les Chinois croient en la puissance créatrice du symbole.

La publicité est également très consommatrice de références à la culture ancienne chinoise. En effet, soit la référence est connue, et l'idée d'une référence à une entreprise ayant de la culture contribue à sa réputation ; soit la référence n'est pas explicitement connue, mais elle est tellement ancrée dans la culture chinoise qu'elle peut servir de point de ralliement et de reconnaissance.

En ce qui concerne le cœur, nous sommes potentiellement dans ces deux cas.

Exemple : La publicité dans des marchés très concurrentiels

Prenons trois exemples différents, tous dans des marchés très concurrentiels, deux dans la téléphonie mobile avec China Mobile et Motorola[28], un dans l'eau en bouteille.

Pour les deux premiers exemples, nous sommes dans le secteur des télécommunications. En Chine plus qu'ailleurs, la communication vient du cœur, permettant de donner un visage humain à la technologie.

---

28 Motorola est dans les top 3 du classement *Fortune* des entreprises étrangères en Chine.

Avec China mobile, nous avons une affiche zoomée sur une poignée de main, facilitant l'association d'idée entre communication et cohésion. Mais le slogan n'est plus seulement comme pour Nokia « connecting people » soit relier les hommes entre eux. Il fait directement référence au cœur en le citant nommément : « la communication commence par le <u>cœur</u> » (goutong cong <u>xin</u> kaishi 沟通从心开始). Cette campagne décline l'idée du cœur en l'associant aux autres sens sur quatre autres affiches portant chacune le slogan suivant :

1. Lier avec le cœur.
   Le futur n'est pas loin. Nous le créons avec le cœur.

2. Ouvrir grand les yeux.
   Le futur n'est pas loin. Nous le créons avec le cœur.

3. Ecouter de toutes ses oreilles.
   Le futur n'est pas loin. Nous le créons avec le cœur.

4. Libérer les sons.
   Le futur n'est pas loin. Nous le créons avec le cœur.

Motorola pour mettre en évidence la qualité de son service a pensé ce slogan « tout notre cœur pour vous servir » (quanxin wei ni fuwu 全心为您服务).

Quant à la publicité ci-après **sur l'eau,** elle est encore plus intéressante à la fois par :

– Le sujet, qui contrairement à la communication, n'est pas naturellement relié au cœur, mais qui occupe une place importante dans la culture chinoise : l'eau. Ainsi, lorsque l'on parle avec admiration des fameux reliefs karstiques de Guilin[29], que dit-on ? Quelle expression utilise-t-on pour caractériser en chinois courant ces paysages légendaires du sud-ouest de la Chine, montagnes en pains de sucre se mirant dans l'eau de la Rivière Li qui ont inspiré les plus grands peintres et poètes : « Il y a de l'eau, il y a des montagnes » (you shan you shui).

---

29 Guilin est une destination touristique. La mini-croisière sur la Rivière Li est une tradition. En France, les reliefs karstiques sont plus connus par ceux de la Baie d'Along, au Vietnam.

– La façon dont les publicitaires jouent sur le thème du cœur (ligne B du schéma ci-après sur la fontaine d'eau) et de l'affectivité, tout en conservant une approche marketing évidente : cœur confiant, cœur pur, cœur en paix, cœur fidèle...

– La façon dont le cœur (xin, soit toujours la ligne B du schéma) est relié au regard (kan, soit la ligne A'), terme en général peu ou pas associé au cœur : regarder la qualité, regarder la source, regarder le service, regarder le côté pratique...

Cette publicité, en effet :

– Affiche son positionnement dès le titre « <u>une eau sur laquelle on peut se reposer</u> » (fangxin[30]). Nous sommes face à une marque qui se veut rassurante dans un pays où la confiance envers un produit comme l'eau n'est pas naturelle. Multiplicité des marques, concurrence féroce, informations douteuses et peu fluides, publicités mensongères et pratiques frauduleuses malgré la vigilance du gouvernement instillent doute et méfiance chez un consommateur particulièrement sensible aux questions d'hygiène et de santé.

– Commence à préciser l'argumentaire en trois idéogrammes maximum (A').

– Reprend de façon très explicite chacune des inquiétudes potentielles (A'').

– Trouve l'expression qui rassure, en correspondance avec le fonds culturel chinois (B), toujours relié au cœur.

– Pour finir, par dérouler l'argument plus « scientifique », apportant la preuve de la capacité de la société à répondre à l'inquiétude en cause (C).

---

30 Pour mémoire, *fangxin* veut dire : être tranquille, sans inquiétude. Le mot contient l'idéogramme du cœur « *xin* ».

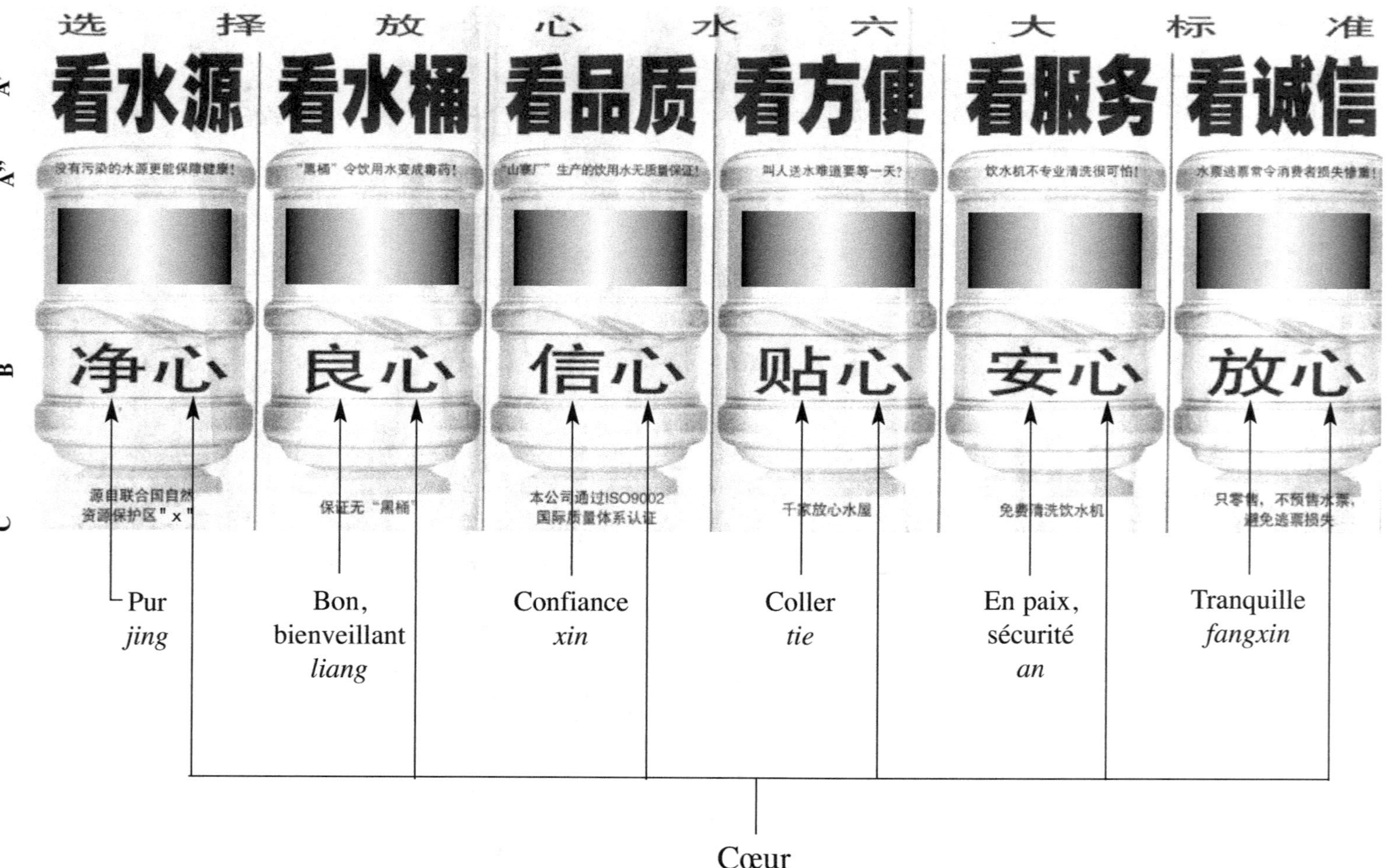
选 择 放 心 水 六 大 标 准
看水源 看水桶 看品质 看方便 看服务 看诚信
没有污染的水源更能保障健康！
"黑桶"令饮用水变成毒药！
"山寨厂"生产的饮用水无质量保证！
叫人送水难道要等一天？
饮水机不专业清洗很可怕！
水票遗票常令消费者损失惨重！
净心 良心 信心 贴心 安心 放心
源申联合国自然资源保护区"x"
保证无"黑桶"
本公司通过ISO9002国际质量体系认证
千家放心水屋
免费清洗饮水机
只零售，不预售水票，避免遗票损失
A' A'' B C
Pur
jing
Bon, bienveillant
liang
Confiance
xin
Coller
tie
En paix, sécurité
an
Tranquille
fangxin
Cœur

A Analyse marketing du problème A' / A"	**Regarder la source**	**Regarder l'emballage**	**Regarder la qualité du produit**	**Regarder le côté pratique**	**Regarder le service**	**Regarder la sincérité**
	S'il n'y a pas de source de pollution, il est encore plus facile de conserver la santé.	L'emballage « noir », fait du produit emballé un poison.	Il n'est pas possible de garantir la qualité de l'eau des usines de production sauvages	Si vous appelez le service de livraison, devez-vous vraiment attendre une journée ?	Les entreprises qui nettoient sans professionnalisme les distributeurs d'eau, quel danger !	La perte des tickets de bouteilles fait souvent subir des dommages au consommateur.
B Référence au cœur						
C Argument de réponse	Source naturelle de la région protégée des montagnes « X ».	Nous garantissons qu'il n'y a pas d'emballages noirs.	Notre entreprise est certifiée selon la norme internationale ISO 9200.	Tout le monde est tranquille grâce aux entrepôts.	Nous vous nettoyons vos distributeurs gratuitement.	Uniquement de la vente au détail, pas de pré-vente de tickets, vous ne perdez pas de tickets.

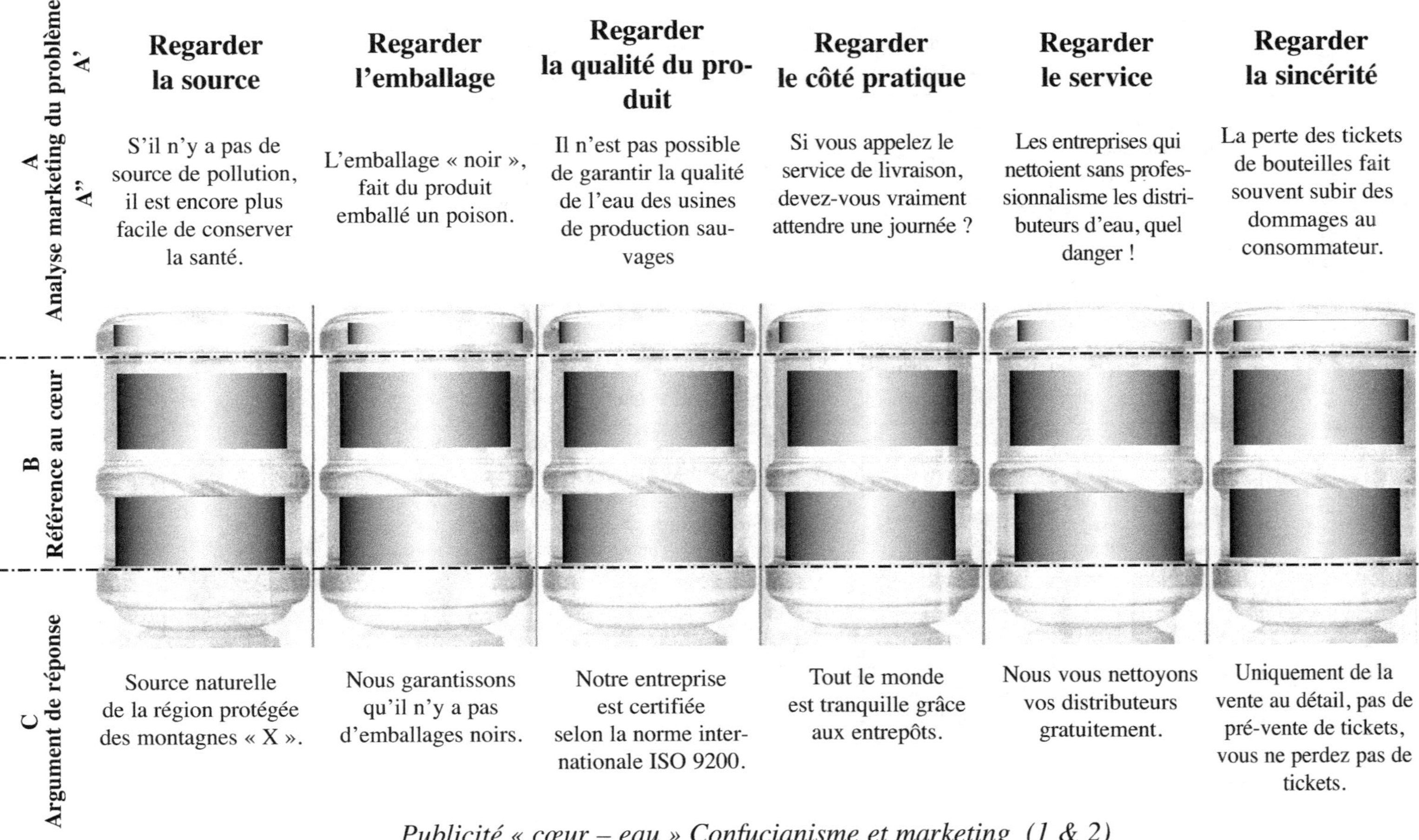

Publicité « cœur – eau » Confucianisme et marketing (1 & 2)

Cette publicité se décompose ainsi (une colonne par fontaine d'eau de 1 à 6), avec une clarification proposée des causes potentielles de l'inquiétude.

		A = inquiétude	B «Cœur» + Adjectif en correspondance	C Preuve
	Nature	Causes		
1	Source	Traçabilité insuffisante, pratiques frauduleuses et publicité mensongère. Crainte de sources diverses de pollution.	Cœur pur *Jing xin*	Source naturelle d'une zone protégée par l'ONU.
2	Emballage "noir"	La fabrication des emballages est soumise à des règles d'hygiène rigoureuses. Or, il arrive que les feuilles de plastique soient entreposées à l'extérieur, exposées aux intempéries. Lors de la fabrication, les feuilles sont roulées au pied ou manipulées sans précaution.	Cœur bienveillant *Liang xin*	Garantie d'hygiène dans la fabrication.
3	Qualité	Usines de production « sauvages», non agréées par le gouvernement et donc non garanties.	Cœur confiant *Xin xin*	Certification ISO.
4	Côté pratique	Pour remplacer les bouteilles d'eau, on appelle un service qui… vient quand il veut.	Cœur fidèle *Tie xin*	Garantie de délais de livraison par la présence d'un réseau de distribution de proximité.
5	Service	Lors du changement des fontaines, les manipulations ne sont pas toujours faites dans les règles (mains sales, nettoyage superficiel, pas de désinfection…)	Cœur en paix *An xin*	Engagement d'hygiène dans les manipulations. Le professionnalisme est un argument choc.
6	Sincérité Confiance	Il est courant de prépayer en achetant des tickets, voire impossible de payer au détail au moment de la livraison. Les tickets sont facilement perdus, l'argent investi aussi. Les escroqueries sont courantes également. Vous payez 15 tickets, on vous livre 13 bouteilles et l'on vous affirme en avoir livré 15.	Cœur tranquille *Fangxin*	Suppression de la vente de ticket. Paiement cash à la livraison.

Publicité « cœur – eau » Confucianisme et marketing (3)

Cohérence et clarification des correspondances

Relation interne : Motivation et cohésion

L'implication affective est utilisée à l'externe pour fidéliser les clients et toucher leur cœur. Le cœur est également un outil de management, conformément à certaines théories de la motivation qui partent de l'hypothèse qu'un homme motivé en vaut deux. Le cœur est ici directement utilisé pour soutenir la motivation.

Retrouvons notre entreprise des stalagmites où une allocution devant la ligne managériale et les forces de vente, fait référence à la culture antique pour clarifier ses attentes vis-à-vis de ses équipes dès le titre du discours : *les « quatre cœurs »* ; le cœur encore et toujours, dont on se rappellera la place dans le mécanisme de formation de la pensée. Le cœur, siège de la pensée est au cœur d'une liste à la Prévert d'adjectifs en correspondance.

_Xin_cheng, **_xin_**chi, **_xin_**po, **_xin_**wu… Sincère et honnête (*xincheng* 心诚) ; nous devons être chaleureux ; savoir aimer, être dévoués [*xinchi* 心赤, *chi* est l'idéogramme de la couleur rouge] ; avoir le courage de faire quelque chose (*xinpo* 心魄) ; faire preuve d'intelligence[32] (*xinwu* 心悟).

Xincheng, dans l'idée de sincérité, nous retrouvons *chengken* 诚恳 être sans prétention, *chengxin chengyi* 诚心诚意, savoir ouvrir son cœur et se montrer brave. Au sein de l'entreprise, être sincère, c'est s'impliquer dans son travail et dans ses relations avec les autres, aussi bien collègues que clients ; [une forme d'empathie qui conseille à chacun de savoir] se mettre à la place de l'autre [le mot cœur est à nouveau utilisé au travers de l'expression *jiang xin bi xin* 将心比心], ouvrir son cœur à l'autre qui ne manquera pas de l'ouvrir en retour (*yi xin huan xin* 以心换心), savoir prendre soin de l'autre [s'occuper de quelqu'un est la traduction de *guanxin*, qui signifie littéralement s'occuper du cœur], protéger l'autre avec amour qui à son tour vous protègera de la même façon et s'apporter aide mutuelle (*huxiang aihu he bangzhu* 互相爱护和帮助) ; c'est penser au client de la manière dont il souhaiterait que l'on pense à lui. Etre sincère vis-à-vis d'un client, c'est prendre le temps de se lier d'amitié avant de parler affaire.

Xinchi peut être compris dans un double sens.

Le premier est celui d'une loyauté chaleureuse à toute épreuve ; *chidan zhongxin* 赤胆忠心, de l'implication et du dévouement poussés à leur

---

32 Attention à la définition d'intelligence. Cf. les développements sur la connaissance, partie II.

extrême ; c'est ainsi que chacun devra porter le flambeau conscient de sa responsabilité avec un sens d'une mission à accomplir.

Le second sens rappelle la pureté du nouveau-né, qui dans toute son innocence offre sa nudité, ouvert sans réserve, transparent, n'a rien à cacher ; c'est ainsi que chacun se garde de parler des autres derrière leur dos ; que généreux [large comme une vallée pouvant accueillir cent fleuves], il ne garde rien en son cœur et « met tout sur la table » quand apparaissent les problèmes, est clair dans son langage et sain dans son attitude.

Enfin, il s'agit d'être capable de sincérité envers soi-même, de se connaître, de s'avouer lorsque l'on ne comprend pas, au lieu de faire semblant de comprendre, de ne pas hésiter à apprendre des autres sans arrière pensée [littéralement le cœur vide], de progresser en prenant leurs points forts comme base de référence.

Xin po, c'est l'esprit qui anime les hommes et doit animer nos équipes. D'aucuns ne croient plus en rien quand d'autres font preuve de courage et de détermination dans la décision comme dans l'action ; quels que soient les échecs, ils ne se laissent pas abattre. C'est ainsi que chacun doit croire en un idéal, doit faire montre de conviction et de confiance en soi, ne doit avoir peur ni de souffrir ni de mourir, ni de nobles idéaux.

Xinwu, c'est la connaissance, la profonde compréhension de toutes choses ; mais il n'y a pas qu'une seule forme d'intelligence ; celle-ci nous vient du cœur qui nous permet de comprendre sans même une indication, en un éclair. En cantonais, il y a une expression « *xinmuzai* 醒目仔 », celui qui ouvre les yeux est intelligent. Nous nous devons d'être habiles ; mais sans nous adonner à cette forme d'intelligence petite et mesquine. Etre comme cette lampe à huile (*tong you deng zhan* 桐油灯盏) dont on est dans l'obligation de sans arrêt régler la mèche ; être là à attendre que les autres nous éclairent et seulement comprendre, sans ressource, sans personne pour nous éclairer. Il faut sans cesse apprendre, s'enrichir. C'est la seule façon de devenir véritablement intelligent. « *Yao zhi guo xian zhi jia ; yao zhi jia, xian xiu shen ; yao xiu shen, xian zheng xin*[33] », disait Confucius. Si l'on veut gouverner un pays, il faut d'abord gouverner ses

---

33 Cela ressemble fort à la citation de la Partie I Ch. 3. « Logique de la pensée confucéenne ».

proches ; pour gouverner sa famille, il s'agit d'abord de chercher à se perfectionner ; pour se perfectionner, il faut avant tout chercher la rectitude de son cœur.

C'est en cherchant à conjuguer les quatre cœurs que nous pouvons prétendre au succès. Concilier les quatre cœurs, c'est notre voie. »
[DINP]

Xincheng : sincérité

Chenken : *être sans prétention*

Cheng xin cheng yi : *savoir ouvrir son cœur et se montrer brave*

Jiang xin bi xin : *parler de cœur, recevoir en retour*

Yi xin huan xin : *rendre le cœur pour le cœur*

Xinchi : cœur chaud

Chidan zhongxin : *implication dévouement extrême*

Chizi : *dévouement total*

Chihong : *couleur rouge (idée de chaleur et de flambloyance)*

Chixin : *chaleureux (cœur)*

Tanluo : *ouvert et sans réserve*

Xinpo : force d'âme

Lixiang : *idéaux*

Juexin : *détermination*

Xinxin : *confiance en soi*

Yongqi : *courage*

Xinwu : intelligence, grande sensibilité, compréhension par le cœur

Xin muzai : *ouvrir les yeux*

Bu yao xiao congming : *pas de petite intelligence mesquine*

Bu yao zuo « tong you deng zhan » : *ne pas être une lampe à huile.*

Les « quatre cœurs » ou la dynamique humaine

Deux mises en situation

Pour illustrer l'ensemble de façon plus globale, nous allons finir ce chapitre par deux exemples, pris sous des angles de vue différents :

– **Un portrait** plus approfondi de **Li Jiacheng** auquel nous avons souvent fait référence. Il représente en effet parmi l'ensemble des Chinois d'Outre-mer qui ont fait fortune l'un des personnages les plus admirés autant pour sa réussite dans les affaires que pour ses qualités humaines, figure érigée en modèle. Nous allons retrouver à son propos bon nombre des points clarifiés ci-dessus ainsi que l'esprit managérial explicité dans l'ensemble de cet ouvrage. Le texte se lit sur deux colonnes. Nous proposons dans la première un résumé de sa vie, telle que racontée par les Chinois pour « apprendre de Li Jiacheng ». La seconde met en évidence certains points d'influence confucéenne et leur transcription en chinois. Nous résumons et commentons un livre de Liu Heng Hua [LHH, 2002] sur les qualités intrinsèques de Li Jiacheng ; non seulement ses qualités en tant que dirigeant d'entreprise, qui plus est d'une importante holding dans des secteurs d'activité diversifiés, dont il est souvent numéro un, mais également ses qualités humaines, qui ont soutenu sa réussite et auxquelles lui-même attache une grande importance. Un bon exemple de concrétisation de sens de l'humain, en tant que valeur englobante par excellence.

– **Des extraits de règlements internes et chartes de management** d'une entreprise chinoise qui permettront de présenter comment sont traduites ces valeurs de façon pragmatique et concrète, au service de la communication interne et du management.

Exemple : Le portrait de Li Jiacheng, figure érigée en modèle

Résumé de la vie de Li Jiacheng

La trace de l'influence confucéenne

M. Li est né en 1928, à Chaoan dans la province du Guangdong. Il connut une enfance et des débuts difficiles. Son père meurt alors qu'il n'avait pas 15 ans, époque à laquelle il devient soutien de famille et endosse pleinement sa responsabilité familiale. A 15 ans, il travaille donc le jour, le soir il étudie tard dans la nuit, mais n'a malgré tout pas assez d'argent pour payer les frais de ses études. Il mange donc peu, dépense l'argent avec parcimonie, n'achète que des livres d'occasion qu'il revend après les avoir étudiés pour en acheter d'autres. Son avenir ne semble pas très rose. Néanmoins, il continue à travailler et à étudier, ne s'offrant que peu de loisirs. Il se bat pour sa famille et possède déjà ces quelques qualités jugées très précieuses : très tôt, il a rêvé son idéal, il a l'envie d'aboutir et de gagner et il a confiance en lui-même.

Endosser une responsabilité familiale (Chengdan jiating zeren 承担家庭责任)

Surmonter les temps difficiles sans renoncer (Jianren bu bo 坚忍不拔)

Travailler sans relâche (Bu duan gongzuo 不断工作)

Pour lui, pour sa mère, ses frères et sœurs, il veut effacer les temps difficiles.

Il est persuadé qu'il réussira.

C'est en effet un homme d'idéaux et d'objectifs, que l'un après l'autre il accomplit, ne se reposant, ni ne s'arrêtant jamais sur un échec, surmontant les difficultés une à une, toujours plus loin et toujours plus haut. Quand il était vendeur à 17 ans, les autres faisaient 8 heures par jour, lui 18 heures. Obtenant les meilleurs résultats (sept fois supérieurs au second meilleur vendeur), il est nommé à 18 ans, chef de service puis à 20 ans, directeur de la société. Par la suite, il crée sa propre usine de fleurs artificielles en plastique, qu'il appelle Changjiang ou le Fleuve Yangtse, traduction claire de ses ambitions. Un jour, un client potentiel étranger lui demande de lui fournir pour le lendemain trois échantillons de marchandises. Mais, considérant la situation de Li Jiacheng, ce client lui fait remarquer que son atelier est encore petit, que ses bases financières ne sont pas solides, et qu'il lui semble impossible de lui confier une grosse commande. Entendant cela, Li Jiacheng décide de lui montrer qu'il a tort. Il réunit donc tous les ouvriers de l'entreprise, et demande à tous de rester travailler la nuit pour satisfaire les intérêts du client – lui, bien sûr, prenant également sa part de travail. Le lendemain, non seulement il avait réalisé trois formes différentes, mais pour chaque forme, trois échantillons, soient neuf échantillons au total.

Puis l'immobilier, puis l'achat d'usines dans la région de Huangpu (dans la banlieue de Canton). Puis ses développements à l'étranger. Toujours plus loin, toujours plus haut.

Li Jiacheng disait un jour « chacun doit avoir d'abord un idéal, la connaissance, la persévérance. Avec un idéal, rien de mal ne peut vous arriver. »

Dans tout ce qu'il entreprend, il s'agit d'être le numéro un, jamais le second, principe qu'il applique chaque fois qu'il pénètre un nouveau secteur d'activité. « Nous avons su être le numéro un dans le plastique. Nous saurons être le numéro un dans l'immobilier ».

Etudier sans relâche (Bu duan xuexi 不断学习)

Se forger un Idéal dès ses plus jeunes années (Nian shao li zhi 年少立志)

Avoir confiance en soi (Yi xinxin tuidong ziji 以信心推动自己)

Avoir le sens de la réussite (You chen-gong de yinian 有成功的意念)

Ne pas craindre les temps difficiles (Bu pa tongku 不怕痛苦)

S'aguerrir dans l'ad-versité (Shi nijing wei molian 视逆境为磨练)

Avoir un sens de la réussite et un objectif. (You chenggong de yinian, 有成功的意念, You mubiao 有目标)

Etre aussi résistant qu'un élastique. (Jian ren bu bo 坚忍不拔)

Comme son enfance l'indique déjà, il ne craint donc pas les temps difficiles. « Connaître des difficultés, c'est la seule façon de s'élever et d'être au-dessus ». Sa première usine connaît de graves pertes financières qu'il surmonte avant de devenir le roi du plastique. Chaque décennie voit sa crise, qu'il surmonte également : dans les années 60, troubles sociaux et vagues de manifestations, dans les années 70, crise pétrolière, dans les années 80, crise à Hong Kong, au début des années 90, répercussion de la crise aux USA et en 97, crise asiatique. On le décrit comme « serrant les dents », de sang froid devant les difficultés, analysant calmement tous les facteurs du marché et les possibilités de développement de l'entreprise.

Agir en vue de servir d'exemple. (Shuli ziji de bangyang 树立自己的榜样)

Li Jiacheng est cet exemple que beaucoup érigent en modèle, qui concilie capacité et valeur personnelle.

Ses capacités ?

Il voit loin, anticipe, sait saisir les occasions qui passent et en maximiser le profit qu'il en tire[34].

Avoir cette intelligence de remarquer les faits avant les autres. (Xian jian zhi ming 先见之明)
Savoir saisir l'opportunité et la développer au maximum. (Shan yu bawo jihui, jihui yi dao quanmian chuji 善于把握机会, 机会一到全面出击)

Avec le temps, son goût pour l'étude ne lui est pas passé, bien qu'il ne soit pas diplômé. Toujours il aime étudier, non pas à l'école ou sur les bancs de l'université, mais par soi-même dans les livres, dans la vie quotidienne, dans sa famille, tire les leçons de toute expérience humaine et professionnelle, y compris en matière de design de produits, de marketing, de production ; cette forme d'étude qui concerne non seulement les textes, mais également toute forme d'expérience met

Ne jamais cesser d'étudier. (Bu duan xuexi 不断学习)

---

34 Nous sommes là en plein conflit culturel potentiel. C'est ce type d'attitude auquel nous supposons que Michael Porter fait référence dans un article du *Far Eastern Economic Review*. Il considère en effet que les Chinois n'ont pas de stratégies et que c'est ce qui risque de les perdre. « Il est temps de grandir » leur conseille-t-il . « Ce dont à besoin l'Asie, c'est de stratégie, pas de deal... » [FEER, 14.03.96 : 60]. La polémique qui oppose, sans laisser la possibilité de composer, deux approches totalement différentes, empêchant chacune des parties en présence de prendre le meilleur de l'autre ou confortant chacune des parties dans ces certitudes est intéressante. Les Occidentaux reprochent aux Chinois de ne pas savoir se concentrer sur leur cœur de métier, ni s'en tenir à une ligne stratégique clairement exprimée. Les Chinois nous reprochent d'être trop lents et de laisser passer les marchés le temps de les formaliser, de ne pas savoir évoluer aussi vite que le contexte l'exigerait.

chacun d'entre nous sur la voie de l'auto-perfectionnement et le travail intérieur (xiushen) sur lesquels nous avons particulièrement insisté dans la première Partie.

Néanmoins il considère que l'étude n'est pas suffisante. « Il faut savoir penser (si) et étudier en même temps » est une sentence célèbre des Entretiens de Confucius.

« Penser » concerne autant le processus de réflexion qui doit accompagner toute forme d'étude pour éviter la sclérose, l'aptitude à prendre du recul, que la capacité à mettre en œuvre ce que l'on a appris.

Même s'ils ont une certaine admiration pour les lettrés, les Chinois du monde des affaires n'aiment guère ceux qui ne savent qu'étudier et ne savent rien faire ou ne savent pas mettre en pratique ce qu'ils savent.

Il ne perd donc pas une occasion de passer connaissances et expériences au filtre de la réflexion, mais également de mettre en pratique ce qu'il a appris, l'améliorant à chaque fois.

Il s'implique et reste économe dans tout ce qu'il entreprend. « Je suis un homme simple. Dans ma vie au quotidien, j'ai seulement quelques principes auxquels je ne déroge jamais. Ces principes incluent le fait de devoir se montrer diligent et consciencieux, sans jamais se relâcher, diligent et frugal, sans jamais gaspiller ». C'est ainsi que l'on insiste souvent sur son implication au quotidien dans son travail, et que l'on rappelle parfois de façon anecdotique, certaines de ses économies vestimentaires, ses habitudes de ne rouler « qu'en » Honda, sa montre qui n'est pas d'une grande marque. « J'aurais peur de changer, de trop aimer le luxe exagéré, d'oublier qu'il faut toujours travailler et s'impliquer. C'est une sorte d'auto-discipline ».

Sa valeur personnelle ?

Elle est faite de « morale », de désintéressement, d'exigence vis-à-vis de soi, de tolérance vis-à-vis des autres et de sincérité. Il n'y a rien qu'il ne demande aux autres qu'il ne s'applique à lui-même.

Pour la morale, rappelons la distinction profonde faite par Confucius entre cette valeur collective qui impose à chacun de regarder l'intérêt de l'autre et du peuple (yi) avant son intérêt personnel (li), différenciant les « petits sires » du « prince ». Nous sommes au cœur de la problématique. La fin ne justifie pas les moyens. « Si c'est mon argent, même un yuan, je le veux. Si ce n'est pas mon argent, même si vous me raccompagnez à la porte, je n'en veux pas ». Il ne faut pas comprendre cette remarque comme une envie de garder pour soi sa fortune, mais de n'accepter la fortune que venant de soi et gagnée honnêtement. Vous me raccompagnez à la porte fait référence à la politesse chinoise qui impose à l'hôte de raccompagner son invité. On sent derrière cette référence aux règles une allusion ironique à certaines expressions détournées de cette « politesse » qui renvoient aux flatteries et à la corruption.

Pour le désintéressement : il a le sens des responsabilités, qu'elles soient familiales ou sociales. Il l'avait déjà démontré dans son enfance, partageant le peu qu'il avait, à ses débuts prenant de petits salaires, et donnant le reste à la société, il le démontrera également plus tard dans sa vie professionnelle, contribuant comme nous l'avons vu antérieurement au développement de la société, par des dons à diverses œuvres et fondations. Nous avons évoqué la frugalité. La frugalité n'est pas l'avarice, ni la mesquinerie, mais la gestion d'un patrimoine dans le sens d'une rigueur qui n'oublie pas les autres. On applique donc ce principe à soi-même, mais dans sa relation aux autres, il faut savoir être large et enthousiaste, un peu de cette grandeur d'âme évoquée précédemment. Non seulement, il faut savoir aider les autres, mais « il faut également savoir y trouver du plaisir » nous dit-il. L'intérêt personnel n'est que secondaire.

Le prince aime la richesse, mais il ne se commet pas pour l'obtenir. (Junzi ai cai, qu zhi you dao 君子爱财，取之有道)

Le profit doit retourner à la société. (Liyi gui gong 利益归公)
Sens de la responsabilité sociale. (Shehui zeren gan 社会责任感)

Utiliser son argent, mais pas le gaspiller. (You qian keyi yong bu hui langfei 有钱可以用，不会浪费)

Traiter les autres avec sincérité. (Chengyi dai ren 诚意待人)

Avoir l'esprit large et tolérant. (Guangkuo xiong jin 广阔胸襟)

Les affaires ne doivent pas porter atteinte aux hommes. Dans la vie il faut prendre du plaisir à aider les gens. (Shengyi bu hui hai ren, 生意不会害人, shenghuo shang le yu zhu ren 生活上乐于助人)

« Pourquoi vous investissez-vous autant dans votre travail ? », lui demande-t-on un jour ? Trois sur quatre des éléments de sa réponse vont dans ce sens[35].

- C'est très simple. La première raison est que je connais la vie de ceux qui n'ont pas d'argent. C'est pourquoi, je veux en gagner pour faire plus de choses, plus de « bien », pour être en mesure de les aider.

La deuxième est que j'aime étudier. Comme ma famille était pauvre, je n'ai pas eu cette chance pour m'aider dans la concrétisation de mon idéal. Je gagne de l'argent pour aider les jeunes qui ont des idéaux et veulent travailler, pour développer leur talent, leur donner l'occasion de grandir.

La troisième ? Je n'oublierais jamais que c'est parce que mon père n'avait pas d'argent qu'il n'a pas pu acheter les médicaments qui l'auraient sauvé. C'est pourquoi je veux aider ceux qui sont malades et contribuer au développement de la médecine et des hôpitaux. »

Pour l'exigence vis-à-vis de soi, c'est un pré-requis essentiel que le portrait tracé jusque là reflète bien. Nous avons pu constater sa capacité à travailler, à aller de l'avant, son cœur à l'ouvrage, quelles que soient les circonstances. Il tient également ses engagements même dans les temps difficiles, comme sa donation pour l'université de Shantou. Fiable et loyal, il est digne de confiance. « Si vous voulez obtenir la confiance, vous devez vous attacher à ce que les deux parties en soient dignes ». L'exigence est un pré-requis que chacun ne doit jamais oublier. Lors de l'inauguration de cette même université de Shantou dont il avait contribué au financement, son allocution se voulait reformuler cette exigence, insistant également sur l'importance d'une fortune qui saurait rester simple et sans arrogance. Ce n'est pas la fortune qui fait l'homme. « Qu'importe la position de l'homme, seul

> Auto-discipline
> (Zilu jingshen
> 自律精神)

> Fortuné, mais sans arrogance.
> (Fu er bu jiao
> 富而不骄)

---

35 « La quatrième ? C'est un challenge très intéressant à relever que je me suis fixé. La société d'aujourd'hui est une société de compétitivité et de compétition. C'est une bonne façon de mettre à l'épreuve mon œil et ma capacité à détecter les secteurs d'avenir. » Ce point est à relier au constat précédent sur sa capacité à voir loin et à anticiper.

compte le cœur qu'il met à l'ouvrage. Pour ces gens là, je montrerais toujours de l'estime ».

Pour la tolérance, on retrouve l'aide qu'il apporte aux autres, avec plus de plaisir qu'il n'en a en gagnant de l'argent.

« Ce que je préfère, c'est répondre à l'invitation de ceux qui me demandent de les aider dans ce qu'ils entreprennent, les aider à résoudre ce qu'ils ne savent pas faire seul. Je leur demande en sus d'en faire plus et de le faire mieux que ce qu'ils avaient envisagé. Quand je m'engage dans ce type de démarches, le sentiment d'excitation et d'enthousiasme qui me gagne alors est difficile à imaginer ».

S'investir de tout cœur.
(Quanqing touru 全情投入)

A la lecture de ce texte, nous voyons distinctement la corrélation entre les développements des chapitres précédents et les qualités de l'homme telles qu'elles sont retranscrites par Liu Henghua (cf. colonne de gauche). Elles sont en effet pour la plupart en relation directe ou indirecte avec le confucianisme :

– directe comme la référence à l'idéal, à la morale, à l'équité, au désintéressement, à la grandeur, à l'exemplarité, à la patience, à l'endurance, à la concordance des paroles et des actes (engagement et confiance), au sens des responsabilités familiales et sociales ;

– indirecte comme le courage, celui du challenge ou comme la réussite qui est le prolongement de la persévérance.

Nous retrouvons chez lui également d'autres qualités qui n'ont pas de relation particulière avec le confucianisme mais avec :

– d'autres héritages culturels chinois comme stratégies et tactiques militaires (savoir tirer parti de toutes les occasions, la combativité) ;

– d'autres influences purement commerciales (le soutien des banques) ou découlant du contact avec l'étranger que nous n'avons pas évoqué mais que nous soulignons ici :

« Il faut savoir s'appuyer sur les méthodes scientifiques et le professionnalisme de l'Occident en ce qui concerne la gestion de l'entreprise.

Néanmoins, en ce qui concerne l'homme et sa relation aux autres, il faut se référer à la culture antique chinoise[36]. Ne jamais cesser de s'auto-perfectionner (*xiu shen*), adopter une attitude modeste dans sa relation aux autres, être industrieux, persévérant et endurant, toujours constant pour une stratégie qui permette de pénétrer au cœur de la vie humaine. » [LHH, 2002 : 178]

Nous retrouverons ce même type d'esprit et d'élan (citations identiques ou très proches dans la formulation), dans les règlements et diverses chartes internes à l'attention du personnel ou des managers de vendeurs ou des dirigeants de filiales d'une autre entreprise chinoise.

Les correspondances sont aisées à reconstituer, notamment quant à l'héritage culturel chinois, confucianisme, stratégies militaires et tactiques, élan révolutionnaire, combativité[37], moins en ce qui concerne la réconciliation de l'Occident et de la Chine. Cette entreprise, en effet, reste encore assez peu ouverte aux méthodes occidentales.

Elle n'a pas la taille de l'empire de Li Jiacheng, mais elle peut être considérée comme représentative d'un certain type de management en Chine, fréquent dans les entreprises moyennes qui ont passé avec succès les premières années difficiles et en phase de transition (croissance rapide, dépassement de seuils décisifs en termes de personnel, de C.A. et de couverture géographique du territoire chinois.)

Regardons maintenant des extraits de ces documents. La lecture du document s'effectue de la même façon que dans l'exemple précédent, la colonne de gauche représente le texte lui-même, la colonne de droite met en évidence la valeur concernée par la formulation.

Rappelons avant de commencer que cette entreprise a totalement intégré dans sa politique la nécessité de rendre à la société ce que la société lui a donné (*huibao shehui*) ainsi que celle de « se préoccuper du peuple et d'agir dans son intérêt » (*li min, fu min*). Ce point ayant déjà été traité, nous ne reviendrons pas dessus.

---

36 Faisant par là clairement référence au confucianisme et à ses valeurs. Rappelons que Li Jiacheng a également financé un centre de recherches sur le confucianisme.

37 Cf. paragraphe précédent sur Li Jiacheng et plus généralement Partie III, Ch.10.

Exemple : La traduction des principes confucéens dans la charte interne d'une entreprise de taille moyenne

I - CHARTE	**Influence confucéenne**
5. Etre un honnête homme intelligent et non quelqu'un d'intelligent mais vide.	5. Qualités humaines
6. Parler beaucoup n'a aucun sens ; s'évaluer en fonction de ses actes et de ses résultats.	6. Correspondance action – parole, confiance, réalité
7. Il faut se souvenir des réussites des hommes, oublier leurs échecs ; utiliser les qualités des hommes, les aider dans leurs faiblesses, améliorer la cohésion et que chacun travaille dans cette direction.	7. Tolérance, choix des hommes, cohésion
8. Agir avec le cœur, mesurer avec son cœur ; rendre le cœur pour le cœur, véritablement émouvoir le client au plus profond de lui-même.	8. Cœur, émotions
9. Laisser à ses successeurs un exemple digne d'être suivi.	9. Exemplarité

II – CHARTE DU MANAGER de FILIALE (extraits)

1. Le cœur toujours ouvert. L'œil toujours fixé au loin, ne craignons pas d'avoir de grandes ambitions, recherchons les challenges de grande envergure, osons les grandes ambitions. A petits objectifs, petits résultats.	1. Cœur, vision, ambitions, courage
2. Les hommes doivent toujours faire preuve d'énergie. Ne nous arrêtons pas avant d'avoir atteint notre objectif. Seules les difficultés font progresser.	2. Persévérance, endurance, capacité à surmonter les difficultés
3. Gérer une entreprise, c'est gérer les hommes. Que notre entreprise soit en mesure de nous rassembler et de nous transformer en une équipe de héros ; que chaque employé trouve sa place ; que chacun puisse exprimer son plein potentiel ; c'est une magnifique responsabilité qui incombe à chacun d'entre nous.	3. Centralité de l'homme, cohésion, énergie collective, capacité à surmonter l'échec, responsabilité
4. Avant de savoir faire quelque chose, il s'agit d'abord de savoir se comporter en homme. Pour obtenir des résultats, agir d'abord, en homme « bien ».	4. Hiérarchisation des priorités et qualités humaines. Réalisation de l'homme avant la réalisation de toute entreprise.
5. Rechercher la réalité. Etre réaliste. Réaliser. Se garder des paroles vides, exagérées ou fausses.	5. Réalisme, justesse d'évaluation, paroles mesurées
6. Etre généreux et tolérant (large comme une vallée pouvant accueillir une centaine de fleuves). Etre doué dans la communication avec les autres et faire qu'ils s'adaptent mutuellement. Savoir écouter les avis contraires. Savoir rassembler les pensées et concilier les intérêts. Etre solidaire et faire s'épanouir la contribution collective.	6. Tolérance, solidarité, énergie collective
7. Envers les hommes, sachons être droit et sincère. Dans nos actes, démontrons notre sens du collectif et de l'équité. Préférons la pédagogie par l'exemple à l'enseignement par la seule parole. Par notre attitude exemplaire, influençons notre entourage.	7. Qualités humaines de droiture, de sincérité, de justice ; enseignement et pédagogie ; exemplarité

8. Vis-à-vis de nos équipes, sévérité est synonyme d'amour. Mais si l'un de nos employés ne réussit pas, considérons que notre responsabilité est, a minima, engagée pour moitié.

8. Sévérité et sens de la responsabilité personnelle dans tout échec.

9. Soyons lucide sur nous-même, connaissons nos propres défauts. Ne prenons pas nos qualités comme base de comparaison pour juger des faiblesses des autres ; jugeons plutôt de nos faiblesses à l'aulne des qualités des autres. C'est la seule façon de progresser.

9. Lucidité sur soi-même. Pas d'arrogance et considération pour les qualités des autres dans la comparaison.

10. Etudier, étudier, étudier toujours. Réinventer, réinventer, toujours réinventer. C'est l'indispensable voie pour assurer la réussite de ce que nous entreprenons.

10. Etude

III - CHARTE DU MANAGER DE POINT DE VENTE
(extraits)

1. Transformer la construction de chaque point de vente en une collectivité qui ne peut pas perdre une bataille, faire en sorte que chacun considère qu'il n'est jamais assez parfait, que tous soient en quête d'excellence.

1. Energie collective, excellence humaine et auto-perfectionnement

2. L'union fait la force. Un fardeau partagé et les hommes peuvent sauter. Des responsabilités clairement réparties et le résultat est meilleur.

2. Répartition claire des responsabilités

3. Travailler dur est la seule façon de maîtriser l'occasion. « Faire comme ce paysan, assis à attendre que les lièvres passent pour en attraper est une voie sans issue[38] ». À prendre l'initiative, on obtient toujours un résultat.

3. Persévérance, endurance et implication.

4. D'abord se lier d'amitié. Après seulement faire des affaires.

4. Hiérarchisation des priorités et amitié.

5. Donner de soi-même est le plus important. Dire mille paroles, donner dix mille raisons ne valent pas la preuve par l'exemple.

5. Implication personnelle. Exemplarité.

6. Il suffit de ne pas brider sa pensée. Les solutions seront alors toujours plus nombreuses que les difficultés.

6. Capacité à surmonter les difficultés.

7. Pour gérer toute chose, il faut d'abord savoir gérer les hommes. Pour gérer les hommes, il faut savoir s'occuper du cœur.

7. Centralité de l'homme dans le management, cœur.

8. Traiter les hommes avec sincérité. Avant de se livrer à une critique envers un de ses collègues, il s'agit de bien analyser sa propre responsabilité.

8. Sincérité et sens de la responsabilité personnelle dans tout déroulement d'une situation.

9. Prendre toujours l'initiative d'étudier. Ne jamais cesser d'élever sa propre nature.

9. Etudier et s'élever, sans relâche.

---

38 Citation de Han Feizi, en référence à certaines attitudes au travail (attentisme, manque d'initiative) reprochées aux entreprises d'Etat, que d'autres reprochent également au confucianisme.

Nous retrouvons bien la presque totalité des points mis en évidence dans la première partie sur les fondements du confucianisme et la deuxième partie sur les corrélations possibles entre confucianisme et management.

« *Yi ziji wei tou* 以自己为头 - soi-même en tête », c'est…

… Insister avant tout sur la responsabilité essentielle des dirigeants et de la ligne managériale ainsi que sur leur devoir d'exemplarité (« si l'un de nos employés ne réussit pas, considérons que notre responsabilité est engagée pour moitié » ; « laisser un exemple digne d'être suivi »).

…Demander à chacun de reconnaître sa propre responsabilité dans le cours des choses et de faire preuve d'honnêteté intellectuelle en toute occasion (« mesurer ses faiblesses à l'aulne des qualités des autres et non le contraire » ; « face à un problème, regarder d'abord en soi, avec sévérité » ; « considérer qu'en cas de difficultés, c'est 50% de sa responsabilité qui est engagée »…).

… Oser les grandes ambitions (« Le cœur toujours ouvert. L'œil toujours fixé au loin, ne craignons pas d'avoir de grandes ambitions, recherchons les challenges de grande envergure, osons les grandes ambitions. A petits objectifs, petits résultats. »)

… Mais reconnaître sa propre perfectibilité et donner le droit à l'erreur (« nous sommes une grande école »[39], « nous devons apprendre des autres », « les échecs sont des expériences qui forgent les héros » ; « la perfection signifie la mort des choses »…).

« *Yi ren wei ben* 以人为本 », c'est l'homme au cœur. Ces chartes sont très explicites sur l'importance de l'homme et de la dynamique humaine, avec 25 articles sur 31 directement reliés aux thèmes confucéens.

L'homme au cœur du management et la société comme cible de l'entreprise. (2.3)

L'homme dans une relation de qualité, faite d'humilité, de responsabilité et de lucidité. (1.7 ; 2.7 ; 3.8)

La solidarité et la solidité du groupe dans l'atteinte de l'objectif, la réussite et les échecs. (2.3 ; 3.1)

---

39 Grande école : à prendre non pas dans le sens français mais comprendre par là que l'entreprise est un lieu dans lequel chacun doit pouvoir apprendre.

L'amitié qu'il ne faut pas oublier. (3.4 ; 3.8)

Le cœur, qui doit guider l'action. (1.8 ; 3.7)

L'intelligence qui ne peut se passer du cœur. (1.5)

Des qualités humaines (tolérance, générosité, honnêteté, sincérité, loyauté, chaleur, amitié, sentiment, droiture, sévérité équilibrée...) que chacun doit chercher à développer. (C'est l'esprit de l'ensemble. Les qualités se retrouvent dans presque tous les articles.)

L'étude et le perfectionnement de soi qui permettent de vaincre ses désirs. (2.10 ; 3.9)

L'exemplarité du comportement. (1.9 ; 2.7)

L'implication et la persévérance. (2.2)

La méfiance vis-à-vis de la parole, dont nous avons précisé antérieurement l'impératif de concordance avec les actes dans les développements sur la confiance. (1.6)

Lucidité, étude et volonté d'auto-perfectionnement sur le chemin des qualités humaines sont la base de tout gouvernement.

Quatrième Partie

Interculturel, enseignements et convergences

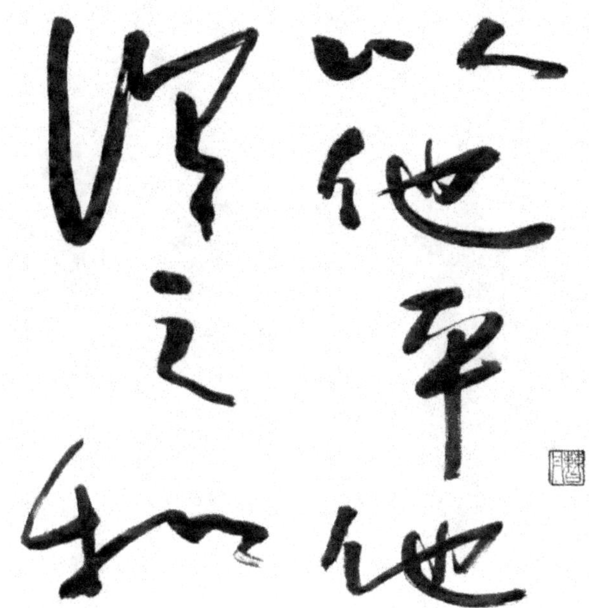

L'harmonie est nécessaire
pour la prospérité des choses,
l'uniformité au contraire
entrave toute création.
L'harmonie consiste
en l'unité des différences.

Confucius

Pour introduire la quatrième partie

Ces exemples nous donnent une leçon intéressante d'interculturel. Le management interculturel est la discipline de « réconciliation de la puissance des divers », pour reprendre une expression de Segalen, ainsi que celle de l'apprentissage des complémentarités.

C'est pourquoi, ayant posé comme postulat une compétence distinctive chinoise en termes de management et de gestion des ressources humaines, **nous allons maintenant approfondir les points d'inflexion de la philosophie confucéenne, puis développer les facteurs clefs, contribuant en partie à la réussite des entrepreneurs chinois et tout à fait transposables à notre environnement.**

La réalité de la dynamique humaine

– Management : la main invisible.

– Exigence intérieure et management des équipes, cohésion/harmonie intérieure et victoire assurée.

Le confucianisme, un challenge managérial ?

Les points de vigilance

– Principales oppositions des temps antiques, toujours d'actualité.

– Compatibilité des intérêts économiques et des ambitions sociales ?

– Sincérité ou manipulation ?

– Les tandems fous

Gestion des limites et rôle modérateur des rites (*li*) et de l'étude (*xue*).

CHAPITRE 11

Réalité de la dynamique humaine

二人同心，其利断金。

《周易》

Deux hommes agissant d'un seul cœur vainquent même la dureté de l'airain.
Le Livre des Mutations

- Management : la main invisible

- Exigence intérieure et management des équipes, cohésion/harmonie intérieure et victoire assurée

Management : « la main invisible »

Il est courant de définir le management par sa double dimension tangible (transformation de ressources inorganisées en résultats utiles, fixation d'objectifs clairs, élaboration de lettres de mission, définition de modalités d'évaluation, description de poste) et intangible (dynamique humaine permettant à chacun de donner le meilleur de soi-même). Or, le fait de privilégier l'une ou l'autre des deux dimensions, en allant parfois jusqu'à les opposer n'est pas neutre. Prenons pour illustrer ces propos, deux définitions extrêmement différentes du terme[1] :

« Le management est un processus spécifique consistant en activités de planification, d'organisation, d'impulsion et de contrôle visant à déterminer et à atteindre des objectifs définis grâce à l'emploi d'êtres humains et à la mise en œuvre d'autres ressources. » [Terry & Franklin, 1985 : 4]

« Le management peut être considéré comme un ensemble direction-gestion. La direction est d'ordre plutôt qualitatif (art), s'appuyant sur les qualités de leadership, faisant appel à des aspects innés, intuitifs et à des aspects plus précisément théoriques. La gestion est d'ordre plus quantitatif ayant pour fondements des principes scientifiques et des techniques (science). » [Crener & Monteil, 1975 : 7]

La première définition met l'accent sur les ressources de base communément appelées les « 6 M » (Moyens humains, Matières, Machines, Méthodes, Monnaie - capitaux - et Marchés) nécessaires à l'accomplissement des fonctions fondamentales de l'activité managériale (planification, organisation, impulsion et contrôle) en vue de l'obtention de résultats. Efficace et statique.

La seconde, dans laquelle on retrouve la nécessaire association « intuition + planification » de Mintzberg, donne du management, la vision d'une discipline non plus considérée seulement comme une science mais également comme un art, celui de la mobilisation des talents humains et de la coordination d'activités individuelles, qui pourra varier en fonction de « l'aptitude créatrice personnelle doublée d'une aptitude à obtenir des résultats » [Terry & Franklin, 1985 : 6]. Ces dimensions particulières de

---

1 Plus que la date ou l'auteur de la définition, c'est l'esprit dans lequel ces définitions sont écrites qu'il faut noter. Aujourd'hui encore, on trouve cette double orientation dans les débats.

315

mobilisation et de coordination, qui justifient l'analogie, souvent reprise depuis, à cette « main visible » de Chandler [77] qui devient invisible. Efficace et dynamique.

La main invisible, ce peut être cette approche confucéenne du management telle que décrite dans cet ouvrage et qui peut se résumer en une sentence déjà souvent citée :

« Et l'homme est au centre » (*yi ren wei ben*)... non plus seulement comme cible mais aussi comme levier du management.

« Je peux perdre mon usine, mes équipements, mon marché, mes capitaux. Mais il suffit que je puisse garder mes équipes, quatre ans après, je serais de nouveau le roi du cinéma », affirme Zhao Yifu. [HSL, 2001 : 282-283]

« Vous pouvez me prendre capital et outil de production, mais laissez-moi mes équipes, dans les cinq ans je suis sûr de récupérer les capitaux perdus », reprend Wu Sunwen en écho. [HSL, 2001]

La main « invisible » confucéenne, c'est aussi :

Le management par la douceur (*rouxing guanli* 柔性管理), qui favorise l'émergence d'un sentiment de confiance (*xinren gan* 信任感) par la sensation de proximité qu'il procure (*qinmi gan* 亲密感).

L'investissement émotionnel (*ganqing touze* 感情投资) et les sentiments en retour (*guishu gan* 归属感) qu'il ne peut pas manquer de susciter, récompensant largement son auteur.

Le management et la motivation par les sentiments.

L'inéluctabilité du résultat, grâce à la logique du « ne peut pas ne pas » de l'exercice de la souveraineté confucéenne, reposant sur :

– un sens de la responsabilité de chacun, et plus particulièrement de ceux qui ont le pouvoir[2] vis-à-vis de l'échec collectif ;

– l'exigence intérieure du dirigeant, la cohésion interne des équipes qui assurent de la victoire.

Revenons sur ce dernier point que nous avons peu développé jusque-là en termes de caractérisation d'un « management à la confucéenne » : exigence intérieure et management des équipes // cohésion intérieure et assurance de la victoire.

---

2 Cf. Partie II, Résumé.

Exigence intérieure et management des équipes, cohésion/harmonie intérieure et victoire assurée

Le postulat de Confucius est celui d'une harmonie intérieure, celle obtenue par l'intermédiaire d'un processus d'auto-perfectionnement qui permet au souverain de développer ses qualités humaines jusqu'à leur plénitude et lui assure un exercice aisé du pouvoir. Ce postulat que nous trouvons résumé dans la formule « prince à l'intérieur, souverain à l'extérieur (*nei sheng wai wang* 内圣外王), nous transporte au cœur de la problématique du management par et pour l'homme.

Or, il semble qu'une part du monde chinois de l'entreprise se soit approprié cette logique interne au processus confucéen : le schéma d'exercice de la souveraineté confucéenne tel qu'explicité dans la première partie au travers des « huits objets » trouve une validité équivalente dans cet autre champ d'action.

> *Choses - connaissance – sincérité – droiture du cœur*
>
> *Perfectionnement de soi*
>
> *Rassemblement des hommes, gouvernement du pays, et tout ce qui est sous le ciel est en paix*

Logique de la souveraineté confucéenne

⇩

Logique managériale confucéenne

> *Je manage par le « sens de l'humain » – (avec tout ce que cela implique)*
> *Je <u>ne peux pas ne pas</u> tirer le meilleur parti des hommes et des femmes de mon entreprise.*

De la logique confucéenne à la logique managériale

De plus, « les commerçants confucéens » élargissent le champ de validité du concept[3] :

1. <u>L'exigence intérieure</u> de l'homme (*nei sheng* 内圣) - déjà comprise comme l'exigence intérieure du dirigeant, de la ligne managériale et de l'ensemble du personnel, s'étend à <u>l'harmonie</u> intérieure du corps social et de l'entreprise (*nei he* 内和), autre concept confucéen qui rappelle la nécessaire cohésion interne[4]. Rappelons Mencius avec ses « conditions du terrain qui ne valent pas l'harmonie des gens », idée qui se retrouve chez Sun Zi avec l'expression « Dessus - dessous, désirs identiques, victoire » (*shangxia tong yu zhe, sheng* 上下同欲者胜), c'est-à-dire que la victoire est assurée à ceux qui savent faire converger les ambitions de chacun vers un but collectif.

2. <u>La souveraineté extérieure</u> (*wai wang* 外王), conséquence de l'exigence intérieure se transforme en assurance de la victoire comme conséquence inéluctable de l'harmonie intérieure (*wai zheng* 外争).

3. <u>Les relations au sein de l'entreprise sont pensées comme bijectives.</u>

« Nous mettons en avant l'harmonie intérieure comme condition de la bataille extérieure (*neihe wai zheng* 内和外争). Or, la bataille extérieure peut nourrir l'harmonie intérieure. Toute organisation peut utiliser le combat qu'elle doit mener à l'extérieur pour atteindre l'harmonie intérieure. Plus la pression est grande, plus la motivation est importante, plus la force intérieure sera grande. Plus la compétitivité de l'entreprise sera également grande », souligne ainsi Qiu Xijian. [HSL, 2001]

Nous arrivons ainsi à la production d'un cercle vertueux sans fin : de l'exigence intérieure, nous arrivons à l'harmonie intérieure qui prépare à la bataille extérieure qui elle-même renforce l'harmonie intérieure qui renforce l'exigence intérieure, qui… (cf. schéma ci-après).

---

3 Cf. résumé de la partie II « Confucianisme et management ».

4 Précisons que dans les *Entretiens*, Confucius fait la différence entre l'harmonie (*he* 和) et l'uniformité (*tong* 同).

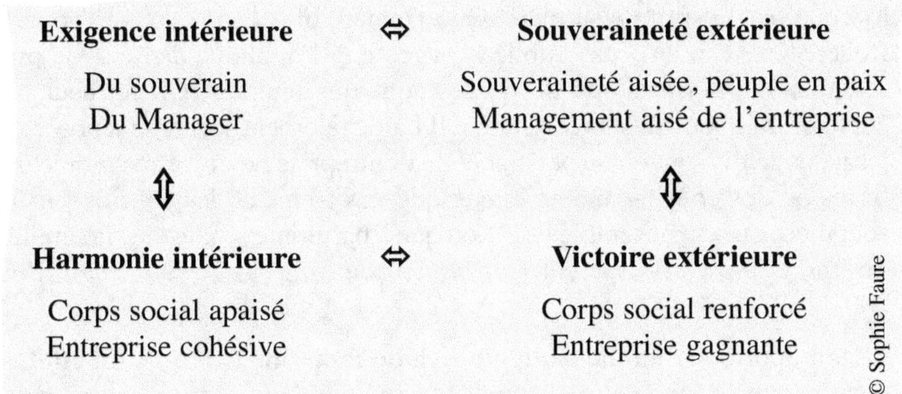

Le cercle vertueux du management confucéen

En réalité, la notion d'harmonie s'applique d'abord à la famille. C'est en effet sur le modèle familial qu'est pensée l'entreprise. D'où l'assimilation rapide, mais évidente, du mode de management au paternalisme, avec toutes ses qualités et ses défauts.

Or, il ne s'agit pas d'une transposition en l'état, mais plutôt d'un transfert de l'esprit et des méthodes qui font la force de la famille. Ceci doit permettre de transformer l'entreprise en une communauté aussi cohésive et solidaire qu'une famille, dont les membres mettent leur énergie au service de l'accomplissement d'un même objectif. Ceci permet alors de déplacer la cible de l'allégeance et de la loyauté, de la famille à l'entreprise[5].

Li Jiacheng dit ainsi « l'harmonie au sein de la famille est la quintessence de notre culture confucéenne. Sans cette harmonie au sein de la famille (*jiahe* 家和), sans son équivalent au sein de l'entreprise, c'est-à-dire l'harmonie entre les hommes (*renhe* 人和), l'entreprise est condamnée à mourir. » [LHH, 2002]

---

5 Ce point est important à noter alors que les entreprises à capitaux mixtes sino-étrangers souffrent d'un turn-over élevé. En réponse à l'étude de White et Nakamura [2002] évoquée précédemment, nous pouvons introduire la qualité du management et le sens de l'humain, aux côtés d'autres facteurs pour juger de l'exposition au risque de volatilité du personnel d'une entreprise.

Marqué par l'esprit de sa mère, Guo Henian, plus connu sous le nom de Robert Kwok, n'en a pas oublié la sagesse et l'applique dans sa vie professionnelle. « Beaucoup de choses sont très simples. On ne peut pas compter uniquement sur le système. Il faut également savoir se reposer sur les gens. Je dis souvent le personnel de l'entreprise devrait être comme des frères ou des cousins, même mieux que des frères et des cousins, car ils sont plus souvent ensemble [...] Lorsque l'harmonie règne dans la famille, dix mille choses prospèrent *(jia he wanshi xing* 家和万事兴*)*. » [HSL, 2001 : 327]

Le tout, porté par un idéal qui n'a rien du fantasme (*zhi* 志). En effet, si nous avons pu noter une difficulté quant à la créativité, il existe paradoxalement une grande capacité à l'invention d'un idéal et à la concentration des énergies, pour le poursuivre et l'atteindre.

Nous ne faisons pas référence aux mirages du Grand Bond en Avant où l'élan révolutionnaire était supposé multiplier par dix la production, mais à la puissance motrice de l'idéal.

« On peut priver une armée de son général en chef, mais on ne saurait priver le dernier des hommes de son idéal » affirme Rong Zhijian. Cet élan participe à la mise en musique de ce que, dans le vocabulaire managérial occidental, nous appellerions *l'empowerment*.

Le confucianisme, challenge managérial ?

道不远人，人之为道而远人，不可以为道。

《中庸之道》

La voie n'est pas loin de l'homme.
Si ce que les hommes prennent pour
la voie les éloigne de l'homme,
ce ne saurait être la voie.
Zhong Yong

- Les points de vigilance

- Equilibre du système et rôle modérateur
des rites et de l'étude

Dans ce contexte, que pouvons-nous retenir, faisant nôtre ce conseil très confucéen qui préconise « de mesurer ses défauts à l'aulne des qualités des autres et non le contraire » ?

– Que le dépassement des nombreux reproches, même fondés, faits au fonctionnement de la société chinoise sous influence confucéenne, est possible, pour une maximisation de son efficacité (avec, par analogie, le possible dépassement des aspects négatifs du clan, de l'appartenance à un cercle, d'un leadership paternel autocratique, etc.).

– Que la dynamique humaine peut prendre une consistance différente sous d'autres cieux, consistance qui peut contribuer à renouveler notre approche du management et du leadership. C'est sans doute, l'un des aspects les plus marquants de la culture chinoise. Nous sommes en effet au cœur de la motivation par des leviers non mathématisables, qui donnent à l'élan des équipes une puissance particulière.

– Mais que les dualités homme-processus ou affectivité-rationalité ne sont pas encore mortes. En effet, ce sont les mêmes débats qui sont en train d'émerger, faisant presque croire à l'incompatibilité des deux approches, les opposant plutôt que de les concilier.

Quelle place doivent trouver l'homme et l'affect une fois passés les premiers temps difficiles ?

C'est un des challenges auxquels la Chine va se trouver confrontée avec son entrée à l'OMC : non pas seulement celui du redressement d'une économie d'Etat en difficulté, mais également celui de l'appropriation des processus occidentaux sur la dynamique confucéenne, qui, aurait donc su conserver son héritage, tout en se débarrassant des forces centripètes qui freinent son développement.

C'est le challenge inverse auquel l'Occident se trouve confronté aujourd'hui : un réel rééquilibrage des priorités - entre facteur technique, financier et humain, dans ses propres modes de management en général, comme dans ses activités chinoises ainsi que pour le management des entreprises à capitaux mixtes sino-étrangers.

Redressement économique et rééquilibrage des priorités ? Pour que ce <u>double challenge</u> puisse être relevé, il est donc nécessaire d'être également <u>doublement lucide</u>.

Il s'agit en effet, non seulement de reconnaître à un système ses qualités ET de savoir les mettre en œuvre, en tirer parti, tout en maximisant son potentiel (son propre système et celui de l'autre).

L'un des apprentissages de l'interculturel est celui du gap séparant l'acceptation intellectuelle de la capacité à faire.

Or, dans le cas présent, chacune des étapes du processus (acceptation intellectuelle d'une efficacité autre et mise en application, une fois l'idée acceptée et parfaitement comprise) représente un effort, notamment quand le différentiel culturel est trop important et ancré[6].

Il s'agit donc également de comprendre les critiques qui peuvent être émises vis-à-vis d'un système, en l'occurrence le confucianisme et par corollaire, le mode de management par et pour l'homme. Ils représentent des <u>points de vigilance</u> que le confucianisme a contribué à mettre en évidence.

Nous allons donc les approfondir et les synthétiser, souhaitant, par là, éviter tout jugement rapide et partisan entre « admiration sans bornes pour un idéal » et « opposition de principe » ou scepticisme.

– ***La position des détracteurs et justifications de leur position*** : depuis l'époque de Confucius, les reproches n'ont guère évolué. Nous ferons donc un point précis sur ce que moïstes, taoïstes et légistes ont reproché au confucianisme.

– ***Le scepticisme et les doutes*** émis par les observateurs actuellement en raison de certaines divergences évidentes entre la théorie et la réalité : Compatibilité des ambitions sociales avec les exigences économiques ? Sincérité de l'ensemble en référence à la manipulation possible par l'entreprise des valeurs et de leur formalisation dans des chartes internes de management ou d'éthique ? Réalisme d'un gouvernement par la bienveillance ?

---

6 On pourra se référer à quelques écrits fondateurs sur les pré-requis à une conduite du changement ainsi que sur les freins au changement : « ancre interne » [Sherif & Hovland, 1961], « consonance/dissonance cognitive » [Festinger, 1957], « théorie du champ de forces » et du caractère dynamique d'une situation sociale, résultant à un instant t, de la pression de forces opposées de Lewin [1951]. Une bonne synthèse est donnée dans [Gruère, 1991] « Attitudes et changements d'attitudes »,

> - ***Les tandems fous que représentent les points de rupture et d'inflexion potentiels de l'édifice confucéen*** : les points de rupture sont ceux qui font de l'idéal un enfer, les points d'inflexion, ceux qui permettent de retrouver l'idéal ou d'éviter l'enfer.

Les points de vigilance

Les arguments toujours d'actualité des contradicteurs des temps antiques

Rappelons et précisons ce que les contemporains des auteurs confucéens reprochent au confucianisme. Les grandes lignes de leurs critiques sont facilement identifiables.

Le moïsme

Nous n'avons pas jusque là évoqué le moïsme, car il n'a jamais vraiment trouvé sa place dans la philosophie chinoise. Néanmoins, il est intéressant de faire ici référence à ce courant, en raison de sa totale opposition avec le confucianisme, dont les justifications trouvent encore leur raison d'être aujourd'hui. Souvenons-nous du factionnalisme évoqué précédemment en relation à la préférence donnée au cercle, de la possibilité de vendetta entre clans antagonistes. Les moïstes attribuent ce type de dérèglements à l'amour tel que pensé par le confucianisme. Certes, le « sens de l'humain » (*ren*) doit pouvoir être amour, mais lorsqu'il ne peut être envisagé que dans une relation hiérarchique, il est source de tensions inéluctables entre groupes qui ne peuvent s'accorder. En effet, la préférence pour sa famille mène à la préférence pour son pays, qui se généralise en préférence pour son clan et les hommes à soi, qui ne peut mener qu'à des luttes fratricides. C'est pourquoi il défend le caractère universel de l'amour, seul en mesure de contrer le caractère destructeur du confucianisme.

Le taoïsme

Pour les taoïstes, l'homme éduqué confucéen serait cet homme qui sur le chemin du développement de ses qualités humaines perd tout son potentiel. Qu'il doit être fatigant et fatigué, cet homme qui ne sait qu'étudier et se perfectionner soi-même. Quant au caractère moralisateur de la philosophie confucéenne, il ne peut répondre à la nécessité d'apaiser une société en décadence. Il représente plutôt une source de sclérose supplémentaire. Dans de nombreux extraits du *Daodejing*, Laozi reprend les positions confucéennes pour mieux les démonter.

On pourra citer la compétence et la droiture, la sagesse et le discernement, le sens de l'humain, qui seraient à l'origine de nombreux maux que connaît la société.

En opposition directe et ouverte au confucianisme donc, c'est le non-agir qui est mis en avant pour contrer la violence.

Il y a bien du non-agir chez Confucius, dont nous avons présenté la forme d'exercice de la souveraineté par irradiance ou capillarité. « Le souverain trône face au sud ». « Il est vent, le peuple est herbe ». « Il est l'étoile polaire au centre de la constellation », autant d'aphorismes qui expriment cette idée du non-agir.

Mais le non-agir taoïste n'a pas la même consistance et loin s'en faut. Au contraire de l'éducation confucéenne, il propose de se conformer au grand mouvement d'une nature fondamentalement amorale. Nous rappellerons que le non-agir ne « consiste pas à ne rien faire au sens de se croiser les bras passivement, mais à s'abstenir de toute action agressive, dirigée, intentionnelle, interventionniste, afin de laisser agir l'efficacité absolue, la puissance invisible du Dao. » [Cheng, 1997 : 183]

Lorsque l'on interroge les Chinois sur l'influence du taoïsme aujourd'hui et ses manifestations dans la Chine actuelle, les réponses sont extrêmement variées et difficiles à interpréter. L'une néanmoins revient de façon récurrente. Le taoïsme serait ce qui permet au Chinois de s'évader, de rompre les règles d'une société étouffante et étouffée, pour refaire place à l'homme.

Le légisme[7] enfin, philosophie tout aussi fondamentalement anti-confucéenne, défend :

– le principe de la non-validité d'un gouvernement par le sens de l'humain (*ren zheng* 仁政) et la loyauté, qu'il juge comme étant à la source de tous les maux ;

– la motivation par un pouvoir coercitif sans recours à une morale, la régulation par les lois, l'ordre par la peur des châtiments, le contrôle par la délation.

C'est d'une différence sur les théories de la nature humaine que découle cette vieille controverse entre un gouvernement par l'humain (*ren zhi* 人治) ou un gouvernement par les lois (*fa zhi* 法治), les légistes ayant opté pour ce dernier.

En effet, selon les légistes, le comportement humain est régi par des désirs naturels et la poursuite d'intérêts personnels dont découle un antagonisme tout aussi naturel entre les intérêts de l'Etat et les intérêts particuliers. « Chacun a intérêt à la mort de l'autre, non en raison d'une haine quelconque mais parce qui si les gens ne meurent pas, personne n'achètera les cercueils. » [HFZ, 231] Or, plus on s'approche du sommet du pouvoir, plus ces phénomènes sont nuisibles à l'Etat. Ainsi des ministres, pourtant indispensables à l'exercice du pouvoir, qui sont tout aussi naturellement guidés par leur intérêt personnel, et non par celui de l'Etat ou du souverain, qu'ils sont censés servir.

On retrouvera dans cette citation de Han Feizi, chef de file des Légistes, un concentré des contradictions pouvant émerger au sein d'un gouvernement par l'homme, fragilisant un souverain que la trahison guette :

« L'intérêt d'un roi réside dans la nomination de ministres talentueux ; l'intérêt des ministres, c'est d'obtenir ce type de postes sans avoir de talents ; l'intérêt du roi réside dans le fait de donner honneurs et fortune à ceux qui travaillent, l'intérêt du ministre est d'être riche sans aucune contribution ; l'intérêt du roi est de mobiliser les talents, l'intérêt des ministres est de trouver des amis pour constituer leur propre réseau. » [HFZ, 166]

---

7 Cf. [Levi, 1989]

Il ne peut donc être question ni de sens de l'humain pour le souverain (*bu ren* 不仁) que sa fragilité expose aux trahisons et dont la naïveté est source d'erreur, ni de loyauté pour les autres (*bu zhong* 不忠) que seul l'intérêt guide.

Le danger vient également du caractère exceptionnel et rare des qualités d'individus tout aussi exceptionnels et rares. Où peut-on espérer trouver facilement et à coup sûr des figures aussi exceptionnelles que les empereurs légendaires de l'antiquité pour leur confier le gouvernement ? Nulle part ou bien trop aléatoire est la conviction de Han Feizi. Il est donc préférable de rechercher dans une autre direction les sources d'efficacité du gouvernement.

Le maintien de l'ordre social se fonde alors sur :

– Un *corps de fonctionnaires* servant de maillons à un système administratif qui irrigue l'ensemble du corps social, mais dont le souverain ne doit attendre ni loyauté, ni sens du devoir. L'idée de rétributions et de nuisances réciproques *(lihai guanxi* 利害关系)[8] tient lieu de ciment à l'ensemble, indépendamment d'un quelconque *sens de l'humain*.

– Le recours exclusif aux lois (*fa* 法) et aux techniques de gouvernement (*shu* 术), un arsenal à la répressivité progressive, s'appuyant sur l'intériorisation du contrôle et l'œil de chacun.

– La rationalisation du pouvoir par l'élimination de toute forme d'humanité.

– L'uniformisation du corps social, qui « élimine les puissances qui pourraient s'ériger en rivales de la force publique et étouffe dans l'œuf les ferments de corruption qui saperaient les dispositions martiales d'un peuple convenablement dressé. [...] Une société, telle que conçue par les légistes, ne peut donc se bâtir en prenant comme modèle des êtres d'exception (sans désir ni passion, le sage ne donnerait pas prise au contrôle exercé par le prince), mais plutôt en réduisant les êtres d'exception au modèle commun. » [Levi, 1989 : 103-117]

Dans une société légiste, le système rend les qualités inutiles et le résultat indépendant des hommes.

---

8 Relations *lihai* 利害, de *li* 利 (profit) et *hai* 害 (nuisances).

Il y a donc trois éléments clefs parmi les postulats du confucianisme dont les moïstes, les taoïstes et les légistes ont pris totalement le contre-pied :

– Pour les moïstes : <u>l'amour hiérarchique</u> confucéen et les dissensions en découlant, notamment les conflits inter-clans.

> ✍ *Préférence ou universalité ?*

– Pour les taoïstes : <u>l'homme « éduqué »</u> et son rabougrissement, <u>le moralisme</u> et sa sclérose.

> ✍ *Ordre ou spontanéité ?*

– Pour les légistes : l'exercice du <u>gouvernement par la bienveillance</u>, le manque de réalisme et la fragilité du système, étant donné la trop grande importance accordée au souverain et à l'homme ainsi qu'à leurs qualités.

> ✍ *Hommes ou système ?*

Scepticisme sur la compatibilité des idéaux sociaux et des exigences économiques

Il n'est question que de l'homme, l'homme au centre. Nous avons souvent eu l'occasion d'intervenir sur les apports du confucianisme au management, soit pour expliquer le fonds culturel chinois et son efficacité particulière, soit pour amener des équipes à réfléchir, au travers des valeurs chinoises, sur le sens du management. Bien que les réactions de l'assemblée soient en général assez variées, nous avons toujours été confrontée à quelques sceptiques qui, entre autres, mettent en doute la pertinence économique des ambitions confucéennes (c'est d'ailleurs souvent le même type de contre-arguments qui est opposé lorsque l'on évoque l'efficacité de la dynamique humaine). « Les affaires sont une chose trop sérieuse pour laisser les « bons » sentiments interférer ». « Le but de l'entreprise ne peut à la fois être le profit et le bien-être de ses salariés, car, même si l'on s'en préoccupe, ce n'est qu'un moyen au service d'une cause (rappelons que sémantiquement le terme de *Ressource Humaine* n'est pas neutre) ». Et il arrive en effet toujours un moment où l'arbitrage se fait en défaveur des ressources humaines.

Le confucianisme porterait donc un biais en lui-même. *Li min, fu min, an min* 利民，富民，安民 (assurer le bien-être, la prospérité et la sécurité du peuple), cet aphorisme confucéen qui traduit la mission première du souverain, et auquel il est souvent fait référence dans les entreprises chinoises, serait difficilement compatible au final avec la logique économique.

Il en découle une gestion difficile des priorités entre l'économique et le social en cas d'arbitrage.

Sincérité ou manipulation ?

De plus, ces références au fonds culturel n'auraient-elles pas quelque chose d'artificiel ou ne relèveraient-elles pas d'une tentation d'intellectuel ? Et ce, d'autant plus si l'on considère les résultats économiques du communisme pur d'avant l'ouverture, dont les ambitions - déplacer le but de l'entreprise, du profit[9] vers le peuple – peuvent parfois sembler très proches de celles du confucianisme.

D'autres questions s'ensuivent comme la profondeur maximale acceptable de sentiment (*qing* 情), la réalité possible de la sincérité (*chengyi* 诚意)[10] en entreprise.

---

9 Dont les bénéficiaires sont les propriétaires du capital, le capital étant la source de l'exploitation de l'homme par l'homme.

10 Cf. l'article [Vezins, 2002], intitulé « Le licenciement sentimental » : Lorsque l'employé licencié s'est présente à son futur ex-employeur, il s'attendait à quelques moments d'émotions dus à la tension du moment. Quelle ne fut pas sa surprise en constatant que celui qui, les larmes aux yeux, se jetait dans ses bras, était son DRH et non ses compagnons d'infortune.

Ne serait-ce pas que politique habile ou manipulatrice de communication interne ou externe, ayant pour seules vocations respectives d'une part, de « faire passer la pilule » ou de satisfaire au politiquement correct – et d'autre part, de construire une image propre de l'entreprise ?

C'est ce type de questions qui a été posé lors d'un colloque où nous intervenions sur confucianisme et dynamique managériale.

« Mais tout cela est-il bien sincère ? N'y a-t-il pas manipulation ? »

Cette question est en relation avec une double problématique, celle de la Chine et du management en général qui se rejoignent, c'est-à-dire celle de la réalité d'un management par le cœur et de la manipulation des valeurs au service d'un but qui les dépasse.

– Celle de la Chine : des doutes ont en effet, pu émerger sur la sincérité des entrepreneurs chinois dans leurs actions. On a désigné la face - et non une inclinaison naturelle vers un devoir intériorisé, comme moteur essentiel de cette dynamique. On a également envisagé l'intention manipulatrice du leader séducteur et du leader dénaturé. Le débat s'est enfin engagé sur la nature réelle de leur management.

Ainsi la clarification du fonds philosophique confucéen relié à l'homme donne-t-elle l'impression d'un équilibre théorique trop parfait pour être envisagé dans la réalité et transposé en management.

Le management aux caractéristiques chinoises, apparemment plus confucéen qu'il n'est possible de l'imaginer, surprend trop pour entraîner une adhésion spontanée.

Ce scepticisme est conforté par l'ambivalence chinoise qui permet à tout un chacun de constater un jour ou l'autre une mise en situation totalement opposée à l'idéal confucéen.

– Celle du management en général : ce sont les mêmes doutes qui sont émis parfois sur le management par l'homme, en fonction des circonstances, alors que Confucius le pense indépendamment de ces dernières.

Ces doutes sont partagés par certains Chinois eux-mêmes, accentués par l'entrée à l'OMC. Un débat sur la pertinence du management par le cœur s'est engagé dans une entreprise chinoise qui pourtant tirait une partie de son dynamisme de la motivation, de l'implication de son personnel et de la capacité de son management à toucher le cœur[11]. « Les sentiments, c'est bon pour le début », cette expression traduisait l'envie du management de s'engager sur le chemin d'une plus grande rigueur. Préoccupation saine s'il en faut, mais dommageable quand elle s'accompagne d'un rejet des causes initiales du succès.

Quant à la manipulation des valeurs, le soupçon est également présent. Doute sur la Chine, comme nous l'avons vu et doute sur l'Occident. Celui qui a posé la question sur la manipulation s'interrogeait car on lui avait avoué, lors d'un séminaire, que l'affichage des valeurs n'était en réalité qu'un outil prétexte pour se dédouaner ou se défendre par anticipation de toute attaque. Il y a une expression chinoise à retenir qui illustre très bien ce type de comportements. « Lever haut le drapeau rouge pour mieux le contrer » (*da zhe hong qi, fan hong qi* 打着红旗，反红旗). De la même façon, on ne brandirait les valeurs et la place de l'homme en entreprise que pour mieux s'en éloigner au service de buts qui les transcendent.

Ce que nous avons pu noter et ce que les développements traduisent, c'est une sincérité certaine (ou alors très bien simulée). Et c'est justement cette sincérité qui donne à l'élan toute sa vigueur.

Ainsi, les valeurs peuvent-elle apparaître tour à tour puissants moteurs ou outils de manipulation.

Les « tandems fous »

Nous avons entamé dans les parties II et III, la clarification des points de rupture potentiels sur chacune des valeurs du confucianisme ainsi que certaines perversions du système, définissant la ligne de « schizophrénie » des situations.

---

11 Cf. Partie III, Ch. 10 sur les chartes internes.

Partie II	Confucianisme et management
Valeurs	**Situation une fois la limite franchie**
Sens de l'humain	Bonté d'une « bonne femme »
Equité rituelle	Excès du clan
Rites	Sclérose par les règles
Morale	Œil social oppressant
Confiance	Méfiance hors du cercle, coopération mal aisée et pari difficile
Courage	Courage d'une brute, témérité
Sévérité	Sévérité excessive

Partie III Ch.8 et 9	
Fonctionnement de la société	**Caractère corrosif du pouvoir**
Hiérarchie	Rapport domination-soumission, arrogance du pouvoir, manque d'initiative et d'autonomie
Cercle	Renforcement domination-soumission, fermeture vis-à-vis de l'extérieur, conflits inter-clans, népotisme et favoritisme
Réseau	Abus de pouvoir et collusion

Confucianisme et management, des limites

La vision présentée dans le chapitre précédent sur le confucianisme et la dynamique managériale permet d'étoffer l'analyse et d'améliorer la compréhension du système par la définition de ce que nous appellerons des tandems fous.

Qu'est-ce qu'un tandem fou ? C'est une association de deux antonymes qui rendent une situation particulièrement difficile à gérer.

Le tandem donne l'idée d'un couple de mots, ces mots étant souvent associés dans la langue chinoise.

Le côté « fou » découle de l'opposition existant entre les deux éléments du couple, qui exprime le déséquilibre potentiel d'une situation, déjà présent dans l'ambivalence chinoise et/ou renforcé par le contact de plus en plus étroit avec l'Occident.

Nous allons donner quelques exemples pour illustrer ce point, sachant que de nombreux autres couples pourraient être formés.

Tandems fous	Equivalent chinois	Origine
(large, violent)	(kuan, meng)	Intra-Chinoise
(pousser, tirer)	(tui, la)	Intra-Chinoise
(récompense et sanction)	(jiang, cheng)	Intra-Chinoise
(sentiment, raison) ou (sentiment, loi)	(qing, li) (qing, fa)	Contact Occident
(prudence, risque)	(shen, maoxian)	Intra-Chinoise + Contact Occident

Confucianisme, management et tandems fous

(large, violent) – (kuan, meng ; 宽, 猛)

Nous avons vu la largeur d'esprit et la tolérance, concepts très confucéens, distinguer le grand dirigeant confucéen des « petits sires ». Nous avons évoqué qu'elles pouvaient être, dans la réalité, mâtinées de sévérité. Nous avons vu également à propos de la sévérité (*yan*), combien le glissement pouvait être aisé vers une sévérité qui se ferait excessive. Nous avons vu le tigre dont la figure n'est pas aussi appréciée que celle du dragon ou du phénix.

(pousser, tirer) – (tui, la ; 推, 拉) // (châtiments, récompense) – (cheng, jiang ; 惩, 奖)

Pousser (*tui*), c'est le management par la pression. Tirer (*la*), c'est le management par la motivation, dans la même veine que dans le tandem précédent.

Les exigences que l'on a vis-à-vis de soi sont appliquées aux autres, dans une exigence sans fin. L'épuisement guette celui qui ne tient pas la route et General Electric, est plutôt admiré pour renouveler une partie de son personnel tous les ans.

334

Wang Yongqing, véritable force de travail est une parfaite illustration de ce tandem. Tout passe par lui, mais les primes à l'amélioration, décidées par lui-même sont conséquentes. Tout passe par lui, mais il ne se mêle jamais des affaires courantes se concentrant sur son rôle qui consiste à « faire que l'entreprise entreprenne ». Beau dilemme.

Les enveloppes sont en général conséquentes pour récompenser les résultats, entretenir la motivation et remercier de la fidélité. Mais sanctions financières et administratives, « éducation morale » et « éducation par la critique » sont monnaie courante.

(sentiment, loi) – (qing, fa ; 情, 法 *) // (sentiment, raison) – (qing, li* ; 情, 理 *)*

Bien que ces tandems ne datent pas de la politique d'ouverture (rappelons la controverse chinoise remontant à l'antiquité avec les légistes, sur l'efficacité d'un gouvernement par les lois, par rapport à un gouvernement par le sens de l'humain), le débat est renforcé par la mondialisation, qui plus est une mondialisation sous influence anglo-saxonne[12]. En parallèle, l'opposition semble se résoudre d'elle-même, malgré quelques tiraillements.

La réforme est en marche pour une indépendance plus marquée par rapport à l'homme. La norme ISO fait recette, informatisation et systèmes d'information sont des marchés d'avenir, la traçabilité est un enjeu pour l'amélioration des conditions d'hygiène et la santé publique. Le système juridique se renforce, et les arbitrages au niveau mondial commencent à être reconnus.

Laissons néanmoins la parole à quelques Chinois d'Outre-mer pour mettre en évidence la façon dont ils conjuguent les bénéfices des deux approches.

Guo Henian est persuadé qu'une partie de sa réussite a tenu à sa capacité à introduire les méthodes de management occidentales. Néanmoins, il s'agit certes de « faire obéir par la loi, mais aussi d'émouvoir par les sentiments » (*Yi fa fu ren, yi qing gan ren* 以法服人, 以情感人). [HSL, 2001]

Pour Wu Yaoting, « l'homme n'est ni herbe, ni bois (dans le sens de matières qui ne peuvent donc pas éprouver de sentiment). On lui donne

---

12 En effet, la dualité sentiment – loi se retrouve dans les cultures latines également.

des raisons pour qu'il comprenne, on le motive par le sentiment. » Dans émouvoir (*gandong* 感动) il y a l'idée d'émotion et de motion.

(prudence, risque) – (shen, maoxian ; 慎, 冒险)

Le confucianisme préconise une certaine prudence et réserve dans l'action, le courage sans la témérité. C'est cette même prudence qui pousse aujourd'hui les Chinois à s'entourer de précautions, à demander la signature de contrats, à réclamer des lettres de crédit avant livraison et finalement à trouver intéressante l'approche juridique anglo-saxonne.

Or, nous voyons souvent aussi le Chinois joueur, jouant sa fortune sur un coup de dé, au casino, ou autour d'une table de Mahjong, jouant dans sa vie professionnelle. Beaucoup de fortunes se sont ainsi bâties sur des spéculations immobilières réussies ou la saisie d'opportunités, tandis que d'autres fortunes se sont défaites tout aussi facilement et pour les mêmes raisons.

La confrontation avec l'Occident apporte une vision particulière de l'anticipation et de la gestion des risques, marquée du sceau d'une saine prudence, qui contribue à sécuriser l'activité économique d'une entreprise. Il n'en reste pas moins qu'elle va parfois à l'encontre de deux caractéristiques chinoises qui concourent au succès des entrepreneurs :

– La capacité non seulement à saisir l'opportunité, mais aussi à la créer et à en tirer le meilleur parti qui suppose des organisations très flexibles, des décisions rapides et un certain goût du risque. Elle heurte de plein fouet l'analyse de Michael Porter évoquée précédemment lorsqu'il conseillait aux Asiatiques de grandir. « L'Asie a besoin de stratégie et non de deals ». Saisir les opportunités et en faire son cœur de métier n'est pas forcément une ossature de dossier convaincante pour un banquier dans le chapitre « risques » d'un business plan.

– La capacité à anticiper le devenir des situations, avant les autres, à partir de faits imperceptibles, et donc parfois difficilement clarifiables, mais interprétés, est souvent assimilée à l'intuition et à la boule de cristal qui ne sont pas non plus très convaincantes.

Ainsi les comportements apparaissent-ils tiraillés entre deux opposés.

Equilibre du système et rôle modérateur des rites et de l'étude

Quel portrait venons-nous de tracer du management confucéen ?

Celui des faiblesses d'un système mises en évidence par des débats anciens qui n'ont pas perdu de leur validité (préférence et conflits inter-clans, sclérose de l'homme éduqué, danger d'un gouvernement par l'homme et le sens de l'humain).

Celui de l'arbitrage difficile entre exigences économiques et sociales.

Celui du scepticisme sur le management par les sentiments et l'homme, ainsi que sur la potentielle manipulation par les valeurs.

Les tandems fous et limites schizophréniques enfin sont là pour nous rappeler que la ligne est mince entre l'intention, même louable et la réalité.

Or, il semble que dans la réalité manquent parfois certains éléments essentiels du confucianisme.

Et nous faisons l'hypothèse que c'est l'absence de ces éléments, soient le caractère systémique de l'édifice confucéen et le rôle modérateur des rites et de l'étude, qui transforme l'idéal potentiel en réel enfer.

Nous avons présenté le confucianisme comme un système intégral de valeurs en correspondance. Sur cette double dimension systémique et intégrale reposent sa puissance et sa faiblesse.

Sa puissance vient alors de la convergence de l'ensemble des forces, pour l'atteinte d'un même objectif, confortée par un dirigeant qui a le courage de ses ambitions, s'appuie sur des managers au profil identique et sait porter à son potentiel maximum les énergies internes.

Sa faiblesse découle de l'impératif de la présence de l'ensemble des éléments, et qui plus est d'une façon équilibrée, sous peine de fragiliser un édifice patiemment construit. L'introduction d'un élément contraire contribue également à fragiliser l'ensemble. Qu'un manager tente de prendre trop de pouvoir ou s'arroge des prérogatives, et les risques de fief ou de guerre de clans se font menaçants.

Agir dans l'élan et la retenue, dans le naturel sans sauvagerie, dans la culture sans pédanterie, dans l'affabilité avec fermeté, dans la gravité en restant d'un abord aisé ; en imposer sans écraser, s'accorder sans complicité, s'ouvrir sans se fermer sur un petit groupe, ni se laisser aller à un esprit partisan …

Etre *ren, li, de*…. (sens de l'humain, rites, morale…). Avoir le sens de l'humain (*ren*) sans excès de bienveillance, ni de sévérité ; respecter et faire respecter les règles sans raideur (*li*) ; exercer son mandat en acceptant la critique ; respecter la hiérarchie en exerçant son devoir de remontrance ; être éthique, mais non moralisateur, ni chevalier blanc… Etre objectif, sincère, impartial et sensible…

Etre tout cela – et le reste, en même temps, travailler sur soi-même pour progressivement développer à leur plénitude ces qualités, au travers d'un long processus de maturation[13] ; recruter dans cet esprit, et se priver de talents pour cause de « manque d'humanité ».

Tout cela semble bien trop consommateur de temps et de ressources et qui plus est, bien difficile à arbitrer pour une entreprise lorsqu'elle voit les difficultés du court terme et doit répondre aux exigences de la bourse.

L'exigence est grande et l'on peut comprendre certaines des critiques de Han Feizi et de Laozi.

La rareté de l'homme exceptionnel auquel est confiée la direction et la faillibilité des hommes portés par des désirs naturels de pouvoir et de richesse ne peuvent être résolues par l'éducation et l'auto-perfectionnement. Elles imposent de rendre les qualités inutiles et les hommes interchangeables. Le management par le sens de l'humain est donc remplacé par un management par les lois.

L'éducation, le travail sur moi-même épuise et fige, il est donc préférable de trouver un autre chemin.

Il n'en reste pas moins que si nous acceptons la logique du management confucéen (tout en en connaissant les limites) et si nous en désirons le résultat, le pari vaut la peine d'être pris.

---

13 Rappelons la phrase de Confucius, ce n'est « qu'à soixante-dix ans que l'on peut suivre les élans de son cœur sans jamais sortir du droit chemin. »

« Ce n'est pas que je n'aime pas ta doctrine, mais elle dépasse mes forces, reprochait un jour Ranqiu à Confucius.

– Qui est à bout de forces peut toujours s'arrêter à mi-route. Mais toi, tu as renoncé d'avance, lui répond-t-il. » [LY, 6.12]

Enfin, il y a deux éléments modérateurs dans cet édifice social, qui ne semblent pas toujours être compris comme tels et ne peuvent donc jouer le rôle qui leur est assigné par le confucianisme, les rites et l'étude, li et xue.

Les rites (li 礼), qui se sont figés en une étiquette sclérosante au lieu de garder un rôle de régulation externe, rites sans lesquels la rigueur devient raideur ou le courage, violence ou le respect, source de « fatigue ».

L'étude (xue 学), sans laquelle le sens de l'humain devient étroitesse d'esprit et la confiance, esprit de faction, mais qui a besoin également de la pensée (si 思), pour éviter une connaissance inutile qui rabougrirait l'esprit.

Yue 约 et *jie* 节, qui signifient modérer, font d'ailleurs partie du vocabulaire confucéen, mais la modération semble faire défaut dans une partie de ce que nous venons de décrire. Nous avons aussi largement développé la notion de *xiu shen* 修身, ce travail sur soi-même qui va dans le même sens et conforte la position confucéenne dans sa logique.

Nous retrouvons dans le tableau ci-après, à partir des deux paragraphes des *Entretiens* 8.2 et 17.8, et de leur traduction par MM. Bui Duc Tin et Ryckmans, les correspondances entre la valeur telle qu'envisagée par Confucius, et son malheureux devenir sans la vertu modératrice des Rites (*li*) et de l'étude (*xue*).

Valeurs	Absence de	
	Li - rites *Entretiens 8.2*	Xue – étude *Entretiens 17.8*
Ren - sens de l'humain	-	Étroitesse, stupidité (yu)
Zhi – connaissance	-	Licence, exagération (dang)
Xin – confiance	-	Esprit de faction (jian)
Zhi – droiture	Raideur, Attitude blessante, brutalité (jiao)	Idem (jiao)
Yong – courage	Révolte, Violence (luan)	Rébellion, désordre (luan)
Gang – fermeté, dureté	-	Manque de maîtrise de soi (kuang)
Gong – respect	Fatigue (lao)	-
Shen – prudence	Crainte (*xi*)	-

*Impact de l'absence de modération par les rites et
l'étude sur l'évolution des valeurs*
*Entretiens, 8.2 et 17.8 Adapté des commentaires de Bui Duc Tin
et de la traduction de Pierre Ryckmans*

Confucius avait bien eu l'intuition du processus de glissement de pouvoir qu'il voulait combattre, faisant reposer la responsabilité sur celui qui détient le pouvoir et soulignant l'importance d'éléments modérateurs comme le choix des hommes pour éviter l'enclenchement du processus destructeur.

Sans cela, le souverain n'est plus sage à l'intérieur et ne peut donc plus exercer sa souveraineté à l'extérieur *(neisheng waiwang)*. Il est l'un de ces multiples tyrans qui régnaient sur la Chine de son temps.

Il y a conflit évident entre *yi* et *li*, entre équité rituelle et intérêt personnel. Ne pas céder à l'intérêt est le propre du souverain. C'est ce qui le différencie des « petites gens ».

La frugalité dans l'exercice du pouvoir se vit dans la mesquinerie aigrie.

La dureté se dévoie en manque de maîtrise de soi et tyrannie.

L'audace se perd dans l'étroitesse de l'intelligence.

Les ministres outrepassent leur droit, la souveraineté se morcelle, le désordre règne.

Jusqu'au respect qui finit par se faire outrancier et par figer chacun des deux bouts de la hiérarchie dans des positions extrêmes sans alternative possible : un dominé enfermé dans une soumission qu'il finit par désirer et un dominant qui jouit de son pouvoir. « Tout le plaisir d'être roi est de ne pas être contredit » [LY, 13.15]... Le souverain n'écoute pas ? Il devient arrogant. Les ministres n'exercent plus leur devoir de remontrance ? Ils renforcent le souverain dans son arrogance et s'enfoncent dans la servilité.

Confucius nous met en réalité sur la voie d'une gestion des limites qui autorise le déclenchement d'une spirale vertueuse du management, qui a le goût du bon sens parfois si difficile à mettre en œuvre.

Cette voie pourrait être celle d'un mot bien galvaudé qui, ici, prend tout son sens, celle du « Juste Milieu », voie d'un autre grand classique confucéen, le Zhong Yong qui porte son nom.

CHAPITRE 13

La voie du « Juste Milieu » ?

唯天下至诚为能化。

《中庸之道》

*Seul dans le monde celui qui est parvenu à une totale totale
authenticité réalisante peut transformer.*
ZhongYong

- Une « régulation à usage ordinaire »
- Un équilibre entre des forces contradictoires

Ce choix du juste milieu, acceptation la plus courante de la traduction française de « *zhong yong* 中庸 », ne découle pas d'une seule inclination pour la facilité (même si la facilité a, dans le cas qui nous préoccupe, ses mérites), mais de la signification profonde de cette expression dont le sens est plus riche que l'imprécision de la traduction ne le laisse supposer.

Une régulation à usage ordinaire

Dans cette optique, la traduction de François Jullien [1993] devrait séduire par la perspective dynamique et réaliste qu'elle ouvre. Le « *zhong yong* » n'est plus seulement ce juste milieu, si *juste* et si *modéré*, mais une *régulation à usage ordinaire*.

Régulation, *usage* et *ordinaire*, les trois mots comptent. De la régulation, on retiendra l'idée de mouvement pour atteindre l'harmonie. De l'usage, on conservera l'idée d'un nécessaire pragmatisme et celle d'utilité. De l'ordinaire enfin, on retiendra l'idée de l'application au quotidien et de la banalité potentielle.

La régulation désigne le « processus par lequel un organisme ou un mécanisme se maintient dans un certain équilibre, conserve un régime déterminé ou modifie son fonctionnement de manière à s'adapter aux circonstances. » [Jullien, 1993]

Cette traduction permet de dépasser le simple compromis entre contraires ou le milieu exact et figé entre deux extrêmes statiques, ce qui nous porterait bien loin de la réalité du monde de l'entreprise.

Un équilibre entre des forces contradictoires

Elle recouvre également cette exigence d'équilibre entre des forces contradictoires, d'harmonie par modération et d'efficacité par pondération pour que ce centre « demeure disponible à l'un comme à l'autre extrême, les fasse servir l'un en même temps que l'autre et les transcende tous les deux. » [Jullien, 1993 : 53]

Nous pourrions nous croire dans un séminaire de management interculturel tentant de mettre en évidence les clefs de la synergie. Suivons en cela les conseils du *Zhong Yong* pour lequel il s'agit « d'être accommodant sans pour autant céder au courant » [ZY, 10]. Confucianisme et management interculturel semblent ainsi se retrouver dans leurs approches, pour des lignes qui ne seraient plus schizophréniques et des tandems qui auraient perdu de leur folie. Equilibre jamais figé entre deux mondes, équilibre dans la mise en œuvre des valeurs.

Néanmoins ce terme d'*usage ordinaire* ne doit pas nous leurrer et la banalité apparente du processus cache en réalité des difficultés certaines, de même que la mise en œuvre des synergies ne va pas toujours sans mal et que le management d'entreprise reste ce métier difficile que le confucianisme nous a permis de voir autrement.

Conclusion

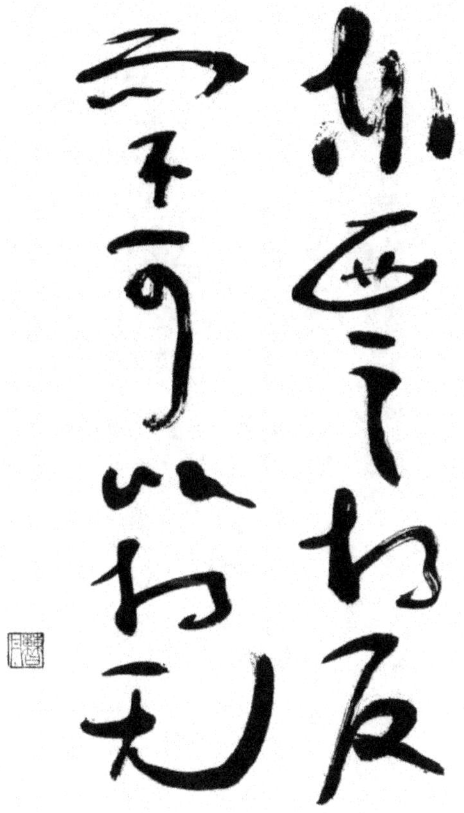

Considérés du point de vue de leur efficacité,
tous les êtres sont efficaces,
si ce sont leurs vertus d'efficacité que l'on met en relief.
Ils sont inefficaces,
si c'est leur manque d'efficacité que l'on met en relief.
Qui comprend que l'est et l'ouest s'opposent
mais que l'un ne peut exister sans l'autre,
celui-là saisira le dosage d'efficacité.

Zhuangzi

Dans l'introduction, nous faisions le constat d'une Chine ambivalente. La preuve en est cette coexistence dans le monde chinois des symboles de leaderships contradictoires comme le dragon (la puissance), le phénix (la douceur) et le tigre (la cruauté et la terreur), avec les préférences nettement marquées pour les deux premiers, alors que le troisième est encore bien présent. La Chine nous donne en effet non seulement l'occasion de constater tout et son contraire mais également de prouver tout et son contraire, ce dont d'ailleurs on ne se prive guère, soit pour prouver que le confucianisme est à l'origine du renouveau asiatique, soit qu'il est la cause de l'immobilisme millénaire de l'Empire.

Que reproche-t-on au confucianisme et à cette philosophie, que nous avons qualifié d'excellence humaine ? Sans doute la même chose que l'on pourrait reprocher à tous les courants qui, de près ou de loin, s'apparentent aux ressources humaines, entre querelles sur une nature humaine fondamentalement bonne ou mauvaise, limitations de leur portée par les contingences économiques ou prise en compte impérative des éléments de contexte, justifiant l'apparition du tigre et rendant obsolète l'alliance du dragon et du phénix.

« D'où êtes-vous ? De chez Confucius, n'est-ce pas celui qui poursuit ce qu'il sait être impossible ? » [LY, 14.36]. Ces reproches déjà lui étaient adressés à son époque, tandis que de nombreux détracteurs n'ont jamais cessé par la suite de développer théories concurrentes et contre-théories.

« Si je trouvais un souverain pour m'employer, en un an je mettrais les choses en route, en trois ans j'obtiendrais des résultats. » [LY, 13.10] Confucius lui-même, mort « frustré » de n'avoir pas eu l'écho qu'il méritait rêvait de trouver ces Princes qui auraient tendu une oreille attentive à ses conseils éclairés.

Or, il ne s'agit ni d'alimenter la polémique, ni de prouver l'efficacité potentielle de ce type d'approche reposant sur le facteur humain (ce que les courants cités précédemment ont déjà fait), ni de l'idéaliser, mais seulement de présenter et comprendre l'articulation d'une théorie particulièrement résiliente qui voulait se poser en réponse à des temps difficiles avec ses particularités, ses forces et faiblesses, et de faire partager les éléments qui peuvent éclairer un manager désireux de penser autrement.

Le confucianisme nous a ainsi permis d'aborder d'une façon autre des questions de management, couvrant des domaines aussi variés que des choix de leadership, de responsabilités du leader, de critères et de modalités de sélection des managers, de guide d'évaluation des qualités humaines, de présupposés d'efficacité.

Le confucianisme nous a aussi permis de :

– Rappeler *l'enjeu d'une humanisation de la gouvernance*, clarifier la lecture proposée ainsi que les principes fondamentaux de management qui en découlent.

L'homme est au centre, le souverain joue un rôle principal, sa responsabilité dans le cours des événements est réaffirmée (pas inutile par les temps qui courent).

Il canalise sa nature et développe ses qualités, jusqu'au déploiement dans sa plénitude de son sens de l'humain.

En retour, il recueille l'attitude en miroir de son peuple : à souverain excellent, peuple excellent qui partout le suit pour un gouvernement sans effort si ce n'est celui de l'étude et de la pédagogie ; tandis qu'à souverain dénaturé ne peut correspondre qu'un pays en perdition. Il gouverne par rayonnance et capillarité.

– A partir des valeurs mises en avant, donner quelques *critères simples de définition de profil* de toute la ligne managériale ou en appui : pour le président du Conseil d'Administration (équilibre des paires : vision et organisation, humanité et sévérité…) ainsi que pour le top management (les six qualités illustratives de l'excellence humaine les *ren, yi, li, de, xin, zhi* soit humanité, équité rituelle, rites, morale, confiance et connaissance), et celles de la ligne managériale. Quant aux clercs, ils se doivent d'être « robustes et résolus car la route est longue et difficile. » [LY, 8.7]

– Donner *des repères clairs quant au non-négociable* que ce soit vis-à-vis de ses propres principes (« il est honteux de devenir riche et honoré dans un pays mal gouverné » [LY, 8.13]) ou cette intransigeance que l'on doit montrer *lors de la sélection des managers* vis-à-vis du moindre soupçon d'inauthenticité ou de manifestations de comportements rédhibitoires (*wu qing, wu yi* - sans sentiment ni équité ; *bu ren bu yi* – ni humanité, ni équité) « un homme pourrait avoir toute la splendeur du génie de Zhou, s'il est arrogant ou mesquin tous ses talents ne lui serviront à rien. » [LY, 8.11]

– Grâce à la particularité de la langue, de la rhétorique et de la philosophie chinoises, *faciliter la qualification et la concrétisation des valeurs clefs* qui peuvent servir de base à une auto-évaluation, à la définition d'orientation personnelle d'évolution (développement personnel, coaching), à l'élaboration de tests pour des *assessment centers* à la demande d'entreprises qui veulent affirmer leur préférence pour ce mode de management.

– ***Donner des règles de base de comportement*** plutôt porteuses de progrès avec ses impératifs :

  – d'amélioration de la personnalité profonde dans le sens d'une authenticité intérieure et d'un auto-perfectionnement (*shan, xiu shen*) ;

  – de mode de comparaison de soi aux autres (« Ce n'est pas un malheur d'être méconnu mais plutôt de méconnaître les hommes », « Les qualités de l'un me serviront de modèle, les défauts de l'autre d'avertissement »[LY, 7.22]) ;

  – de persévérance payante (« C'est comme l'érection d'un monticule, si je m'arrête à l'avant-dernier panier, il reste pour toujours inachevé. C'est comme pour le comblement d'un fossé, même si je n'ai encore vidé qu'un seul panier, il suffit de poursuivre pour progresser. » [LY, 9.19 et 9.21]).

– ***Eclairer des concepts d'actualité avec les conditions de leur validité***, notamment dans leur référence au clan, aux bases non financières tel que le sentiment ou le cœur (confiance, loyauté et solidarité clanique).

– ***Avoir une vision claire des limites ou fragilités de ce type d'approches.***

Quant à la rencontre des cultures, elle permet de mettre en évidence les nécessaires équilibres et complémentarités des approches SANS SINOFOLIE ni SINOPHOBIE, nous permettant de mieux approcher l'intelligence particulière des deux cultures au-delà des *a priori* réciproques et des stéréotypes réducteurs.

Suivons cette suggestion d'inspiration typiquement confucéenne en matière d'intercomparaison telle qu'elle nous est donnée dans le règlement intérieur de cette entreprise chinoise, mais qui demande de la lucidité sur soi et l'autre.

« Comparer ses défauts à l'aulne des qualités des autres et non ses qualités à l'aulne des défauts des autres. »

Et retenons ce qui, parmi les nombreux apports potentiels du confucianisme à la vie d'entreprise tels que définis précédemment, paraît le plus approprié pour répondre à notre situation de manager.

RÉSUMÉ

LES LEÇONS DU CONFUCIANISME

Le sens de l'humain
Pour un management par et pour l'homme

Ambitions

– La réconciliation des exigences économiques et sociales.

Compétence distinctive du confucianisme : Aspect intangible du management

– Responsabilité managériale et qualités du leader.

– Modalités de motivation par le cœur, implication personnelle au travail et dans la réussite de l'entreprise.

– Solidarité interne et ciment de l'entreprise, avantage dans la compétition externe.

– Retour sur investissement émotionnel et affectif, court et long terme.

Pré-requis

– Choix des hommes : top management et ligne managériale.

– Sens de la responsabilité dans le cours de choses.

– Caractère non-négociable de :

  – La hiérarchisation des priorités :

    – Le profit oui, mais dans l'esprit confucéen et impératif de partage des résultats.

    – La compétence, oui, mais pas à n'importe quel prix. S'il y a besoin d'arbitrage, c'est la valeur morale et le sens de l'humain qui font la différence.

  – L'auto-perfectionnement de chacun à commencer par la tête, pour le développement des qualités humaines.

  – Le respect de l'esprit du *ren* ou sens de l'humain et de la réconciliation des exigences économiques, éthiques et sociales.

– Equilibre du système confucéen entre des valeurs en correspondance :

> – Qualités humaines des profils recrutés.
>
> – Cohérence du système : l'absence d'une valeur ou l'hypertrophie d'une autre fragilise l'ensemble.
>
> – Caractère modérateur des rites et de l'étude.
>
> – Sincérité dans l'expression.

Gestion des limites et caractère corrosif du pouvoir : les points de vigilance

– Du leader charismatique qui dirige par le sens de l'humain à la dénaturation du pouvoir.

– Du respect de la hiérarchie à la soumission.

– Du respect des règles et du passé à l'invention du futur.

– Des rites à la sclérose.

– De la morale au moralisme et pression de l'œil social.

– De la solidarité puissante à l'abus de pouvoir et à la collusion.

– Des dualités « Rationalité – affectivité », « Loi – affectivité ».

– De la dualité « Homme – processus », « Homme – systèmes ».

Difficultés dans la mise en œuvre

– Trouver l'homme exceptionnel.

– Réellement manager par l'homme et le sentiment humain ET maîtriser les processus et procédures.

– Appliquer le caractère non-négociable *du sens de l'humain* au recrutement des dirigeants, dilemme à résoudre lorsque ceux-ci bien que particulièrement efficaces, n'ont pas cet esprit.

– Appliquer le caractère non-négociable de la hiérarchisation des priorités sociales, éthiques et économiques, notamment en période de crise.

– Trouver un équilibre entre la créativité et le respect de l'ordre.

– Trouver un équilibre entre le respect de la hiérarchie et des règles et le développement de l'autonomie.

« Le juste milieu » ou « la régulation à usage ordinaire »

AUDIT FINAL

**EFFICACITE CONFUCEENNE
BAROMETRE INTERNE ET CAPACITE INVISIBLE
VOTRE ENTREPRISE PART - ELLE GAGNANTE ?**

Vous avez dans l'esprit que l'excellence du management et la réussite de votre entreprise passent par l'excellence humaine.

Vous vous retrouvez dans l'esprit du management confucéen.

Vous trouverez ci-dessous la trame de « l'audit » que Confucius vous aurait conseillé de mener s'il avait dû évaluer votre entreprise.

Il devrait être sûr de vous et de vos intentions : (pour accepter de venir !)

– Il ne doit pas avoir sur vous le moindre soupçon d'inauthenticité.

– Il doit pouvoir déceler en vous une réelle volonté d'avancer sur le chemin du *ren*, dans la sincérité.

– Vous devez l'assurer de votre capacité à ne pas « ignorer la maladie de peur du traitement ».

Il vous demanderait d'évaluer la « propension au sens de l'humain » des femmes et des hommes de votre entreprise, au travers essentiellement de l'évaluation des dirigeants et de la ligne managériale (le reste, selon lui, allant de soi).

Pour cela, il examinerait les points suivants :

- *Hiérarchisation des priorités entre exigences économiques et sociales : « la fin ne vaut pas tous les moyens », jusque dans les périodes difficiles.

- *Ethique et éthique du quotidien

    - éthique : intégrité personnelle

    - éthique du quotidien : exemplarité, sens de la justice, sens de l'entreprise et du bien public, sens de l'engagement, préoccupation pour les femmes et les hommes de l'entreprise...

- Lucidité sur soi et écoute des autres.

- Degré d'acceptation de la critique, capacité à se remettre en cause et à évoluer.

- Courage dans ses opinions et dans son « devoir d'opposition ».

- Equilibre des qualités humaines.

- Sens de la pédagogie et capacité à coacher.

- Priorité aux faits plutôt qu'aux apparences.

- Maîtrise humaine et équitable des coûts.

Il vous demanderait d'évaluer votre organisation quant à :

- L'adéquation missions - fonctions - capacités et au respect par chacun de cette structuration.

- La clarté de la répartition des responsabilités entre top management et management, managers et managés, avec un management qui ne se perd pas dans les détails.

---

* Missions premières du dirigeant

Il vous demanderait d'évaluer la solidarité interne de vos équipes et leur combativité

– Degré de cohésion et risques de faction.

– Degré d'ouverture aux autres et à la différence.

– Capacité à l'idéal.

– Volonté, résistance, persévérance, résilience.

Il comparerait les résultats obtenus avec l'esprit de l'ensemble de l'entreprise selon le postulat du « comportement en miroir » (à manager exemplaire, managés exemplaires ; à manager dénaturé, managés corrompus). Il porterait donc une attention particulière aux points suivants :

– Non-marchandisation de la loyauté.

– Caractère spontané, systématique et général de l'adhésion aux orientations et à la ligne managériale.

– Caractère naturel du respect porté à la ligne managériale quant à ses directives ainsi que réalité d'exercice du devoir de remontrance.

– Nature des relations entre managers et managés et qualification du style de management.

En raison des ambiguïtés du confucianisme ou de sa mise en œuvre, vous devrez garder une certaine vigilance sur :

– L'uniformisation des talents et le manque d'autonomie.

– La dépendance des résultats à l'homme, la gestion de la corrosion du pouvoir ou des successions.

– Les débordements de l'affectif et de l'humain.

En raison des lacunes du confucianisme dans certains domaines, vous devrez compléter votre management par :

– La capacité à l'invention stratégique et à la flexibilité organisationnelle.

– L'introduction de processus et procédures.

Annexes

Liste des abréviations utilisées

DINP   Document Interne Non Publié

DRH   Directeur des Ressources Humaines

ECM   Entreprise à Capitaux Mixtes sino-étrangers

EEE   Every one, Everything, Every day (opération chez Haier)

GE   General electric

GZLDBZ   GuangZhou LaoDong BaoZhang (nom d'un journal chinois cantonais)

GZRB   GuangZhou RiBao (nom d'un quotidien cantonais)

HFZ   Han Feizi : auteur légiste

IchM   Inside China Mainland

Int   Interview

JV   Joint-venture

LY   LunYu : nom chinois des *Entretiens*, recueil confucéen

MZ   MengZi, Mencius, auteur confucéen et ouvrage du même nom.

OEC   Overall, Every, Clear and Control (operation chez Haier)

OMC   Organisation Mondiale du Commerce

PCC   Parti Communiste Chinois

PL   Petit Larousse

Rmb   Renmin bi : monnaie chinoise

RPC   République Populaire de Chine

VPC   Vente par correspondance

YCWB   YangCheng Wanbao (nom d'un quotidien cantonais)

YZK   Ying ZhouKan (nom de l'hebdomadaire chinois « Gagner »)

ZY   Zhong Yong : *Le Juste Milieu*, ouvrage confucéen

ZZ   ZhuangZi : auteur taoïste

Alphabet[1] des valeurs et Esprit du management

A

Ai 爱 : amour, 1.5

Aihu 爱护 : protection aimante

An 安 : sécurité, calme, tranquille, abord aisé, 4.12, 7.38, 14.42

B

Bao 暴 : emportement, tyrannie, 8.4, 20.2

Bi* 比 : avantage particulier, esprit de faction 2.14

Bi* 鄙 : vulgaire, 8.4, 9.8

Bo 勃 : grave, 10.3

C

Cai 才 : talent, 8.20

Chan* 谄 flatterie, flagornerie, 2.24, 3.18
　Wu ~ 无谄 : sans servilité, 1.15

Cheng 成人 : homme accompli

Cheng 诚 : sincérité

Chi* 耻 : honte, indignité, 4.9, 4.26, 14.1
　Wu ~ 无耻 : sans honte, 2.3
　Bu ~ 不耻 : sans honte, 18.8

Chiru* 耻辱 : humiliation, 1.13, 2.3

Chi 赤 : compatissant, sensible

Ci 慈 : bonté, bienveillance, 2.20

D

Da 达 : faculté d'aller jusqu'au bout 14.23, de pénétration, 6.8

Dang* 荡 : frivolité, licence, 17.8, 17.16

Dang 荡 : jovial, esprit large, 7.37

Dang* 党 : partisan, 7.31, 15.22

Dao 盗 : bandit, 17.23

Dao 道 : voie[2]

De 德 : morale, 1.9, 2.1, 2.3, 4.11, 4.25, 8.1, cf. annexe 2

Du 笃 : sincère, 8.2, 8.13, 11.21, 15.6

Dou* 斗 : colère, 16.7

E

E* 恶 : fléau, 4.4, 12.16

F

Fa* 伐 : vantardise, 6.15, 14.1

Fen* 愤 - 忿 : colère, hargne, 16.10, 17.16

Feng 凤 : phénix

Fu 富 : prospérité, aisance

G

Gai 改 : s'amender, 1.8, 9.24, 9.25

Gang 刚 : fermeté, 5.11, 13.27

Gong 恭 : respect des autres, de soi, des rites, 1.10, 1.13, 5.16, 7.38

Gong 公 : sens du bien public

Gu 固 : solide, résistant, 7.36
　Bu ~ * 不固 : futile, 1.8

Gu* 瞽 : aveuglement, entêtement, 14.32, 16.6

Guo 果 : esprit de décision, 6.8
　~ gan 果敢 : courageux et résolu, 17.24

Guo 过 : faute, 1.8, 4.7, 5.27
　~ er bu gai* 过而不改 : ~ non corrigée 15.30

---

1. « Presque alphabet » : aucun caractère en pinyin ne comporte de « i », de « u », ou de « v » en début de mot. Quant au « o », nous n'avons pas relevé dans le vocabulaire confucéen de caractères dont la transcription en pinyin commencerait par cette lettre.

2. Dans le sens confucéen du terme et non taoïste.

H

Hao 好 : bien

He 和 : harmonie, 1.12, 13.23

Heng 恒 : constance, bonne volonté,

    ~ zhe 恒者 : homme de constance, 7.26

    Wu ~* 无恒 : sans constance, 13.22

Hong 弘 : robuste, grand, 8.7, 15.29

Hu* 虎 : tigre

Huai 怀 : affection, 5.26

Hui 惠 : générosité, 5.16, 17.6, 20.2

Hui* 惠 : faveurs, 4.11

Hui 慧 : intelligence

    Xiao* 小慧 : petite intelligence, 15.17

Huo* 惑 : doute, confusion, 12.10

    Bu ~ 不惑 : sans incertitude, 14.28

J

Jian 俭 : frugal, sobre, 1.10, 3.4, 3.22, 7.36, 9.3

Jian* 简 (大) : laisser-aller, désinvolture, 6.2

Jian* 贱 : banditisme, esprit de faction, 8.13, 17.8

Jiao* 骄 : orgueilleux, arrogant, 13.26, 16.5, 20.2

    Wu ~ 无骄 : sans arrogance, 1.15

    Bu ~ 不骄 : sans arrogance, pas indifférent, 13.26, 20.2

Jiao* 绞 : brutalité, 8.2, 17.8

Jiao 教 : enseigner, 13.9

Jie 节 : régler, tempérer, modérer, 1.5, 1.12

Jin 谨 : prudent, avisé, 1.6, 10.1

Jin 矜 : fier, 15.22

Jin* 矜 : vanité

Jing 敬 : respect, 2.20, 8.2, cf. annexe 3

Jing 敬 : veiller soigneusement, être attentif, cf. annexe 3

Jing 静 : calme, tranquille, 6.23

Juan* 倦 :

    Bu ~ 不倦 : sans relâche, 7.2, 12.14, 13.1

Ju* 惧 : peur

    Bu ~ 不惧 : sans peur, 12.14

Jue* 谲 : rusé, 14.15

Junzi 君子 : prince, homme de « qualité », vertueux

K

Kan 侃 : cordial, 10.2, 11.13

Ke* 克 : ambition, 14.1

Ke 克 : se dominer, 12.1

Kuan 宽 : large, généreux, tolérant, 17.6

    Bu* ~ 不宽 : sans générosité, 3.26

Kuang* 狂 : manque de maîtrise de soi, enragé, violent, 17.8

L

Lao* 劳 : fastidieux, 8.2

Li 礼 : les rites, 1.2, 3.19, cf. annexe 2

Li* 利 : intérêt individuel, 4.12, 4.16

Li 厉 : ferme, incisif, 7.38, 19.9

Li* 戾 : pervers, 17.16

Lian 廉 : carré, honnête, intègre, 17.16

Liang 良 : amène, 1.10

Liang* 谅 : rigide

    Bu ~ 不谅 : pas rigide, 15.37

Lin* 吝 : mesquin, chiche, 8.11, 20.2

Ling* 令 : affectée (attitude-*se* …´), 1.3, 5.25

Lou* 陋 : sauvagerie, coutumes discutables, 9.14

Lu* 鲁 : lent d'esprit, obtus, 11.18

Luan* 乱 : désordre, 7.21, 8.2, 17.8, 17.23

Long 龙 : dragon, symbole de la puissance mâle et de la force

M

Man* 慢 : arrogance, 8.4,

Mei 美 : beau, 1.12, 12.16

Meng* 猛 : féroce, violent, 7.38, 18.8, 20.2

Min 民 : le peuple

Min 敏 : diligence, application qui mobilise tout l'esprit, 1.14, 4.24, 5.15, 17.6, cf. annexe 3

Ming 明 : éclairé, clairvoyant, 16.10

Mu 木 : simplicité, 13.27

N

Na 讷 : réflexion, 13.27

Neng 能 : capable

   Wu ~* 无能 : incapable, 14.30, 15.19

Ning* 佞 : flatteur, éloquence, 5.5, 6.16, 11.25, 14.32, 15.11, 16.4

Nu* 怒 : colère, envie, humeur 6.3

Nüe* 虐 : tyrannie, terreur, 20.2

P

Peng 朋 : ami, 1.1, 1.7, 5.26

Pi* 辟 : faux, 16.14, manquer de mesure, 5.21, 11.18

Ping 平 : paix

Q

Qi 戚 *: lugubre, 7.37

Qiao* 巧 (言) : habile (discours), 1.3, 5.25

Qin 亲 : les proches

Qin 勤 : travailleur, diligent

Qing 情 : sentiment

Qing 清 : clarté, pureté, intégrité, 5.19

Quan 劝 : zélé, 2.20

Qun 群 : sociable, 15.22

R

Rang 让 : modeste, déférence, 1.10, 4.13

   Bu ~* 不让 : sans modestie, 11.26

Ren 忍 : persévérance, endurance, 3.1, cf. annexe 3

   Bu ~* 不忍 : impatience, 15.27

Ren 仁 : sens de l'humain, 6.22, 6.23, 7.30, 8.2, 12.1, 12.2, 12.3, 12.22, cf. annexe 2

S

Se* 色 : apparence, air, convoitise, 1.3, 5.25

Shan 善 : bon, capable, 3.25, 7.3, 11.20

Shan* 讪 : calomnie, 17.24

She* 奢 : luxe, 3.4, 7.36

Shen 慎 : prudent, discret, circonspect, 1.14, 8.2

   Bu ~ 不慎 : sans peur, 9.29, 12.4, 14.28

Shen 申 : ordonné, 7.4

Sheng 圣 : le souverain sage

Shi 事 : servir, honorer, 1.7, 9.16, 11.12

Shi* 史 : pédant, 6.18

Shu 恕 : mansuétude, 4.15, 15.24

Shun 舜 : roi mythique de l'Antiquité

Shuo* 数 : mesquinerie, 4.26

Si 思 : réfléchir, 2.15, 5.20

Si 肆 : audacieux, libre, 17.16

T

Tai 泰 : paisible, serein, 13.26, 20.2

Tan 坦 : rond, 7.37

Tan* 贪 : convoitise

   Bu ~ 不贪 : sans convoitise, 20.2

Tong* 同 : conformité, 13.23

Tou* 偷 : inconstant

   Bu ~ 不偷 : constant, 8.2

W

Wang* 枉 : tors, 12.22

Wei 威 : autorité, 7.38, 20.2

Wei* 违 : désobéir, 2.5

Wen 温 : cordial, 1.10, 7.38, 19.9

Wu 恶 : détester, 4.3, 4.5, 4.6, 17.18, 17.24

X

Xi* 葸 : peureuse, 8.2

Xian 贤 : vertueux et capable, 4.17

   Wu ~* 无贤 : dénué de vertu, 4.17

Xiang* 降 : transiger (sur des valeurs)

   Bu ~ : intransigeance, 18.8

Xiaodi 孝弟 : piété filiale, 2.7, 2.8, cf. annexe 3

Xin 信 : confiance, 1.8, 1.13, 5.26, 7.25, 9.25, 17.6, cf. annexe 3

365

Xin 心 : cœur

Xing* 刑 : châtiments, 2.3

Xiao ren* 小人 : petits sires

Xiu shen 修身 : perfectionnement de soi, 14.42, cf. annexe 2

Xue 学 : étude, 1.1, 1.7, 1.8, 1.14, 2.15, cf. annexe 2

Xun 逊 : modeste, effacé

    Bu ~* 不逊 : insolent, arrogant, 7.36, 17.27

Y

yan* 彦 : brutal, 11.18

yan* 厌 : se lasser

Bu ~ 不厌 : inlassablement, 7.2

Yanran 俨然 : grave, digne, 19.9

Yao 尧 : roi mythique de l'Antiquité

Yao 夭 : affable, 7.4

Ye* 野 : sauvagerie, 6.18

Yi 怡 : affabilité, 13.28

Yi 义 : équité rituelle, 1.13, 2.24, 4.16, 5.16, cf. annexe 3

Yi 艺 : compétence, talent, 6.8, 14.12

Yi 毅 : décidé, résolu, 8.7, 13.27

Yin* 隐 : dissimulation, 16.6

Yin 隐 : déférent, respectueux, 10.2, 11.13

Yong 勇 : courageux, 8.2, 14.12, 17.23

    无 ~ : lâcheté, 2.24

You 友 : amitié, 1.4

You* 忧 : inquiétude

    Bu ~ 不忧 : sans inquiétude, 12.4, 14.28

Youxiu 优秀 : excellent, parfait

Yu 禹 : roi mythique de l'Antiquité

Yu* 欲 : désir, 5.11, 14.1

Yu 欲 : désir, 20.2 (neutre)

    Bu ~ 不欲 : sans convoitise, désintéressé, 14.12

Yu* 愚 : stupidité, 7.18, 11.18, 17.8

Yuan* 怨 : rancune, ressentiment, inimitié, 4.12, 5.24, 14.1, 20.2

Yue 约 : modérer, restreindre, régler, se discipliner, 4.23, 12.15

Yun* 愠 : dépit, 1.1, 5.19

Z

zao* 躁 : impertinence, témérité, 16.6

zei* 贼 : pillage, 20.2

Zen* 谮 : calomnies, 12.6

Zha* 诈 : faux, retors, 17.16

Zhen 贞 : droit, 15.37

Zheng 正 : droiture, 13.6, 14.15

Zheng* 争 : agressif, 15.22, compétition, 3.7

Zhi 知 : connaissance des choses et des hommes, 1.16, 2.17, 4.2, 4.7, 4.14, 6.22, 6.23, cf. annexe 3

Zhi 智 : sagesse, 17.1

Zhi 直 : droit, franc, 2.19, 8.2, 12.22, 17.16

Zhi 志 : idéal, volonté, résolution, 4.4, 5.26, 7.6, 9.26, 15.9, 18.8, 19.6

Zhi* 窒 : obstiné, entêté, 17.24

Zhong 忠 : loyauté, fidélité, 1.8, 3.19, 4.15, 7.25, 9.25, cf. annexe 3

Zhong 重 : pondération, 1.8

Zhuang 庄 : digne, sérieux, 2.20, 15.31

Sources :
– Dictionnaire Français Chinois,
– Traduction des *Entretiens* de MM. Bui Duc Tin et Ryckmans

Règles de transcription :
« Transcription en pinyin » « idéogramme » : traduction en français, paragraphe des Entretiens « X.Y » contenant la notion (sans exhaustivité) :
– X chapitre – Y strophe

Légende :
– * vocabulaire contraire à l'esprit confucéen

Glossaire

Le Confucianisme
Philosophie de l'excellence humaine

Un système intégral de valeurs
Centré autour de l'homme

Les pages suivantes présentent un glossaire des principales valeurs citées dans les *Entretiens* de Confucius. Ce glossaire est structuré de la façon suivante.

En premier lieu est donnée la transcription en *pinyin* de la valeur (mode actuel de transcription phonétique), suivie d'une liste non exhaustive de mots. Cette liste évite une traduction réductrice, objet de polémiques sémantiques sans fin. Elle doit au contraire permettre de saisir le sens de l'idéogramme - sans pour autant le figer - dans sa « largeur » et sa profondeur.

Les caractères racontent une histoire que le sage chinois dans sa pédagogie active nous transmet sans jamais nous en dévoiler la globalité, soulevant un coin du voile et nous laissant le soin de soulever les autres par nous-mêmes (« Ah! maintenant je peux m'entretenir avec toi des poèmes. On t'enseigne une chose et tu es capable d'en déduire une autre »), au filtre de notre propre expérience et en fonction de notre propre caractère (tel Ranqiu qui traîne la jambe et que Maître Kong pousse ou bien Zilu qui met les bouchées doubles et qu'il freine [LY, 11.22]).

C'est Nicolas de Staël qui ayant toujours refusé de prendre parti entre le figuratif et l'abstrait, et ayant pour cela pendant longtemps fait l'objet des sarcasmes de ses contemporains ne pouvait réduire la valeur d'une peinture au prix de ses tubes. Situation extrêmement déstabilisante pour un cartésien qui sera tenté de dire mais finalement cela veut dire quoi être *ren* ou être *li* ?

C'est pourquoi, nous nous sommes résolues, pour faciliter la compréhension, à donner notre propre définition de chacune de ces valeurs. Entorse à l'esprit confucéen, mais entorse pédagogique. Ces définitions sont à lire attentivement, chaque mot compte et fait référence aux contenus des textes originaux à partir desquels elles sont construites.

Elles sont suivies de citations des *Entretiens* ou d'autres textes confucéens citant les valeurs, qui donnent une idée de la largeur de l'éventail des possibles. Les textes français ont été puisés dans les traductions des *Entretiens* de Pierre Ryckmans ou le recueil de *Maximes Chinoises,* ouvrages cités dans la bibliographie.

Nous avons donc procédé en trois temps pour chaque valeur, dont la dénomination est indiquée en *pinyin* :

1. Traductions multiples → Sens général et principes de pensée (et équivalent en anglais pour information).

2. Définition → Structuration de la pensée, cadre de référence.

3. Citations → Déconstruction de la pensée par exemples concrets, sans vocation d'exhaustivité, qui illustrent les multiples dimensions de la valeur ; c'est le réel dans son infinie variabilité qui donne une idée du caractère également infiniment variable du sens de la valeur, extrêmement dépendant de l'environnement et de celui auquel elle s'applique.

Pour tenter de transposer les valeurs et rendre plus concrets des contenus potentiellement très intellectuels, il est aisé de transposer ces citations dans des contextes plus familiers. Ainsi…

Est *ren* celui qui est capable d'aimer les autres, de montrer déférence, diligence et générosité…

On peut avoir *confiance* en celui qui fait ce qu'il dit (notion donc de fiabilité plutôt que de mensonge)...

Est *moral* celui qui exerce le pouvoir de façon totalement désintéressée, jusqu'à le refuser, dont l'attitude est exemplaire, qui place le goût de l'effort devant celui de la récompense…

De*[1] 德

Morale, vertu

Moral attitude, correct behaviour, personal ethic, virtuous manner,
accordance to propriety

De : en tant que valeur englobante associée à d'autres valeurs confucéennes qui en nourrissent le sens, *de* caractérise tout type de conduite « vertueuse ». Néanmoins la vertu dans la philosophie confucéenne ne fait pas référence à des principes religieux - qui donnent l'espoir d'une rétribution dans un monde futur, mais aux choses concrètes, en concordance avec les règles de la société (c'est aujourd'hui sur terre et non demain au ciel). *De* désigne une éthique personnelle faite d'intégrité, de générosité et d'exercice désintéressé du pouvoir dans le sens d'une responsabilité sociale.

8.18[2] : Sublime grandeur de Shun et de Yu ! Ils possédaient le pouvoir suprême sans y être attachés.

8.1 : Le Maître dit : on peut dire que la vertu de Taibo était sublime. Il a renoncé au trône à plusieurs reprises sans laisser au peuple l'occasion de chanter ses louanges.

12.21 : Puis-je vous demander comment exalter la vertu ? Placer l'effort avant la récompense.

14.34 : Quelqu'un dit : Doit-on répondre par la <u>bienveillance</u> (*de*) à la malveillance : qu'en pensez-vous ? Le Maître dit : que rendrez-vous pour la bienveillance ? Il faut répondre à la malveillance par la droiture (*zhi*) et à la bienveillance par la bienveillance.

12.10 : Zizhang demanda comment exalter la vertu (de). Le maître dit exalter la vertu, c'est mettre la loyauté (*zhong*) et la bonne foi (*xin*) au-dessus de tout, et chercher la justice (*yi*).

Gong/jing(1)	**Jing(2)/min/ren(2)**
恭/敬	敬/敏/忍
Respect	*Sérieux, persévérance, implication, diligence, capacité à aller jusqu'au bout*
Respect	Earnestly, perseverance, implication, diligence

Gong/Jing(1) : nous trouvons dans ces deux termes proches, une variété de respects, respect des autres, respect de soi-même, respect des règles sociales et des « rites », respect de l'ordre hiérarchique et de l'autorité.

Jing, min, ren : *Jing(2)* et l'on démontre une implication forte dans ce que l'on entreprend sans jamais faillir, que l'on s'applique à l'étude ou témoigne du respect à son sou-

---

1 * = Valeur centrale

2 Les chiffres correspondent à la numérotation des *Entretiens* N° chapitre. N° paragraphe. 8.18 équivaut donc au chapitre 8, § 18.

verain ; *min*, et l'on fait preuve de diligence dans son entreprise, un autre caractère pour désigner cette application qui mobilise tout l'esprit ; quant à *ren (2)*, si l'effort est louable, la persévérance dans l'effort l'est encore plus, pour cette qualité qui désigne à la fois le fait d'aller jusqu'au bout de sa tâche - sans quoi l'effort est vain, mais aussi celui de savoir entreprendre le premier pas indispensable à la concrétisation des grands ouvrages. Sans hâte, mais avec certitude, posant patiemment, une pierre après l'autre, le *ren* mène au succès.

1.13 : Que votre courtoisie soit conforme aux rites (*gong*).

15.5 : Il trônait solennellement face au sud (*gong*).

17.6 : La déférence garantit des insultes (*gong*).

2.7 : Ziyou demanda en quoi consistait la piété filiale (*xiaodi*). Le Maître dit : de nos jours quiconque assure la subsistance de ses parents passe pour un bon fils. Mais on nourrit bien les chiens et les chevaux ; à moins d'y mettre du respect où est donc la différence ? (*jing1*)

5.16 : Il sert ses supérieurs avec respect (*jing1*).

13.19 : Digne dans sa vie privée (*gong*), quand on remplit une fonction il faut la remplir avec soin (*jing2*), être loyal dans les relations humaines (*zhong*).

12.5 : Que le prince fasse son devoir gravement et sans faillir (*jing2*), qu'il traite autrui avec respect et civilité (*gong*).

16.10 : Dans son attitude, il veille à être respectueux (*gong*) ; [...] ; dans sa tâche, il vise à être sérieux (*jing2*).

15.38 : Quand vous servez le souverain, déployez votre zèle (*jing2*) avant de penser aux prébendes.

9.19 : C'est comme l'érection d'un monticule : si je m'arrête à l'avant-dernier panier, il reste pour toujours inachevé. C'est comme le comblement d'un fossé, même si je n'y ai encore vidé qu'un seul panier, il suffit de poursuivre pour progresser (*ren*).

15.25 : L'impatience dans les petites choses compromet les grands desseins (*ren*).

Jiao 教
Enseignement, pédagogie
Teaching

Jiao : L'enseignement est le devoir du Sage qui a su développer des compétences pédagogiques particulières. Son enseignement éclaire plus qu'il n'impose, adapte son contenu à celui auquel il s'adresse, tout en donnant libre cours à l'imagination de son seul élève.

1.15 : Ah ! maintenant, je peux m'entretenir avec toi des poèmes. On t'enseigne une chose et tu es capable d'en déduire une autre.

11.22 : Ranqiu traîne la jambe, donc je le pousse. Zilu met les bouchées doubles, donc je le freine.

Li* 礼
Rites, étiquette, règles de bienséance,
Rites, étiquette
Social rituals, rules of propriety, rites, etiquette

Li : en tant que système de codification des relations humaines, allant du simple respect de l'étiquette à des règles plus fondamentales de vie en société, dont ils garantissent l'harmonie, les *li* représentent un éventail de règles pratiques impératives transmises en héritage (jamais décrétées). Au sein d'une société extrêmement hiérarchisée, ils servent de ciment à un ordre fondateur en décrivant les comportements appropriés dans chaque situation, définissant des missions pour chaque fonction et délimitant pour chacune des devoirs réciproques, la loyauté et la fidélité répondant à la tolérance et à l'intégrité. Ils pénètrent la vie quotidienne tandis que la contrainte finit par être internalisée. Posés en complémentarité d'autres valeurs, les *li* servent alors à les tempérer.

10.10 : Il ne bavarde pas en mangeant. Il ne parle pas au lit.

10.13 : Quand il participe à un banquet au village, il attend pour se retirer que les aînés se soient retirés.

10.20 : Quand le souverain le convoquait, il se mettait aussitôt en route sans attendre qu'on attelât.

12.11 : Que le souverain soit un souverain, le sujet un sujet ; le père un père ; le fils un fils.

10.22 : A la Cour, avec les grands officiers de rang subalterne, il était cordial. Avec les grands officiers de rang supérieur, il était déférent. En présence du souverain, il était humble, mais maître de lui.

14.26 : Un honnête homme ne rêverait pas d'outrepasser les attributions de sa charge. Ne vous mêlez pas des décisions politiques qui ne sont pas de votre ressort.

8.2 : Une politesse qui n'est pas tempérée par le rituel est fastidieuse ; une prudence qui n'est pas tempérée par le rituel est peureuse ; une bravoure qui n'est pas tempérée par le rituel est violente ; une franchise qui n'est pas tempérée par le rituel est blessante…

Ren* 仁
Sens du bien social, générosité, sollicitude, complaisance, compassion, bienfaisance, bienveillance, protection bienveillante, bonté humaine, vertu suprême, vertu d'humanité, perfection, qualité humaine, « je ne sais quoi », « souci qu'ont les hommes les uns pour les autres du fait qu'ils vivent ensemble »
Good-heartedness, benevolence, possessing the qualities of one's tribe, kindness, gentleness, humanity, tenderheartedness, the display of human qualities at their highest, goodness

Ren : Idéal de vertu sans contour défini mais aux contenus potentiellement infinis, laissant la place à une imagination florissante, le *ren* est étroitement lié aux autres vertus confucéennes bien que non systématiquement. Tour à tour rites, respect, tolérance, piété filiale, sa réalité dépend de celui auquel le *ren* s'applique et des autres valeurs auxquelles il est relié. Au-delà de ses multiples applications, l'idéogramme *ren* est la combinaison du chiffre « 2 » et du caractère signifiant « les gens ». L'homme n'existe qu'au travers de son lien avec les autres, mais un lien d'une nature particulière, tel que « le sentiment – *qing* », « l'amour – *ai* ». A noter que cet amour n'est pas l'amour universel du judéo-christianisme, mais qu'il est circonstancié, en fonction des différents cercles de proximité concernés.

Le *ren* signifie deux personnes, c'est la raison pour laquelle la signification du *ren,* c'est le sentiment qui les lie.

12.22 : La vertu suprême ? Aimer les autres.

12.1 : Pour pratiquer la vertu suprême, il faut se dominer et rétablir les rites.

12.2 : Ran Yong interrogea Confucius sur le *ren*. « En public, comportez-vous comme si vous étiez devant un visiteur important. Dirigez le peuple comme si vous célébriez une grande cérémonie. N'imposez pas aux gens ce dont vous ne voudriez pas vous-même. En politique, pas de rancœur ; en privé, pas de rancœur. »

12.3 : Sima Niu interrogea Confucius sur le *ren*. « Qui est animé du *ren* hésite à parler. »

17.6 : Zizhang interrogea Confucius sur la vertu suprême. Confucius dit : Qui saurait faire régner cinq choses dans le monde entier réaliserait la vertu d'humanité. Qu'est-ce à dire ? Déférence (*gong*), tolérance (*kuan*), sincérité (*xin*), diligence (*min*) et générosité (*hui*). La déférence garantit des insultes. La tolérance se concilie tous les cœurs. La sincérité suscite la confiance des gens. La diligence assure le succès. La générosité permet de commander aux autres.

Xiaodi 孝弟
Piété filiale
Filial Piety

Xiaodi : Comme le devoir d'un fils est de servir et d'honorer son père ainsi que d'éviter toute offense, celui du ministre est de servir son souverain. Néanmoins cela n'implique pas une obéissance aveugle, notamment pour ce dernier. En élargissant la notion de piété filiale à la vie sociale, le confucianisme alimente une atmosphère de respect qui devrait autoriser, voire imposer le devoir de remontrance[3].

---

3 Sans doute une des valeurs les plus controversées. Le respect de l'autorité poussé à outrance fait largement oublier l'autorisation d'exercice du devoir de remontrance.

2.8. Zixia demanda en quoi consistait la piété filiale. Le Maître dit : tout est dans la manière ; pour les cadets ce n'est pas simplement affaire d'alléger la tâche de leurs aînés ou de leur offrir la primeur des vins et des viandes. C'est bien plus que cela.

2.5 : Le Seigneur Meng Yi demanda en quoi consistait la piété filiale. Le Maître répondit : ne désobéissez jamais.

14.22 : Zilu demanda comment on doit servir son souverain. Le Maître dit : Ne lui cachez rien, quitte à le heurter.

11.4 : Yan Hui ne m'était d'aucune aide. Il approuvait tout ce que je disais.

Xin* 信
Confiance, sincérité
Confidence, trust, trustworthiness

Xin : Confiance entre amis, confiance entre le souverain et son peuple, la confiance est accordée et se mérite. Elle se gagne et l'on se doit d'en être digne. Ce n'est pas une question de mensonge ou de vérité, mais de fiabilité dans l'action par rapport à ses engagements, de concordance entre la parole et les actes, de sincérité dans les sentiments. La confiance est indispensable à l'exercice du devoir de remontrance.

1.4 : Chaque jour je m'examine plusieurs fois : me suis-je fidèlement acquitté de mes engagements ? Me suis-je montré digne de la confiance de mes amis ?

12.7 : Zigong interrogea Confucius sur l'art de gouverner. Le Maître dit : des vivres en suffisance. Des armes en suffisance. Un peuple qui a confiance.

19.10 : Le Prince fait d'abord régner la confiance et ensuite il peut mobiliser ses gens. Sans cette confiance, ceux-ci peuvent se croire brimés. Le prince fait d'abord régner la confiance, et ensuite il peut critiquer son souverain. Sans cette confiance, celui-ci peut se croire insulté.

2.22 : Si quelqu'un est dépourvu de *xin*, que pourrait-on faire de lui ? Comment utiliser un char sans timon ou une voiture sans brancards ?

13.20 : Sa parole doit être digne de confiance, il doit finir ce qu'il entreprend. Parler peu et agir. Faire ce que l'on a dit et surtout ne pas dire ce que l'on ne fera pas.

Xue 学
Etude
Learning, Study

Xue : *Xue* adresse en premier lieu l'acquisition de connaissances, mais une connaissance orientée vers l'action. *Xue* caractérise également ce lent et continu processus qui nous mène de la connaissance factuelle à la connaissance du sens profond des valeurs, puis à la sagesse. Par l'internalisation progressive des valeurs confucéennes, chacun évitera les déviations dans son comportement et les perturbations dans l'ordre social. En s'appliquant, sans jamais fléchir, en persévérant dans l'écoute des autres et plus particulièrement des Souverains Sages de l'Age d'Or, chacun progressera lentement, mais sûrement.

17.8 : Le culte du bien sans le goût de l'étude tourne à la bêtise. Le culte de l'intelligence sans le goût de l'étude tourne à la frivolité. Le culte de la parole donnée sans le goût de l'étude tourne au banditisme. Le culte de la franchise sans le goût de l'étude tourne à la brutalité. Le culte de l'héroïsme sans le goût de l'étude tourne à la rebellion. Le culte de la force sans le goût de l'étude tourne à l'anarchie.

19.6 : Etendez votre savoir et affermissez votre résolution. Questionnez avec sincérité. Réflechissez sur ce qui est sous vos yeux : la vertu suprême s'y trouve.

7.28 : Peut-être y a-t-il des gens qui savent d'instinct comment agir ; moi pas. Je m'enquiers longuement, puis je choisis la meilleure voie. J'observe beaucoup et je retiens.

8.17 : Etudier en se disant qu'on n'a pas atteint ce qu'on désire et en craignant de perdre ce qu'on a déjà.

Etudiez avidement ! Remettez sans cesse en question ce que vous avez appris ! Réfléchissez profondément ! Analysez votre savoir intelligemment ! Passez à l'action avec conviction ! (*Zhong Yong*)

Sans étude, pas de réussite ; sans les conseils des autres, pas de savoir. *(Wang Chong)*

19.5 : De qui mesure chaque jour ses carences, et retient chaque mois ses leçons, on peut dire qu'il aime l'étude.

14.44 : Fait-il des progrès ? Le Maître dit : A le voir qui trône au milieu des adultes et marche de front avec ses aînés, on ne dirait pas qu'il cherche à progresser, mais seulement qu'il est pressé d'arriver.

Xiushen 修身
Auto-perfectionnement
Self improvment, self perfectioning process

Xiu shen : Processus d'auto-perfectionnement, *xiu shen* favorise la rectitude intérieure pour devenir un « saint » dans son cœur et un prince dans son comportement extérieur.

Il est nécessaire de s'examiner soi-même chaque jour. Qui décèle ses erreurs doit les corriger, qui n'en trouve aucune doit se hâter de faire mieux. *(Zhuxi)*

La sagesse consiste à découvrir soi-même ses fautes ; la bienveillance consiste à ne pas commettre de fautes. *(Chen Que Ji)*

Quand ils avaient commis une erreur les Yu et Tang se faisaient des reproches ; et c'est la raison pour laquelle les Etats qu'ils venaient de fonder ont pris leur essor. Dans la même situation les rois Jie et Zhou en rejetaient la responsabilité sur les autres ; c'est la raison pour laquelle leurs Etats ont périclité. *(Zuochuan)*

Yi* 义
Equité rituelle, justice, honneur, sens du devoir, sens du bien collectif, intégrité, probité, juste équilibre, dévouement au bien public
Sense of justice, sense of honour, sense of duty, devotion to collective good

Yi : dévoué au bien public, épris de justice défendant son peuple avec un courage et un oubli de soi pouvant aller jusqu'à « l'héroïsme », répartissant la charge avec équité, ne sacrifiant pas le collectif à son profit personnel, c'est ainsi que doit se montrer, pour être qualifié de *yi*, toute personne jouissant d'une autorité quelconque dans la vie sociale ; *yi*, une valeur servant de ciment au collectif, portée par celui qui en a la charge, mais qui s'impose à tous.

Ce sens général s'accompagne de sens particuliers selon les autres valeurs confucéennes auxquelles le *yi* est rattaché au gré des *Entretiens* et par lesquelles il se trouve conforté.

6.22 : Fan Chi demanda en quoi consistait la sagesse (*zhi*) : <u>Assurez au peuple ce à quoi il a droit</u> (*yi*).

5.16 : Le Maître dit à propos de Zichan : Il se comporte en gentilhomme en quatre points : sa conduite privée est digne ; il sert ses supérieurs avec respect ; il traite le peuple avec générosité ; <u>il distribue les corvées avec justice</u>.

2.24 : Ne pas agir quand la justice le commande, c'est de la lâcheté (*yong* courage).

19.1 : Zizhang dit : Face au danger, un clerc offre sa vie ; la vue du profit ne lui fait pas oublier la justice.

1.13 : Que vos promesses (*xin*) soient conformes à la justice et vous pourrez tenir parole.

375

You 友
Amitié
Friendship

You : L'amitié fait partie des cinq relations essentielles qui fondent et cimentent la société confucéenne au même titre que les relations entre le souverain et ses ministres, et au sein d'une famille (père-fils, époux-épouse, puîné-cadet).

Sélective, l'amitié se construit sur des bases saines et ne se laisse pas aveugler par les apparences. L'amitié suppose loyauté dans les épreuves, fidélité à sa parole et fiabilité dans ses actes. Dans ces conditions, elle peut être associée à *xin*, la confiance.

1.7 : Un homme dont [...] les paroles dans ses relations avec ses amis seraient dignes de confiance, celui-là, quand bien même d'aucun le dirait inculte, je maintiendrais pour ma part que c'est un homme éduqué.

1.8 – 9.25 : Avant tout, cultivez la loyauté et la confiance. Ne recherchez pas l'amitié de ceux qui ne vous valent pas.

16.4 : Il y a trois sortes d'amitiés profitables, trois sortes d'amitiés nuisibles. Les amitiés bienfaisantes sont celles des hommes droits, dignes de confiance et cultivés. Les amitiés nuisibles sont celles de gens obséquieux, de ceux qui sont bons en apparence, fourbes en réalité et de ceux qui ont des paroles de miel et un cœur de fiel.

Un homme qui obtient honneurs et richesses ne doit à aucun prix oublier les amis du temps où il était encore humble et pauvre. *(Les Royaumes Combattants)*

Zhi* 知/智
Connaissance des choses et des hommes, du savoir à la sagesse
Knowledge, wisdom

Zhi : De la connaissance factuelle à la sagesse (*zhi* 智), *zhi* couvre toutes les étapes du développement psychologique. Favorisant la lucidité quant aux limites de sa propre connaissance et le discernement dans ses actions, *zhi* doit nous porter au-delà de la simple compréhension intellectuelle des choses et doit pouvoir trouver une application concrète. Cette notion recouvre également la compréhension des hommes. Indispensable pour la sélection des ministres, le *zhi* permet de différencier ceux qui sont droits de ceux qui ne le sont pas, sur la base de leurs compétences et de leurs actes qui doivent refléter les valeurs confucéennes.

2.17 : Connaître quelque chose et avoir conscience qu'on la connaît, ne pas connaître quelque chose et avoir conscience qu'on ne le connaît pas, tout cela c'est vraiment connaître.

6.20 : Celui qui sait une chose ne vaut pas celui qui l'aime ; celui qui l'aime ne vaut pas celui qui en a la jouissance de la possession.

2.12 : Le Maître dit : un honnête homme n'est pas un pot.

4.1 : Choisir un voisinage où il n'y a pas le *ren*, c'est manquer de *zhi*.

12.22 : Fan Chi demanda en quoi consistait la connaissance. Le maître dit : « Connaître les autres ». Fan Chi ne saisit pas. Le maître dit : « Choisissez ceux qui sont droits, placez les au-dessus de ceux qui sont tors, de manière que les tors deviennent droits ».

2.10 : Voyez pourquoi un homme agit, observez comment il agit ; examinez ce qui fait son bonheur. Que pourrait-il encore cacher ?

14.28 : Son savoir ne connaît pas l'incertitude.

16.9 : Ceux dont le savoir est inné constituent une catégorie supérieure. Puis viennent ceux dont le savoir fut acquis par l'étude. Puis ceux qui se sont mis à étudier parce qu'ils se trouvaient dans une mauvaise passe. Tout en bas, il y a les gens qui se trouvent dans une mauvaise passe mais n'étudient pas.

17.1 : Peut-on appeler sage *(zhi)*, un homme qui brûle d'agir mais en rate toutes les occasions ? Je ne le pense pas. Les jours et les mois passent, le temps n'est pas de notre côté. Confucius dit : « Soit ! Je vais accepter la charge. »

Zheng, zhi, zhen 正, 直, 贞
Droiture, rectitude, intégrité
Rightousness, rectitude, uprigthness, straightness, integrity

Zheng, zhi, zhen : *Zheng, zhi(3) et zhen* désignent des qualités équivalentes de droiture, de rectitude intérieure, de probité, d'intégrité et de rigueur. Associées à des fonctions sociales, elles sont considérées comme essentielles chez les gouvernants comme chez les ministres ou chez toute personne proche de l'autorité suprême ou côtoyant le pouvoir. Elles doivent donc représenter des critères déterminant dans la sélection et la promotion de collaborateurs. Néanmoins, droiture et rigueur ne doivent pas être confondues avec une quelconque rigidité.

12.21 : Choisissez ceux qui sont droits, placez-les au dessus de ceux qui sont tors, de manière que les tors deviennent droits *(zhi3)*. Que cela veut-il dire ? Zixia répondit : Quand Shun régnait sur le monde, il choisit la multitude et prit Gao Yao pour ministre et tous les méchants s'éloignèrent.

8.2 : Une franchise qui n'est pas tempérée par le rituel est blessante.

12.17 : Gouverner est signe de droiture *(zheng)*.

2.19 : Comment faire pour se concilier le soutien du peuple ? Promouvez les hommes intègres, le peuple ne cessera de vous soutenir *(zhi)*.

15.37 : L'honnête homme est droit, mais pas rigide *(zhen)*.

Zhong 忠
Loyauté
Loyalty, faithfulness

Zhong : Fidélité dans le service de l'Etat, *zhong* représente une forme de loyauté civique et de déférence respectueuse indéfectible au Prince et dans le gouvernement qu'il incarne (1). Néanmoins, elle n'implique pas d'obéissance aveugle mais autorise le devoir de remontrance (2). Sûre d'elle-même, elle se soucie moins de sa réputation que de ce qu'elle se doit d'être (3). Elle s'illustre par des actes, - tel ce ministre qui devant changer plusieurs fois de fonction a toujours transféré les éléments nécessaires (4). Elle se mesure moins à la volubilité des paroles envers lesquelles Confucius montre une réelle méfiance qu'à leur profondeur et leur fiabilité (5). *Zhong* s'applique également dans la relation interpersonnelle, plus particulièrement vis-à-vis des proches et des amis des temps difficiles. Elle se forge au travers des preuves et des épreuves (6).

(1)3.19 : Comment le souverain doit-il traiter ses ministres ? Comment les ministres doivent-ils traiter leur souverain ? Confucius répondit : Le souverain doit traiter ses ministres avec courtoisie, les ministres doivent servir leur souverain avec loyauté.

12.14 : Zizhang interrogea Confucius sur l'art de gouverner. Le Maître dit : « Dans votre charge soyez infatigable et expédiez les affaires fidèlement ».

(2)14.7 : Peut-on ménager qui l'on aime ? La loyauté peut-elle épargner les conseils ?

9.24 : Comment pourrait-on rejeter une admonestation ? L'essentiel serait pourtant d'en tirer les conséquences et de s'amender. Comment ne pas nous réjouir en entendant des mots d'approbation ? L'essentiel serait pourtant d'en comprendre les mobiles. Je n'ai que faire de ces gens qui se réjouissent étourdiment d'être approuvés ou qui acceptent les admonestations sans s'amender.

(3)1.16 : Ce n'est pas un malheur d'être méconnu. C'est un malheur de méconnaître les hommes.

4.14 : Le Maître dit : Ne vous souciez pas d'être sans emploi ; souciez-vous plutôt d'être digne d'un emploi. Ne vous souciez pas de n'être pas remarqué ; cherchez plutôt à faire quelque chose de remarquable.

14.30 : Ne vous affligez pas de votre obscurité ; affligez-vous de votre incompétence.

(4)5.18 : Ziwen fût nommé trois fois Premier Ministre du pays de Chu, mais n'en tira jamais le moindre plaisir ; il fût trois fois démis de sa charge mais n'en montra jamais le moindre dépit. Il mit chaque fois son successeur au courant des affaires. Qu'en pensez-vous ? Le Maître dit : Il fût la loyauté même.

(5)15.6 : Parlez avec loyauté et sincérité, agissez avec honnêteté et prudence et votre action sera efficace.

14. 27 : Un honnête homme rougirait de promettre plus qu'il ne tient.

15.17 : Qu'ils sont pénibles ces gens qui passent toute la journée en société se bornant à faire des jeux d'esprit sans que leur conversation ne lève jamais une seule vérité.

15.25 : Les discours habiles compromettent la vertu.

17.17 : Discours habiles et attitudes affectées dénotent rarement la vertu.

[6]18.10 : Un gentilhomme ne néglige pas ses proches. Il ne donne pas l'occasion à ses ministres de se plaindre d'être inutiles. Sans raison grave, il ne congédie pas ceux qui l'ont servi longtemps. Il n'attend pas qu'un homme à soi seul soit bon à tout.

Kuan, min, hui, shu, qing 寬，敏，惠，恕，清 … magnanimité/tolérance, sensibilité, générosité, considération, pureté/transparence…, autant de caractères qui viennent enrichir, sans vocation d'exhaustivité, cette représentation du système confucéen en tant que système intégral de valeurs profondément humaines (dans le double sens de « reliées à l'homme » et de « reliées à son humanité ») qui se répondent, se tempèrent, se complètent, s'élargissent, se réinventent sans cesse pour trouver leur synthèse dans le *ren*, valeur centrale, riche de tous ces contenus et de bien d'autres encore.

Toutes ces valeurs témoignent d'une société dans laquelle chacun fait preuve d'une sensibilité personnellement engagée et essentiellement tournée vers les autres ; une société vivifiée par le cœur, qui ne bride pas sa « capacité d'affectivité », mais laisse libre cours aux sentiments, tout en les maîtrisant - privilégiant leur authenticité, fustigeant leur fausseté, ainsi qu'aux émotions - vilipendant leurs possibles excès, tels la colère ou l'impatience.

↳ *Cf. annexe 2 « Alphabet des valeurs »*

5.16 : Il traite le peuple avec générosité (*hui*).

15.24 : Zigong demanda : N'y a-t-il pas un seul mot qui puisse guider l'action d'une vie entière ? Ne serait-ce pas considération (*shu*) ? Ne faites pas à autrui ce que vous ne voudriez pas qu'on vous fît.

3.26 : Le Maître dit : un pouvoir exercé sans générosité (*kuan*) ou des cérémonies exécutées sans dignité (*jin*) ou des funérailles conduites sans larmes, voilà ce que je ne puis souffrir.

5.25 : Le Maître dit : Discours habiles, attitudes affectées, ronds de jambes à profusion – voilà ce que Zuoqiu Ming jugeait honteux ; et moi aussi d'ailleurs ! Rechercher l'amitié d'un homme que l'on déteste secrètement – voilà ce que Zuoqiu Ming jugeait honteux.

5.26 : Que je puisse consoler les vieillards ; que je puisse mériter la fidélité de mes amis ; que je puisse susciter l'affection des jeunes.

Bibliographie

Ouvrages cités ou consultés
Système d'annotations bibliographiques

Livres :
- [Auteur, date : X-X], (en chinois), Auteur, *Titre en chinois du livre*, Lieu de publication, Editeur, date, pp. X-X
- [Auteur, date : X-X], (dans une autre langue), Auteur, Titre du livre, Lieu de publication, Editeur, date

Articles :
- Publications dans livres : [Auteur, date : X-X], Auteur, « Titre de l'article », in Auteur (ed), *Titre du livre*, Lieu de publication, Editeur, date, pp.X-X
- Publication dans Revues : [Auteur, date : X-X], Auteur, « Titre de l'article », *Titre de la revue*, Vol. Y, n° Z, année, pp. X-X
- Publication dans magazines et journaux sans auteurs, [Revue, date], *Titre de la revue*, date

Oeuvres chinoises traduites
- Titre, Nom du traducteur et nature de son intervention, Lieu de publication, Editeur, date

Rappel des abréviations utilisées :
[HFZ] : Han Feizi ; [LY] : Les *Entretiens* de Confucius ; [LZ] : Laozi ; [MZ] : Mengzi ; [SJ] : Shijing ; [SZ] : Sunzi ; [XZ] : Xunzi ; [ZY] : Zhong Yong ; [ZZ] : Zhuangzi

* Ouvrages des références pour les traductions utilisées dans le livre.

1. Ouvrages

1. [Abravanel & co, 1986], Abravanel, Côté, Jacques, Bélanger, *Individu, groupe, organisation*, Gaëtan Morin (ed), 1986

1. [Albert & Nguyen, 2001], Albert Eric & Ngyuen Nhon Daniel, *N'obéissez plus !*, Paris, Editions d'organisation, 2001

2. [Allinson & co, 1989], Allinson Robert E., Cheng Chung-Ying, Cua Antonio S., Hansen Chad, Harbsmeier Christoph, Lao Sze-kwang, Neville Robert C., Smith John E., Wu Kuang-Ming, *Understanding the Chinese mind. The philosophical roots,* Hong Kong, Oxford University Press, 1989

3. [Angles-Hao, 2001], Angles-Hao Valérie, « Quelques représentations explicatives d'un mal-être d'origine interculturelle dans les entreprises françaises en Chine », pp.318-327, in Zheng Lihua & Xu Zhenhua, *Entreprise et Communication,* Hong Kong, Maison d'Editions Quaille, 2001

4. [Ames, 1983], Ames Roger T., *The Art of Rulership. A study in ancient chinese political thought,* Honolulu, University of Hawai Press, 1983

5. [Arendt, 1972], Arendt Hannah, *Les origines du totalitarisme. Le système totalitaire,* Paris, Editions du Seuil, 1972

6. [~ 1972a], Arendt Hannah, *Du mensonge à la violence*, Paris, Calmann Levy, 1972

7. [Aubert, Gruère, Jabes, Laroche & Michel, 1991], Aubert Nicole, Gruère Jean-Pierre, Jabes Jak, Laroche Hervé, Michel Sandra, *Management. Aspects humains et organisationnels*, Paris, PUF, 1991

8. [Balasz, 1968], Balasz Etienne, *La bureaucratie céleste. Recherche sur l'économie et la société de la Chine traditionnelle*, Paris, Gallimard, 1968

9. *[BDT, 1989], Bui Duc Tin, *Essai sur le « Luân Ngu » ou « Entretiens » de Confucius,* Paris, Sudestasie, 1989

10. [Bobin, 2002], Bobin Frédéric, « L'avenir des "princes" est l'un des enjeux de la succession au sein du PC chinois », *Le Monde*, 11 novembre 2002

11. [Bond, 1986], Bond Michael Harris (ed), *The psychology of the Chinese people,* Hong Kong, Oxford University Press, 1986

12. [~, 1991], Bond Michael H., *Beyond the Chinese face*, Hong Kong, Oxford University Press, 1993

13. [~ & Hwang, 1986], Bond Michael Harris & Hwang Kwangkuo, « The social psychology of Chinese people », in M.H. Bond (ed), *The psychology of the Chinese people*, Hong Kong, Oxford University Press, 1986, pp. 213-266

14. [~ & Wang, 1983], Bond M.H. & Wang S.H., « Aggressive behavior in Chinese society : the problem of maintaining order and harmony » , in Goldstein A.P. & Segall M. (eds), *Global perspectives on aggression*, New York , Pergamon Press, 1983, pp. 58-74

15. [Bouman, 1995], Bouman, F.A.J., « ROSCA: On the Origin of the Species », *Savings and Development* Volume XIX, No.2, 1995

16. [Bourdieu, 2000], Bourdieu Pierre, *Les structures sociales de l'économie*, Paris, Seuil, 2000

17. [Bouteiller, 1997], Bouteiller Eric, *Les nouveaux Empereurs. L'épopée du capitalisme chinois*, Paris, Calmann-Lévy, 1997

18. [Buckingham & Coffman, 1999], Buckingham Marcus and Coffman Curt, *First, Break All the Rules: What the World's Greatest Managers Do Differently*, Simon & Schuster, 1999

19. [Campbell & Henley, 1990], Campbell N. & Henley J.S. (eds), *Joint-ventures and industrial change in China*, Advances in China Industrial Studies, 2. Greenwich, CN : JAI Press, 1990

20. [Castaldi & Soenanto, 1989], Castaldi R. M. & Soenanto T., « Post-Confucianism Management Practices and Behaviors : A Comparison of Japan, U. S., China and S. Korea », *Academy of Management Western Meeting*, 1989

21. [Chan, 2002], Chan Joseph, « Human rights and Confucian Virtues », *Harvard Asia Quaterly*, 2002, September 14

22. [Chan & Chiang, 1994], Chan Kwok Bun, Chiang Claire, *Stepping out. The making of Chinese entrepreneurs*, Singapore, Prentice Hall, 1994

23. [Chancel & Pielberg, 1998], Chancel Claude et Pielberg Eric-Charles, *Le monde chinois dans le nouvel espace mondial*, Paris, PUF, 1998

24. [Chandler, 1977], Chandler Alfred D., *The visible hand. The managerial revolution in American business*, Cambridge, Mass, Harvard University Press, 1977

25. [Cheng, 1997], Cheng Anne, *Histoire de la pensée chinoise*, Paris, Seuil, 1997

26. [Cheung, 1986], Cheung Fanny M.C., « Psychopathology among chinese people », 1986, in Bond M.H. (ed), *The psychology of the Chinese people*, Hong Kong, Oxford University Press, 1986, pp. 171-212

27. [Conte, 1984], Conte Arthur, *Les dictateurs du XXe siècle*, Paris, Laffont, 1984

28. [Crener & Monteil, 1975], Crener Maxime, Monteil Bernard, *Principes de management*, Les Presses de l'Université du Quebec, 1975

29. [Crozier, 1963], Crozier Michel, *Le Phénomène Bureaucratique*, Paris, Le Seuil, 1963

30. [Deron, 1997], Deron Francis, « Le casse-tête chinois de la réforme du secteur public », *Le Monde*, 13 mai 1997

31. [Donnithorne, 1972], Donnithorne Audrey, « China's cellular economy : some economic trends since the Cultural Revolution », *China Quaterly*, N°52, Oct-Dec 1972, pp. 10-16

32. [Dorsey, 2001], Dorsey David, « Patron de Pepsi. Comment l'ex-grand Méchant Patron de Pepsi est devenu l'apôtre de la motivation », *Management*, Octobre 2001, pp.114-117

33. [Dutton, 1992], Dutton Michael R., *Policing and punishment in China. From patriarchy to « the people »*, Cambridge University Press, 1992

34. [Etiemble, 1986], Etiemble René, *Confucius. De - 551 (?) à 1985*, Paris, Essais/Folio (1ère édition 1956), 1986

35. [Famery, 2001], Famery S., *Savoir et oser dire non !*, Paris, Editions d'Organisation, 2001

36. [FEER, 14.03.96 : 60], « It's time to grow up. Porter says Asian firms need strategies, not deals », *Far Eastern Economic Review*, 14 mars 1996, p.60

37. [Festinger, 1957], Festinger L., *A theory of cognitive dissonance*, Stanford, Stanford, University Press, 1957

38. [Foucault, 1975], Foucault Michel, *Surveiller et punir*, Paris, Gallimard, 1975

39. [Fong, 1985], Fong Yeou-Lan, *Précis d'histoire de la philosophie chinoise*, Paris, Le Mail, 1985

40. [Fromm, 1963], Fromm Erich, *La peur de la liberté*, traduit de l'anglais par C. Janssens. Paris, Buchet-Chastel, 1963

41. [~, 1971], Fromm Erich, *La crise de la psychanalyse : essais sur Freud, Marx et la psychologie sociale*, traduit de l'anglais par Jean-René Ladmiral, Paris, Anthropos, 1971

42. [~, 1982], Fromm Erich, *De la désobéissance et autres essais*, traduit de l'anglais par Théo Carlier, Paris, Laffont,1982

43. [GDLDBZ, 2002.06.13], « Le paiement des heures supplémentaires est légal », *Guangdong Laodong Baozhang*, 13 juin 2002, (article en chinois)

44. [Godard & Lenhardt, 1999], Godard Alain et Lenhardt Vincent, *Engagement. Espoirs. Rêves*, Paris, Village Mondial, 1999

45. [Gogol, 1993], Gogol Nikolai, *Le Revizor*, Paris, Flammarion, 1993

46. [Goleman, 1997], Goleman Daniel, L'intelligence émotionnelle, Tome 1 & 2, Paris, Laffont, 1997

47. [Goleman, Boyatzis & McKey, 2002], Goleman Daniel, Boyatzis Richard & McKee Annie, *Primal Leadership*, Harvard Business School Press, 2002

48. [Gong, 2001], Gong Yuxiu, « Des influences confucéennes sur le management en Asie », in Zheng Lihua & Xu Zhenhua, *Entreprise et Communication,* Hong Kong, Maison d'Editions Quaille, 2001, pp.294-298.

49. [Granet, 1988], Granet Marcel, *La civilisation chinoise*, Paris, Albin Michel (1ère édition 1929), 1988

50. [~, 1988a], Granet Marcel, *La pensée chinoise*, Paris, Albin Michel (1ère édition 1934), 1988

51. [Gravereau, 2001], Gravereau J., *L'Asie majeure : la révolution silencieuse de l'Asie orientale*, Paris, Grasset, 2001

52. [Gruère, 1991], Gruère J.P., « Attitudes et changements d'attitudes », in [Aubert, Gruère, Jabes, Laroche & Michel, 1991], pp.69-117

53. [GZRB, 2002.06.26], « Un patron reçoit un accueil réservé en offrant des fleurs à son employée et la licencie », *Guangzhou Ribao*, 26 juin 2002 (article en chinois)

54. [GZRB, 2002.07.02], « Trois jeunes diplômées reçoivent une proposition de salaires de 400.000 Rmb », *Guangzhou Ribao*, 2 juillet 2002 (article en chinois)

55. [GZRB, 2002.07.17], « Continuer sans relâche la sinisation du marxisme», *Guangzhou Ribao*, 17 juillet 2002 (article en chinois)

56. [GZRB_EN, 2002.07.01], « L'eau que vous buvez est-elle vraiment pure et propre ? », *Guangzhou Ribao, Supplément économique*, Dossier Spécial (1) « EAU », 1er juillet 2002, (article en chinois)

57. [GZRB_EN, 2002.07.02], « Pourquoi « l'eau noire » est-elle si noire ? », *Guangzhou Ribao, Supplément économique*, Dossier Spécial (2) « EAU », 2 juillet 2002, (article en chinois)

58. [GZRB_EN, 2002.07.05], « Une bataille sans relâche contre l'eau « noire », *Guangzhou Ribao, Supplément économique*, Dossier Spécial (3) « EAU », 05 juillet 2002, (article en chinois)

59. [Haber & Mandelbaum, 1996], Haber Daniel & Mandelbaum Jean, *La revanche du monde chinois*, Paris, Economica, 1996

60. [Hofstede & Bond, 1993], Hofstede G. & Bond M.H., « The Confucius connection : from cultural roots to economic growth », in Blunt P. & Richards D. (eds), *Readings in management, organisation and culture in East and South East Asia*, Darwin, Northern Territory Press, 1993, pp. 105-121

61. [Holton, 1990], Holton Richard H., « The myth of the Chinese enterprise », in [Campbell & Henley, 1990], Campbell N. & Henley J.S. (eds), *Joint-ventures and industrial change in China*, Advances in China Industrial Studies, 2. Greenwich, CN : JAI Press, 1990, pp 297-308

62. [HSL, 2001], Hou Shulin, *L'intelligence managériale des entrepreneurs chinois d'Outre-mer*, Pékin, Editions de la construction démocratique, 2001 (ouvrage en chinois)

63. [IChM, 92/02 : 7].

64. [IChM, 94/09 : 24-27], « Striking the invulnerable tiger », 1994

65. [~, 94/06 : 76], *Farmer's Daily*, Beijing, January 31, 1994

66. [~, 94/08 : 69], « Humor & Satire », *People's Daily*, n° 356, April 20, 1994

67. [~, 96/01 : 25], « Contracting », extrait du *Worker's Daily*, October 15, 1995, p.1

68. [Johnson, 1999], Johnson Chalmers, « On how America's Elite Cause the Asia Crisis. Let's Revisit Asia's *Crony Capitalism* Economy : America's free-trade proselytizing is the true root of what is now a global crisis », *Los Angeles Times*, June 25

69. [Jönsson, 1990], Jönsson Christer, *Communication in international bargaining*, New York, Saint Martin Press, 1990

70. [Jullien, 1989], Jullien François, *Procès ou Création. Une introduction à la pensée des lettrés chinois*, Des Travaux/Seuil, 1989

71. *[~, 1992], *La propension des choses. Pour une histoire de l'efficacité en Chine*, Des Travaux/Seuil, 1992

72. *[~,1993], *Zhong Yong. La régulation à usage ordinaire*, texte traduit, introduit et commenté par François Jullien, Paris, Imprimerie Nationale, 1993

73. *[~, 1996], *Traité de l'efficacité,* Paris, Grasset, 1996

74. [Karp,1986], Karp H.B., *Gestalt and the art of leadership*, discours prononcé lors de la conférence sur les systèmes complexes, cité par N. Côté, in Abravanel, Côté, Jacques & Bélanger, *Individu, groupe, organisation*, Gaëtan Morin (ed), 1986

75. [Katzenbach, 2000], Katzenbach Jon R., *Aligning the Hearts and Minds of Your Employees*, Harvard Business School Press, 2000

76. [Kircher, 1995], *Les Trente-Six Stratagèmes*, traduit du chinois par François Kircher, Paris, Payot & Rivages Poche/Petite bibliothèque, 1995

77. [Kremeniuk, 2002], Kremenyuk Vicktor A., *International Negotiation*, San Francisco John Wiley and IIASA, International Institute for Applied Systems Analysis, 2002

78. [La Boétie, 1993], La Boétie Etienne (*de*), *Discours de la servitude volontaire,* Paris, Flammarion Poche, 1993

79. [Lardy, 1976], Lardy Nicholas, « Reply », *China Quaterly*, n° 66, June 1976, pp. 340-354

80. [Lasserre, 1988], Lasserre Philippe, « Corporate strategic management and the overseas Chinese groups », *Asia Pacific Journal of Management*, N°5, janvier 1988, pp. 115-131

81. [Lasserre & Schütte, 1995], Lasserre Philippe et Schütte Helmut, *Strategy for Asia Pacific*, New York University Press, 1995

82. [LE, 2002/01/18], Les Echos, 18 & 19 janvier 2002, « General Electric vise une croissance de 17% à 18% de ses bénéfices en 2002 »

83. [Lee, 2001], Lee Chang-sup, « Confucianism Management at Hyundai », *Korea Times*, March 28, 2001

84. *[Levi, 1980], *Le livre du Prince Shang*, traduit du chinois et présenté par, Flammarion, Paris, 1980

85. *[~, 1985], *Stratégies du pouvoir, IVème-IIIème siècle avant J.C., Dangers du discours*, traduit du chinois et présenté par Jean Lévi, Aix en Provence, Alinéa, 1985

86. [~, 1989], Levi Jean, *Les fonctionnaires divins. Politique, despotisme et mystique en Chine ancienne*, La librairie du XXème siècle, Seuil, 1989

87. [~, 2002], Levi Jean, *Confucius*, Pygmalion/Gérard Watelet, Paris, 2002

88. [Lewin,1951], Lewin K., *Field theory in social science*, New York, Harper, 1951

89. [Leys, 1978], Leys Simon, *Ombres Chinoises*, Paris, Payot, 1978

90. [~, 1983], Leys Simon, *La forêt en feu*, Paris, Hermann, 1983

91. [~, 1991], Leys Simon, *L'humeur, L'honneur, L'horreur*, Paris, Laffont, 1991

92. [LHH, 2002], Liu Henghua, *Apprendre de M. Li Jiacheng*, Editions du Peuple du Guangdong, Canton, 2002, (ouvrage en chinois)

93. [Lieberthal, 1995], Lieberthal Kenneth, *Governing China. From revolution through reform*, New York, Norton & Company, 1995

94. [Lieberthal & Lampton, 1992], Lieberthal Kenneth G. & Lampton David M. (ed), *Bureaucracy, politics and decision-making in post-Mao China*, Berkeley, University of California Press, 1992

95. [LJW, 1961], Liu Jia Wei, *L'esprit synthétique de la Chine*, Paris, PUF, 1961

96. [~, 1965], Liu Jia Wei, *La démarche du raisonnement chinois*, Extrait de Diogène, 1965

97. [Luxun, 1986a], Luxun, *Œuvres choisies. Essais (1918 - 1927)*, Pékin, Imprimerie des Langues étrangères,1986

98. [~, 1986b], *Œuvres choisies. Essais (1928 - 1933)*, Pékin, Imprimerie des Langues Etrangères, 1986

99. [~, 1986c], *Œuvres choisies. Essais (1934 - 1936)*, Pékin, Imprimerie des Langues Etrangères, 1986

100.[~, 1986d], *Œuvres choisies. Nouvelles, Poèmes en prose, souvenirs*, Pékin, Imprimerie des Langues étrangères, 1986

101.[LY], Citations du Lu Yun, traduction des *Entretiens* de Confucius, présentée et annotée par Pierre Ryckmans, Paris, Connaissance de l'Orient, Gallimard, 1987

102.[Mahbubani, 1998], Mahbubani Kishore, *Can Asians Think ?*, Singapore, Times Books International, 1998

103.[Martin, Lehnardt & Jarrosson, 1996], Bertrand Martin, Vincent Lehnardt & Bruno Jarrosson, *Osez la confiance, Propos sur l'engagement des dirigeants*, Paris, INSEP Editions, 1996

104.[Meyer, 2002], Eric Meyer, *Sois riche et tais-toi !*, Paris, Laffont, 2002

105.[Mgt, 2002/01 : 91], « Ce challenge on va le rater ! », in *Management, Diriger que faire ?*, Janvier 2002, p.91, propos recueillis par Roger Alexandre

106.[Milgram, 1982], Milgram Stanley, *Soumission à l'autorité*, Paris, Calmann-Lévy, 1982

107.[Mintzberg, 1989], Mintzberg Henry, *Le management. Voyage au centre des organisations*, Paris, Editions d'Organisation, 1989

108.[Morishima,1987], Morishima Michio, *Capitalisme et confucianisme. Technologie occidentale et éthique japonaise*, Flammarion, 1987

109.[Mozoguchi & Vandermeersch, 1991], Mozoguchi Yuzo & Vandermeersch Léon, *Confucianisme et sociétés asiatiques*, Sophia University (Tokyo), L'Harmattan, 1991

110.[Mushakoji, 1997], Mushakoji Kinhide, « Japan and Cultural Development in East Asia - Possibilities of a New Human Rights Culture », *Mushakoji Newsletter,* No.8, Meiji Gakuin University, Tokyo, June 1997

111.[MZ], citation du Mengzi, nom chinois pour Mencius, ouvrage traduit par D.C. Lau, Hong Kong, The Chinese University Press, 1984

112.[Nothomb, 1999], Nothomb Amélie, *Stupeur et tremblements*, Paris, Albin Michel, 1999

113.[Oh & Oh], Oh Tai & Oh D., « The Influence of Confucianism on Japanese & Korean Managerial Practices : a Comparative Study », *Academy of International Business Annual Meeting*, 1981

114.[Ong, 1996], Ong Hean-Tatt, *Nine lung's success beyond three generations. The confucian enduring leadership*, Kuala Lumpur, Eastern Dragon Press, 1996

115.[Ouchi & Wilkins, 1983], Ouchi W. & Wilkins A.L., « Efficient cultures : exploring the relationship between culture and organization performance », *Administrative Science Quaterly*, n°28, 1983, pp. 468-481

116.[Pairault, 1990], Pairault T., « Formes et mécanismes tontiniers », Etudes chinoises, vol. IX, n°2, pp. 75-130

117.[~, 1996], Pairault T., « *Xinyong* : l'expression de la confiance en Chine », *Le Rapport Moral sur l'Argent dans le Monde*, édition 1996

118.[Pan, 1997], Pan Yunhe (ed), *Chinese culture and industrial management*, Proceedings of the International Symposium, Zhejiang University, April 1997

119.[Pfeffer, 1981], Pfeffer Jeffrey, *Power in organizations*, Boston, Pitman, 1981

120.[~, 1994], Pfeffer J., *Competitive advantage through people*, Harvard Business School Press, Boston, 1994

121.[PL, 1988], *Petit Larousse* 1988

122.[Pye, 1980], Pye Lucian W., *The dynamic of factions and consensus in chinese politics : a model and some propositions*, The Rand Corporation, 1980

123.[~, 1985], Pye Lucian W., *Asian power and politics*, Cambridge, MA: Harvard University Press, 1985

124.[QNH, 2002], Quy Nguyen Huy, « *Jump back Jack. Time, Temporal Capability and Planned Change* », 2002, Insead, http://knowledge.insead.edu.

125.[Redding, 1980], Redding S.G., « Cognition as an aspect of culture and its relation to management processes : an exploratory view of the Chinese case », *Journal of Management Studies*, 1980, 17, pp. 127-148

126.[~,1990], Redding S.G., *The spirit of Chinese capitalism*, Berlin, New York, de Gruyter, 1990

127.[~ & Hicks, 1983], Redding S.G. & Hicks G.L., « The story of East Asia economic miracle ; part II : the culture connection », *Euro-Asia Business Review*, 1983, 2 (4), pp. 18-22

128.[~ & Hsiao, 1993], Redding S.G. & Hsiao Michael, « An empirical study of overseas chinese managerial ideology », in Blunt Peter & Richards David (eds), *Readings in management, organisation and culture in East and South East Asia*, Darwin, Northern Territory Press, 1993, pp. 174-184

129.[~ & Wong, 1986], Redding D.G. & Wong G.Y.Y., « The psychology of Chinese organizational behavior », in M.H. Bond (ed), *The psychology of the Chinese people*, Hong Kong, Oxford University Press, 1986, pp. 267 à 295

130.[Reich, 1972], Reich Willehm, *La Psychologie de masse du fascisme*, Paris, Payot, 1972

131.[Rocca, 1999], Rocca Jean-Louis, « Conséquences sociales d'une grande mutation. La vague du chômage déferle sur la Chine », *Le Monde Diplomatique*, Janvier 1999, pp.16-17

132.[Roux, 1980], Roux Alain, *Le casse-tête chinois*. Trente ans de Chine socialiste vu par un communiste français, Paris, Editions sociales, 1980

133.[Shaw, 1999], Shaw Sin-Ming, « It's true. Asians can't think. Until it abandons its twisted Confucianism, the region will trail the West », *Time Asia*, May, 31st, 1999

134.[Schwartz, 1916], Schwartz Benjamin, *The world of thought in ancient China*, Cambridge(Masachusetts), The Belknap Press of Harvard University Press, 1916

135.[Segalen, 1978], Segalen Victor, *Essai sur l'exotisme. Pour une esthétique du Divers*, A. Fontfroide, Bibliothèque artistique et littéraire, fata morgana, 1978

136.[~, 1995], Segalen Victor, *Œuvres complètes. Cycle Chinois, cycle archéologique et sinologique*, Paris, Robert Laffont, Collection Bouquins, 1995

137.[Sherif & Hovland, 1961], Sherif M. & Hovland C.I., *Social judgement. Assimilation and contrast effects in communication and attitudes change*, New Haven, Yale University Press, 1961

138.[Shirk, 1992], Shirk Susan L., « The chinese political system and the political strategy of economic reform », in Lieberthal Kenneth G. & Lampton David M. (ed), *Bureaucracy, Politics and decision-making in post-Mao China*, Berkeley, University of California Press, 1992, pp. 59-94

139.[SJ, 2001], Sun Jian, *Les modèles de management de Haier*, Pékin, Les Editions de management d'entreprises, 2001 (ouvrage en chinois).

140.[~, 2001b], *La stratégie d'entreprise de Haier,* Les Editions de management d'entreprises, 2001 (ouvrage en chinois).

141.[~, 200c], *Le management des ressources humaines de Haier,* Les Editions de management d'entreprises, 2001 (ouvrage en chinois).

142.[Soros, 1997], Soros Georges, « The capitalist threat », *The Atlantic Monthly*, February 1997, Volume 279, No. 2, pp. 45-58

143.[Soulié, 1929], Soulié de Morant Georges, *Histoire de la Chine de l'antiquité jusqu'en 1929*, Paris, Payot, 1929

144.[Terry & Franklin, 1985], Terry George R. & Franklin Stephen G., *Les principes du management,* Economica, 1985

145.[Tu, 1996], Tu Wei-Ming (ed), *Confucian Traditions in East Asian Modernity. Moral Education and Economic Culture in Japan and the Four Mini-Dragons*, Harvard University Press, 1996

146.[Ulrich, 1997], Ulrich D., *The Human Resource Champions*, HBR Press, 1997

147.[Vandermeersch, 1965], Vandermeersch Léon, *La formation du légisme. Recherche sur la constitution d'une philosophie politique caractéristique de la Chine ancienne*, Paris, Ecole Française d'Extrême-Orient, 1965

148.[~, 1986], Vandermeersch Léon, *Le nouveau Monde sinisé*, Paris, Perspectives internationales/PUF, 1986

149.[Vezins, 2002], Vezins (de) Veziane, « L'Amérique essaie le licenciement sentimental », *Le Figaro*, 22 janvier 2002

[Vogel, 1979], Vogel Ezra F., Japan *as Number One: Lessons for America*, Cambridge, Mass.: Harvard University Press, 1979

150.[~, 2000], Vogel Ezra F., *Is Japan still number one ?*, Malaysia, Palenduk Publications, 2000

151.[Wang, 1985], Wang Nora, « Au jardin des supplices. L'image du Jaune en France : le dernier siècle », *Approches Asie*, PUF, décembre 1985

152.[Wank,1995], Wank David L., « Private business, bureaucracy and political alliance in a chinese city », *The Australian Journal of Chinese Affairs*, january 1995, issue 33, pp. 55-71

153.[Weber, 1995], Weber Max, *Economie et société* (1921), Paris, Pocket, Coll. Agora, 1995

154.[~, 2000], Weber, Max, *Confucianisme et taoïsme*, Paris, Gallimard, 2000

155.[White & Nakamura, 2002], White Steven, Nakamura Aki, *«Organizational and Network Collectivism: A Theoretical Distinction and Interpretation of Sino-Japanese Conflict»*, 2002, Insead, *Working Paper*, http://knowledge.insead.edu.

156.[Wilhelm & Perrot, 1973], Wilhelm Richard & Perrot Etienne, *Yi King*, Orsay, Medicis - Entrelacs, 1973

157.[Wittfogel, 1964], Wittfogel Karl, *Le despotisme oriental*, Trad. par A. Marchand, Paris, 1964

158.[Xu, 1995], Xu Zhen Zhou, *L'art de la politique chez les Légistes chinois*, Economica, 1995

159.[Yang, 1992], Bo Yang, 1992, *The ugly chinaman and the crisis of chinese culture*, Sydney, Allen & Unwin, 1992

160.[Yan & Hu, 2001], Yan Jianjun & Hu Yong, *Haier. Made in China*, Haikou, Editions de Haïnan, 2001 (ouvrage en chinois)

161.[YCWB, 2002.06.29], « Pendant les cours, on a des crampes au pied. Après les cours, on pleure jusqu'à l'aube », *Yang Cheng Wan Bao*, 29 juin 2002 (article en chinois)

162.[YCWB, 2002.06.30], « Les formations « huicai » (ou développer le potentiel) sont totalement et en tout point illégales », *Yang Cheng Wan Bao*, 30 juin 2002 (article en chinois)

163.[YCWB, 2002.06.30], « S'appuyer sur une bande de fous pour former les élites ? », *Yang Cheng Wan Bao*, 30 juin 2002 (article en chinois)

164.[YCWB, 2002.07.01], « Ce type de formation porte atteinte à la santé et met en danger l'homme », *Yang Cheng Wan Bao*, O1 juillet 2002 (article en chinois)

165.[YCWB, 2002.07.02], « Donner libre cours à la stupidité signifie-t-il casser son moi intérieur ? », *Yang Cheng Wan Bao*, O2 juillet 2002 (article en chinois)

166. [YCWB, 2002.07.11], « Des projets financiers pour l'opération « Retour au berceau familial du sentiment pour son pays natal », *Yang Cheng Wan Bao*, 11 juillet 2002 (article en chinois)

167.[YZK, 2002.06.28], Publicité pour Ying ZhouKan, Hebdomaire chinois « Gagner »

168.[Zheng & Xu, 2001], Zheng Lihua & Xu Zhenhua (Textes réunis par), Actes du deuxième séminaire interculturel sino-français de Canton, *Entreprise et Communication*, Hong Kong, Maison d'Editions Quaille, 2001

169.[ZGJYRB, 2002.07.01], « L'élaboration des procédures et leur déconstruction », Zhongguo Jingying Ribao, 1er juillet 2002, (article en chinois)

170.[ZY], citation extraite du *Zhong Yong. La régulation à usage ordinaire*, texte traduit, introduit et commenté par François Jullien, Paris, Imprimerie Nationale, 1993

171.[Zweig, 1990], Zweig Stefan, *La confusion des sentiments*, traduit de l'allemand par Alzir Hella et Oliveir Bourrac, Bibliothèque cosmopolite, Stock, 1990

2. Œuvres classiques, traductions et commentaires en français ou langues étrangères

2.1 Confucianisme

171.*The Chinese Classics*, with a translation, critical and exegetical notes, prolegomena, and copious index (in five volumes), by James Legge, Taiwan, SMC Publishing, 1991
– Volume I   Confucian Analects, The Great Learning, and The Doctrine of the Mean
– Volume II   The Works of Mencius
– Volume III The Shoo King or The Book of Historical Documents
– Volume IV The She King or The Book of Poetry
– Volume V   The Ch'un Ts'ew, with the Tso Chuen

172.*Les Entretiens de Confucius*, traduit du chinois, présenté et annoté par Pierre Ryckmans, Paris, Connaissance de l'Orient, Gallimard, 1987

173.*Mémoires sur les bienséances et les cérémonies,* Tome 1 (1ère et 2ème parties), Tome 2 (1ère et 2ème partie), traduction S. Couvreur, Cathasia, 1950

174.*Mencius,* translated by D.C. Lau, Hong Kong, The Chinese University Press, 1984

175.*Xunzi,* introduit et traduit du chinois par Ivan P. Kamenarovic, Paris, Les éditions du Cerf, 1987

176.*Zhong Yong. La régulation à usage ordinaire*, texte traduit, introduit et commenté par François Jullien, Paris, Imprimerie Nationale, 1993

2.2 Légisme

177.*Le livre du prince Shang*, traduit du chinois et présenté par Jean Lévi, Flammarion, 1981

178.*Han Fei Zi,* introduction et traduction par Bruno Belpaire, Bruxelles, Editions de l'Occident, 1963

179.*Han Fei Tzu. Basic writings*, translated by Burton Watson, New York, Columbia University Press, 1964

180.*Hanfeizi. Initiation à la langue chinoise classique à partir des trois chapitres les plus représentatifs du Hanfeizi,* Tchang Fou-Jouei, Paris, You Feng, 1987

181.*Han-Fei-Tse ou Le Tao du Prince*, présenté et traduit du chinois par Jean Levi, Paris, Points, Seuil, 1999

182.*Stratégies du pouvoir, IVème-IIIème siècle avant J.C., Dangers du discours*, traduit du chinois et présenté par Jean Lévi, Aix-en-Provence, Alinéa, 1985

2.3 Taoïsme

183.*Tao Te King. Le livre de la Voie et de la Vertu*, traduction de Claude Larre, Paris, Desclée de Brouwer-Bellarmin, 1977

184.*Tao Te King. Le livre du Tao et de sa Vertu*, traduction de Marc Haven et Daniel Nazir, Paris, Dervy, 1978

185.*L'oeuvre complète de Tchouang-tse*. *Traduction, préface et notes de Liou Kia-Hway*, Paris, Gallimard, 1969

2.4 Stratégie militaire

186.*SunTzu. L'art de la guerre*, traduit de l'anglais par Francis Wang, Paris, Champs Flammarion, 1972
187.*Sun Bin. The art of warfare. A comprehensive translation of the fourth-century B.C. chinese military strategist*, translated with an introduction anc commentary by D.C. Lau and Roger T. Ames, New York, Ballantine Books, 1996
188.*The seventh military classics of ancient China*, translated by Ralph D. Sawyer, Westview Press, 1993
189.*Les Trente-Six Stratagèmes*, traduit du chinois par François Kircher, Paris, Payot & Rivages Poche/Petite bibliothèque, 1995

3. Philosophie chinoise antique / ouvrages en mandarin

3.1 Ouvrages généraux

190.Gong Dafei, Feng Yu, *Les citations célèbres des sages*, Beijing, Les Editions de l'Enseignement de la langue de Chine, 1997
191.Jiao Guocheng, *Les relations humaines dans la pensée antique chinoise*, Beijing, Les Editions du Peuple de Chine, 1991
192.Li Zehou, *La pensée chinoise antique*, Beijing, Les Editions du Peuple, 1985
193.Tang Yijie, *Culture chinoise et philosophie chinoise*, Beijing, Les Magasins Réunis de la Vie, l'Etude et la Nouvelle connaissance, 1990
194.Xia Zhentao, *Morceaux choisis de la pensée chinoise de la théorie de la connaissance*, Beijing, Les Editions de l'Université du Peuple de Chine, 1992
195.Xin Hua, *La voie pour un dépassement de soi, Beijing*, Les Editions de la Radio Télévision Chinoise, 1992
196.Yu Dunkang, *Un sage dans son coeur, un prince dans son comportement*, Shanghai, Les Editions Xuelin, 1997
197.Yu Yingshi, *La tradition de la pensée chinoise dans la pensée moderne*, Jiangsu, Les Editions du Peuple du Jiangsu, 1997
198.Zhang Dainian, *Commentaires modernes sur les Etudes chinoises*, Liaoning, Editions de l'Enseignement du Liaoning, 1991
199.Zhang Rongming, *Taoïsme, Boudhisme et Confucianisme et la culture traditionnelle chinoise*, Shanghai, Editions du Peuple de Shanghai, 1994
200.**Recueil de maximes chinoises*, Editions de l'enseignement de la langue chinoise, Pékin, 1997

3.2 Philosophie antique et concepts modernes de gestion

201. Fan Guohua, *Les philosophes de la période pré-qin et la philosophie du management*, Beijing, Editions Chine Nouvelle, 1991
202. Yu Yingshi, *La pensée religieuse de la Chine moderne et l'esprit commerçant*, Taipei, Société des Editions Lianjing, 1986
203. Yu Zuyao, Shen Hengze, Cun Zhiwei, *Recherches sur les origines de la pensée de gestion*, Beijing, Editions Chine Nouvelle, 1990
204. Zhao Jing, Shi Shiqi, *Enseignements de l'histoire de la pensée économique et de gestion*, Beijing, Editions de l'Université de Pékin, 1996

3.3 Confucius ou Kongzi

205. Association du Confucianisme de la Chine, *Le Confucianisme et la modernisation*, Beijing, Editions de l'Enseignement du Peuple, 1994
206. Département d'Histoire de l'Université de Fudan, Bureau des Relations Internationales, *La pensée confucianiste et la société de demain*, Shanghai, Editions du Peuple de Shanghai, 1991
207. Du Weiming, *La tradition confucianiste et l'évolution actuelle*, Beijing, Les Editions de la Radio Télévision Chinoise, 1992
208. Han Qiang, *Commentaires modernes des théories de la psychologie confucianiste*, Liaoning, Editions de l'Université du Liaoning, 1992
209. Jin Jingfang, Lu Shaogang, Lu Wenyu, *Confucius en Chinois moderne*, Hunan, Les Editions du Hunan, 1991
210. Jing Haifeng, *La pensée confucianiste et la modernisation*, Beijing, Les Editions de la Radio Télévision Chinoise, 1992
211. Li Honglei, *La philosophie de gestion dans le confucianisme*, Guangdong, Editions de l'Enseignement Supérieur du Guangdong, 1993
212. Kong Jian (a/b/c), *La psychologie humaine dans le confucianisme*, Beijing, Les Editions de la Radio Internationale chinoise, 1995
213. Li Yu, 1990, *Commentaires de Confucius sur la vie*, Beijing, Les Editions Chine Nouvelle, 1990
214. Zhang Qizhi, Chen Guoqing, 1993, *L'évolution de la pensée des Relations (Confucius) dans la Chine moderne*, Beijing, Editions de l'Office des Livres Chinois, 1993
215. Zhang Zhende, *Les Entretiens en Chinois moderne*, Sichuan, Les Editions du Peuple du Sichuan, 1995

3.4 Han Feizi

216. *Hanfeizi. Oeuvres complètes*, Editions du Peuple du Guizhou, 1991
217. Chen Qiyou, Zhang Jue, *Initiation à la lecture de Hanfeizi*, Sichuan, Editions Baoshu, 1990
218. Gao Rang, *La souveraineté chez Han Feizi*, Taipei, Entreprise des Affaires Culturelles de la Société Xinhu, 1988

219.Li Daming, *Han Feizi et la vie moderne*, Sichuan, Editions du Peuple Sichuanais, 1995
220.Qing Xueqi, *Han Feizi*, Sichuan, Editions de l'Université de Xinan, 1995

3.5 Mencius ou Mengzi

221.Miao Yongchuan, *Mengzi en Chinois moderne*, Sichuan, Les Editions du Peuple du Sichuan, 1995

3.6 Sunzi

222.Lao Jian, *L'Art de la Guerre de Sunzi et la voie économique*, Heilongjiang, Les Editions du Peuple du Heilongjiang, 1991
223.Li Shijun, Yang Xianju, Zhang Jiarui, *L'Art de la Guerre de Sunzi et le management*, Guangxi, Editions du Peuple du Guangxi, 1984
224.Liang Xianchu, *L'Art de la Guerre de Sunzi et le business*, Société d'Edition Zhongguo Zhaoyue, 1988
225.Shu Zhi, *L'Art de la Guerre de Sunzi et l'homme d'aujourd'hui*, Guangzhou, Les Editions de Huacheng, 1995
226.Yuan Shijun, Li Chunli, Liu Weiguo, *Stratégie militaire et guerre commerciale*, Pékin, Les Editions Economiques Chinoises, 1992
227.Zhang Lianbao, *L'Art de la Guerre et la pensée de gestion*, Harbin, Les Editions Scientifiques du Heilongjiang, 1990

3.7 Xunzi

228.Xiong Liangzhi, Zhuang Jian, *Xunzi et la société moderne*, Sichuan, Editions du Peuple Sichuanais, 1995
229.Zhang Yiwen, *Les Oeuvres complètes de Xunzi*, Hunan, Editions de Sanhuang, 1991

3.8 Laozi

230.Duan Weilong, *La pensée taoïste et l'art du leadership moderne*, Beijing, Les Editions de la Radio Télévision Chinoise, 1995
231.Guo Changsheng, *Le Laozi en chinois moderne*, Beijing, Les Editions des Ouvriers de Chine, 1991
232.Qin Yanshi, *La sagesse intemporelle de Laozi*, Sichuan, Les Editions du Peuple du Sichuan, 1995
233.Yang Rungen, *Nouvelles interprétations de Laozi*, Beijing, Editions Littéraires de Chine, 1994

Postface

Transplantées,
les oranges deviennent une autre variété.

Yanzi Chunqiu

Ce livre tient beaucoup à mon expérience personnelle.

Après un premier contact remontant à 1985, avec la rédaction d'un livre blanc sur les Facteurs Clefs de Succès (FCS) en République Populaire de Chine, puis un DEA sur les investissements étrangers, et un an de collaboration active avec des Chinois d'Outre-mer pour la création de leur filiale en France, c'est la province du Guangdong qui accueille en 1987 mon premier séjour ; province méridionale à l'époque l'une des plus développées car elle avait bénéficié du privilège d'avoir sur son territoire trois des quatre premières Zones Economiques Spéciales[1] (ZES).

Je ne sais pas quelle Chine j'avais dans la tête à l'époque mais celle que j'ai découverte ne ressemblait à aucune de mes fantasmagories antérieures[2].

Et il y eut un avant et un après. Mais pas de ceux que j'aurais pu m'imaginer.

15 septembre 1987. Rien d'exotique à cette chambre spartiate faite d'un sol en ciment et de chaux au mur ; encore moins exotique, cette absence de chauffage qui quelque mois plus tard exacerbe les frimas d'un mois de février gris et pluvieux dont les 5°C extérieur et 90% d'humidité me font oublier qu'il aurait dû être tropical et haïr la seule douche froide alors à ma disposition.

Le trafic se résume à quelques camions, taxis et voitures de police et, aux deux extrémités de la journée, des embouteillages intéressants de bicyclettes animent l'un des trois ponts qui relient les nord et sud de la Ville.

---

1 Les Zones Economiques Spéciales ou ZES sont des îlots géographiques bénéficiant de statuts privilégiés et de traitements préférentiels permettant de traduire les aménagements politiques en aménagements économiques dont les étrangers sont les premiers à bénéficier. C'est en 1980 que le Conseil d'Etat crée trois ZES sur quatre dans la province du Guangdong à Shenzhen, Zhuhai et Shantou. La quatrième et dernière étant située dans la province limitrophe du Fujian, au sud donc également. Bien loin du Centre pour éviter la contagion ou limiter les dégâts en cas d'échec.

2 Depuis, j'ai souvent commencé un cours ou un séminaire en demandant aux participants de me donner trois mots ou adjectifs qui selon eux caractérisent au mieux la Chine de leur imagination. Les images n'ont en fait guère évolué. Nous trouvons ainsi à égalité :
   - la Chine historique des Palais, de la Grande Muraille ou des soldats du Xian, celle pittoresque et « décalée » des campagnes, celle d'une cuisine goûteuse ;
   - la Chine grise de la dictature politique, celle noire de l'oppression (Tibet ou Tiananmen) ou rouge du communisme. Puis très loin derrière, quelques adjectifs qui traduisent une idée de développement potentiel (OMC, croissance économique, Pékin 2008...) d'un pays qui fait peur par sa taille et sa démesure.

100 Rmb[3] (= 15 €) suffisent pour vivre un mois tandis que 5 mao[4] (7 ct €) autorisent un bon repas et 5 Rmb un festin bien arrosé.

En 1987, l'activité économique est encore embryonnaire, restreinte par ces goulets d'étranglement importants que constituent les infrastructures. L'ambiance au travail n'a rien de la suractivité d'aujourd'hui. Les petits privés (*getihu*) commencent à voir leurs commerces, restaurants, échoppes de vêtements prospérer. Les entreprises collectives se lancent dans une concurrence folle pour la vente de biens de premier équipement (téléviseurs, réfrigérateurs, machines à laver et climatiseurs), tandis que les entreprises d'Etat somnolent encore dans une douce torpeur.

La Chine d'aujourd'hui est un mélange surprenant de socialisme aux caractéristiques chinoises, d'ouverture mâtinée d'américanisme sinisé et de manifestations extérieures d'un héritage confucéen.

La Chine de 1987 est une Chine qui se relève à peine d'une situation économique difficile, encore très imprégnée de « socialisme socialiste » (les Chinois ont depuis inventé le concept d'« économie de marché socialiste »). Confucius recommence à pointer son nez, malgré les efforts antérieurs de Mao pour l'éradiquer. « Pi Lin, Pi Kong », critiquons Lin Biao, critiquons Confucius, ce slogan effacé sur les colonnes des rues commerçantes de Canton témoigne encore d'une époque où la seule famille existant était celle des camarades politiques.

S'en suivent pour moi trois années en terre chinoise. Trois années denses pendant lesquelles la chambre spartiate est témoin de mon apprentissage forcé du mandarin. Les Chinois d'Outre-mer, très bon coachs de leurs employés et souvent paternels dans leur approche, se révèlent néanmoins beaucoup moins tendres que les dirigeants d'entreprises étrangères.

« Mais pourquoi devrais-je apprendre le chinois ? Après tout, je ne serais pas la seule à passer par un interprète. Et j'y vais parce que j'ai des compétences, non pas parce que je parle chinois ; et d'abord c'est trop difficile…

---

3 *Renmin bi* : ou littéralement la monnaie (*bi*) du peuple (*renmin*). Nom donné à la monnaie chinoise.
4 1 Mao = 10 centimes. Le Rmb se décompose en tranches de 10 cts. 1 RmB = 10 mao.

– Au prix que tu es susceptible de coûter, je pense qu'il est hors de question que nous te payions un interprète plus de 3 mois. En plus tu n'as rien à perdre. »

Logique et réalisme économique qui pourtant ne sont pas toujours partagés, ressortent de ce dialogue.

Certes je n'étais pas loin d'avoir raison : je n'aurais pas été la seule - et de loin, à ne pouvoir respirer sans interprète. Le mandarin est un facteur important mais pas une condition *sine qua non* de réussite. C'est également une langue difficile, bien qu'un peu plus accessible qu'on ne le pense a priori.

« Au prix que tu coûtes… ». Si ce n'était que cela, le calcul est vite fait des coûts cachés et coûts indirects ainsi que des gains cachés de la connaissance de toute langue étrangère[5].

Malgré les haussements d'épaule avec lesquels j'ai accueilli un tel conseil, dont je n'ai véritablement apprécié la valeur qu'une dizaine d'années plus tard, j'ai décidé de ne pas rester à la surface de cette Chine pour laquelle j'avais quitté mon cocon bien douillet.

J'avais commencé par une déception en atterrissant dans un Canton si loin de mes fantasmes. J'entamais avec l'apprentissage du mandarin un voyage sans fin au centre du réel, mais un réel qui ne cesse de se réinventer au gré des situations. Rien de tel qu'un idéogramme chinois pour que l'imagination s'envole. ***Hua long dian jing*** et j'eus soudain envie *« d'essayer d'éveiller moi-même ce dragon à la vie en dessinant ses pupilles »*.

1987-1990 : trois années, où l'enthousiasme des pics de bonne humeur et de bonheur dès la première heure, avec la sérénité des séances matinales de *taiqijuan* qui donnent la conscience d'un autre rythme, alterne avec l'atmosphère sombre des moments de noir désarroi.

---

5 Et c'est depuis un point auquel je reste très attachée. Il m'est souvent arrivé de conseiller des expatriés avant leur départ ou d'animer des séances de préparation à l'expatriation. Ce même conseil revient de façon récurrente, avec malheureusement beaucoup moins de succès : « Après tout, personne n'est si indispensable qu'il ne peut s'extraire un ou deux mois pour faire cet effort. Allez dans une université avec votre famille. Apprenez le chinois, sans pour autant vouloir lire Confucius dans le texte. Non seulement, vous gagnerez en efficacité dans votre travail, mais votre famille s'intégrera plus facilement ». Certains m'avouent plus tard à demi-mots qu'ils auraient peut-être mieux fait de suivre mon conseil.

Un pic, une péninsule ? Non, un gouffre, un fond abyssal.

« *Culture is a bottomless swamp* ». « La culture est un gouffre sans fond ». Professeur Jönsson[6], lorsque vous avez écrit ces mots, pensiez-vous si bien dire ?

On ne peut imaginer tout ce que l'on n'imagine pas ; encore moins lorsqu'il s'agit de la Chine. Le « je ne sais pas que je ne sais pas » est hypertrophié alors qu'on le pense hypotrophié (surtout après les sessions de formation de quelques heures, voire quelques jours, à l'issue desquelles les organisateurs promettent de « maîtriser la culture chinoise »). Ce qui est vrai dans tout contexte interculturel est encore plus vrai pour la Chine. « *Mang ren mo xiang* », nous avons un peu de ces aveugles touchant l'éléphant, courant les mêmes dangers que cet homme aveugle, montant un cheval… aveugle ; « *Zuo jin guan tian* », un peu de cette grenouille qui, du fond de son puits, regarde le ciel et imagine qu'il est partout de la couleur de la petite parcelle qu'elle entrevoit.

… Et pas un matin ne me voyait me lever sans que je me demande ce que, une fois de plus, je n'allais pas comprendre.

Trois années, entre deux terres, où j'ai côtoyé les deux Extrêmes, Orient et Occident. Comme les stéréotypes – réciproques – ont la vie dure. Période de découverte, d'interrogation, de déception, de révolte ou de condamnation.

Il est alors plus souvent question d'histoires épouvantables sur les échecs des entreprises à capitaux mixtes sino-étrangers que chacun attribue à l'autre, refusant de voir sa propre responsabilité, que d'histoires d'amour pour un pays qui pourtant en fascinait plus d'un. Rares sont les occasions de rencontrer un tel concentré d'affectivité qui s'ignore, alors que souvent nous associons le professionnalisme avec la désaffectivation de la relation.

Mais après avoir moi-même succombé à la facilité des stéréotypes, puis avoir été irritée par leur caractère définitif et englobant ainsi que par le jugement condamnatoire qu'ils sous-tendaient, j'ai fini par ressentir une

---

6 Voir [Jönsson, 1990], ouvrage sur la négociation internationale et [Kremenyuk, 2002], seconde édition de l'ouvrage collectif *International Negotiation*. Christer Jönsson est un Professeur suédois, pionnier en matière de négociation internationale aux côtés d'autres auteurs comme Jeoffrey Z. Rubbin ou James K. Sebenius.

forme de compréhension vis-à-vis de ce type de protection que nous érigeons quand la différence devient trop flagrante[7].

Jaune vous avez dit jaune ?

Mais de quel jaune peut-il bien s'agir ? De cette description peu engageante telle qu'elle ressort d'une analyse des stéréotypes ?

« Uniformément coloré – alors que l'Occidental est physiquement divers, personnel – le Chinois est si l'on en vient à sa peau d'une couleur par essence malsaine. Le terme jaune désigne a priori une nuance qui ne saurait être franche. [...] les Asiatiques sont porteurs d'un teint qui est comme une version dégradée, malpropre, peu nette, de cette couleur qui est à la fois celle du vil métal et... des traîtres au mouvement ouvrier. Blême somme toute. » [Wang, 1995 : 61]

Ou bien du jaune d'une Chine « digne de la densité des mots » d'un Segalen[8] séduit qui nous recommande de savoir « posséder le moment total, non seulement dans son présent, mais dans toute la poussée des dix mille ans qu'il distille en lui-même et qui dans le sol le plus ingrat, le plus neutre fait comme une vie prodigieuse enfermée sous des apparences pétreuses. »

« Paysage en terre jaune. Réellement fait tout entier de terre et de jaune, mais enrichi de nuances, jaune-rose dans le matin, jaune-saumon dans la lumière occidentale, blême vers midi, pourpre-violette dans le soir et noir plus que noir dans la nuit. » [Segalen, 1995 : 304-727]

---

7 Et ce, d'autant plus que les stéréotypes ne sont pas toujours dénués de fondement. On peut en effet trouver jugement plus sévère encore chez nous sur nous-mêmes (Simon Leys se plaît à la critique avec beaucoup d'humour) ou les Chinois sur eux-mêmes (lire ou relire Bo Yang et son *Ugly Chinaman* [Yang, 1992] ou Luxun [1986] dont le cynisme n'a d'égal que l'humour).
8 Segalen est ce poète de la Chine déjà évoqué antérieurement.

De la même couleur sans aucun doute[9], seule la perspective et le regard sont différents. Mais c'est justement cette différence qui fait la différence, avec sans doute autant de partialité et de fond de vérité pour les pourfendeurs de la Chine que pour ses plus ardents défenseurs.

Sous des apparences très calmes, sous le caractère indéchiffrable d'un visage impassible, transparaissent une violence contenue, une démesure en tout. Impossibilité d'indifférence, prise de conscience (qui n'en était encore par réellement une à l'époque) d'un ailleurs, envie de découvrir avec Segalen la « puissance de la réconciliation des Divers ».

C'est à cette période que j'ai commencé à m'interroger sur mes présupposés d'efficacité, lorsque ma rencontre avec la Chine est allée de pair avec d'autres rencontres essentielles.

Ce « vieux » professeur d'Université à Canton qui m'a initié aux philosophes de la Chine ancienne ; Confucius, Mencius et Xunzi pour les Confucéens ; Hanfeizi, l'ennemi juré du premier ; Guanzi pour l'administration de l'Etat, Sunzi pour la stratégie militaire, Zhuangzi le taoïste. La Chine dans sa quête de légitimité, voulant prouver au monde occidental son antériorité en la matière, multipliait les publications sur la pensée chinoise antique de gestion (*zhongguo gudai jingji guanli sixiang*).

Puis Danone à Canton pour lesquels j'ai eu une mission de développement des ventes. Celle-ci a consisté à redéfinir le marketing mix du produit et a abouti à l'ouverture de 200 points de vente en 15 jours avec 80% de taux de réussite ; une des étapes citées par Haber & Mandelbaum dans *La Revanche du Monde Chinois* [1996] comme ayant permis au groupe de s'implanter durablement en Chine Populaire.

1990. Décision de rentrer en France, après trois ans passés en Chine, qui inaugure une nouvelle période de 10 ans. J'étais à un tournant car si

---

9 Utilisons cet exemple simple pour illustrer la différence possible entre deux approches. Lorsque l'on dit « Jaune », un mot suffit pour fixer l'idée qui nous donne un repère solide. C'est l'esprit de synthèse. Mais il ne doit pas cacher la diversité des situations. L'un des enseignements majeurs de la Chine est que la palette des jaunes est large selon la dose de blanc que l'apprenti peintre a utilisé. L'esprit chinois préfère donner au jaune toute sa déclinaison qui lui permet de coller aux innombrables variations du réel de façon plus aisée. Les deux approches sont complémentaires, même si, dans la vie professionnelle, elles peuvent causer des dissensions importantes.

j'avais décidé de rester, j'aurais vécu cette décision comme un « enfermement » dans une spécialisation naissante alors que je préférais faire de cette dernière un fil rouge que des expériences professionnelles viendraient enrichir. J'ai donc eu des responsabilités au sein d'EDF GDF dans la communication (interne et externe), les RH (création d'une division « formation internationale » et processus de conduite du changement lors de rachat d'entreprises), tout en gardant un contact toujours étroit avec la Chine, de façon directe ou indirecte (EDF et GDF travaillant alors beaucoup avec la Chine, j'étais souvent destinataire de retours d'expérience ou participais à des groupes de travail sur le sujet). Le facteur humain prenait ainsi une consistance supplémentaire.

En parallèle, la thèse de doctorat[10] sur les co-investissements sino-étrangers non seulement confirmait l'importance de la dimension humaine aux côtés d'autres facteurs (principalement techniques et financiers), mais également mettait en évidence une tendance assez généralisée de sous-évaluation, parfois inconsciente, de cette même dimension.

C'est ainsi que la détention de la majorité du capital (facteur financier) fait souvent l'objet de plus d'attention et de soin que la cohésion entre les partenaires et leurs représentants, une cohésion nourrie par la qualité du management. De même, l'importance attachée à la maîtrise technique dans des cultures d'entreprise qui privilégient la légitimité par l'expertise masque parfois les échecs pour cause d'incapacité comportementale.

Quant à la qualification du management, c'est à l'analyse des influences diverses s'exerçant dans la Chine contemporaine, dont le confucianisme, que je dois d'avoir <u>re</u>découvert le rôle primordial de l'homme et du sens de l'humain dans la pérennité des entreprises.

---

10 Le doctorat a été obtenu en 1999 en anthropologie – selon les principes de l'observation participante qui supposent une présence physique de longue durée et une observation en profondeur, autorisée par mon expérience professionnelle et la maîtrise du mandarin. Les conclusions reposent sur près de 15 ans d'expérience professionnelle (depuis 1985), des interviews formelles menées entre 1991 et 1998, dont certaines suivies sur plusieurs années, les conclusions de groupe de travail d'EDF et une bibliographie de près de 1000 ouvrages dont une majorité de source première.

Pourquoi évoquer la « redécouverte » du facteur humain alors que les courants sont nombreux en Occident qui prônent son importance ? Car la lecture récente des journaux économiques ainsi que l'observation attentive des comportements en entreprise me laisse dubitative, et ce malgré la très abondante littérature spécialisée sur le sujet.

De plus, les courants de management ont tous émergé en Occident. Malgré des différences entre Etats-Unis et Europe, pays anglo-saxons et latins, ils sont reliés à un fonds culturel commun, avec des convergences fortes portées par la puissance des transnationales. Puisant dans le même fonds, il y a donc risque d'épuisement de la pensée, par consanguinité. Le détour par d'autres cultures <u>sans reniement de la sienne</u> favorise un renouvellement de la pensée. Composer plutôt qu'opposer. Sinophilie, sans sinophobie, ni sinofolie.

Et le souvenir de ce vieux professeur chinois qui revient à la surface. Ses cours sur le confucianisme, qui à l'époque m'intéressaient pour ma culture générale, puis que j'avais approfondis pour mieux comprendre en quoi le facteur humain prenait une importance supplémentaire dans une Chine qui retrouvait ses racines, mais que j'avais soigneusement enfouis dans un coin de mon cerveau, allaient trouver un nouveau sens.

Je suis passée ainsi naturellement des facteurs clefs de succès des entreprises à capitaux mixtes sino-étrangères qui mettent en avant l'importance du management dans une culture qui privilégie fondamentalement l'homme, au sens même du management à partir des valeurs confucéennes, indépendamment de toute référence aux entreprises à capitaux mixtes[11].

Et c'est ainsi que j'ai commencé à travailler en séminaire avec des équipes de direction sur leurs propres valeurs et leur approche du management à partir des valeurs chinoises et de leurs significations dans une autre culture.

Dans l'introduction générale, j'ai précisé qu'un des objectifs de l'ouvrage est de clarifier certaines valeurs qui intéressent au premier chef les managers occidentaux par l'intermédiaire d'une philosophie qui les a pensées et une culture qui en a internalisé le fonctionnement. Ces ateliers auront permis de formaliser leur contenu en termes managériaux.

---

11 Avant de passer plus tard tout aussi naturellement aux facteurs culturels des fusions acquisitions hors de tout contexte chinois.

Que signifie la Confiance ? Si l'on reprend les définitions du Petit Larousse, c'est « l'espérance ferme en quelqu'un, en quelque chose », c'est le « sentiment d'assurance, de sécurité de celui qui se fie à la probité de chacun ». Mais comment cela se traduit-il véritablement en termes de comportement managérial ? Que veut dire se fier ? Quelles sont les conditions requises pour que puisse naître ce sentiment de sécurité ? Ce sentiment de sécurité, n'est-il pas extrêmement dépendant de la personnalité de celui qui fait confiance ? La capacité à la confiance s'apprend-elle ? Se fier oui, mais jusqu'où ? En suis-je capable – et digne ? etc…

Le même travail a été réalisé pour d'autres valeurs confucéennes intéressantes pour les Occidentaux comme le « sens de l'humain », la « morale » que nous appelons éthique, les Rites que nous relions à la culture d'entreprise et aux codes de comportement professionnels.

Je me suis alors rendu compte combien il pouvait être difficile de mettre du concret dans des concepts fondamentalement abstraits, la rhétorique confucéenne trouvant alors dans cette démarche une utilité certaine.

Je ne suis plus tout à fait occidentale, pas encore chinoise... avec quelques regrets mêlés de soulagement sur le chemin qui mène au dégradé intériorisé de la couleur. J'ai ressenti la douleur lancinante de ces altérations, j'ai résisté non sans vigueur à l'éclatement des schémas et à l'évanouissement insidieux des repères identitaires. Et pourtant, de colère en amertume, de nostalgie en détachement et en attachement, j'ai gagné le désir.

« Désir » soit « l'envie d'obtenir quelque chose pour en avoir du plaisir » [Le Robert, 1993]. « Désir », et « plaisir » (comme conséquence du désir), association surprenante de mots dans un contexte d'entreprise, où nous nous attendrions plutôt à une définition du type « envie d'obtenir quelque chose pour en tirer du profit ».

Ne nous méprenons pas cependant.

Il ne s'agit pas là du désir généré par une curiosité qui aurait le goût de l'enfance.

Ni d'un désir généré par un exotisme « lotien » : Pierre Loti utilise ses talents de conteur pour nous faire partager sa fascination pour un ailleurs du temps, de l'espace ou de l'homme. Mais le partage reste au niveau du simple constat « touristique » de la différence[12].

Ni d'un désir, généré par cette attirance de la différence, qui va jusqu'à perdre certains. Que leur fascination les porte toujours plus haut ou plus loin, s'ils tentent de se ressourcer, ceux-là n'en ressortent jamais apaisés[13].

Ni d'un désir épicurien de recherche de pure jouissance.

Peut-être pas non plus cette forme « supérieure » d'attirance, que l'on retrouve chez certains « fous » de la Chine qui n'en ont pourtant pas perdu leur lucidité : un sentiment d'être mû par le destin. Dépassant totalement toute forme d'enjeux personnels, ils en viennent à formuler plus ou moins consciemment le souhait d'un rapprochement profond.

Ce sentiment, peut-être obscènement romantique et pourtant parfois terriblement pertinent, présente, malgré tout, l'inconvénient de n'être pas donné à tout le monde, de même qu'il n'est pas donné à tout le monde d'être un Yao ou un Shun, ces rois mythiques de l'Antiquité chinoise, figures idéales de la souveraineté confucéenne.

Ni chimères, ni tourisme, ni oubli de soi, ni perdition, ni destin, donc, dans cette gradation du désir ; toutes choses de l'ordre de l'illusion et de la désillusion.

Mais peut-être, le simple désir, celui qui sait générer l'envie et donne à celui qui :

– n'a plus cette inconscience dangereuse du gestionnaire fou,

– a épuisé son potentiel d'émerveillement, et ne saurait encore se ressourcer dans ce voyage d'un autre type, tel ce moine bouddhiste qui fait du retour à la fraîcheur d'esprit du débutant une pratique mentale,

---

12 Segalen, véritable théoricien de l'exotisme qualifie de « pseudo-exotes » ces « proxénètes de la Sensation du Divers ». Il leur reproche d'en affaiblir la beauté en « bâtissant d'ennuyeuses synthèses. » [Segalen, 1978 : 34]

13 « Les Loti sont mystiquement ivres et inconscients de leur objet, qu'ils mélangent à eux, et auquel ils se mélangent éperdument, « ivre de Dieu ! ». Or, Clouard dit : « La seule force de ses beautés montrera, je pense, qu'elles n'eussent pu naître sans une entière liberté de leur auteur à l'égard de son objet ni sans une incomparable fermeté de l'esprit : il faut sentir ce qu'une telle originalité a de réfléchi et de voulu jusque dans le plus fort de l'exaltation » » [Segalen, 1978 : 39].

- n'a pas encore atteint cet état de sagesse du sage confucéen, qui à soixante ans, ayant intériorisé la nécessité de la volonté, n'a plus besoin de s'appliquer,

la force de continuer, malgré les difficultés... ou le pouvoir de stimuler des forces internes jusque-là inconnues.

Ma proposition est la suivante : oublions momentanément cette quête du résultat immédiat qui souvent nous agite, au profit d'une forme d'humanité, qui doit nous permettre, non pas de dévier de l'objectif initial, celui du profit dans un système capitaliste, adopté également par les Chinois sous le vocable d'économie de marché socialiste, mais de l'atteindre plus sûrement.

Rien que de bien familier dans cette proposition qui nous fait retrouver le B.A. BA du management, si proche finalement des enseignements du système philosophique de la Chine antique :

– Place centrale de l'homme dans le système et place symétrique de l'autre dans la relation, introduction de la dimension humaine et relationnelle.

– Importance d'un leader essentiellement messianique, dont la mission est d'assurer le bonheur de tout un peuple ; ce manager/dragon, qui, au contraire de l'individu en quête de son propre succès, aide les autres à réaliser leur rêve[14]...

– Importance de l'héritage culturel qui privilégie le développement de sentiments de joies et plaisirs et d'une influence positive qui faciliteraient la cristallisation des énergies sur un objectif[15].

Managers, Bienvenue en pays Confucius.

C'est un voyage que je vous invite à faire au « pays du réel réalisé », pour une efficacité repensée.

---

14 Cf. Partie II, Ch. 5 sur le symbolisme du manager/dragon.

15 Nombreux sont les symboles dans la vie quotidienne des Chinois qui expriment le souhait d'une vie heureuse (fleurs de pêcher, pivoines...) et traduisent, jusque sur le lieu de leur travail, cette quête. La Révolution Chinoise a tenté d'éradiquer ces pratiques ; elles reviennent aujourd'hui en force et côtoient les slogans politiques. Elles n'ont par contre jamais cessé chez les Chinois d'Outre-mer. Les Chinois croient en la puissance créatrice de l'imagination.